U0913718

建构童言稚语的生命性

——基于语言运用的小学英语口语活动的设计

思明区名师（发展）工作室研究成果丛书

黄芸 著

海峡出版发行集团
海峡文艺出版社

《思明区名师（发展）工作室研究成果丛书》编委会

主　编　方勇财

副主编　游怀忠　许华娟　郑志生

编　委　方勇财　游怀忠　许华娟　郑志生　施玉昌

陈文莉　邓　焰　吴伟华　郑仁凯　魏登尖

本书编委会（按笔画顺序）

刘逆平　刘　晓　阮婷婷　吕火明　吴聪娣

陈莉恒　陈小倩　李林林　何　婉　洪秀梅

郭丽婷　曾玲玲　蔡小珠

总序

凸显共生内核　撬动内涵发展

翻开《思明区名师（发展）工作室研究成果丛书》的书稿，内心满是欣喜与感动。这些项目的成果、发表的论文，凝聚了思明区教师进修学校和名师（发展）工作室全体教师的辛勤付出，是他们的智慧表达；同时也是“思明区‘十三五’教育事业发展规划”中期评估工作的一个重要成果，是思明区教育事业不断发展的一个缩影。

这套丛书是思明区教师专业发展内核凝聚的缩影。思明区在多年的努力中构建了教师发展的五级平台：青年教师共生体——青年教学能手——区学科带头人——名师发展工作室——名师工作室。尤其以区域统筹推进工作室建设，进而带动全区教师队伍整体发展。值得一提的是，每个名师（发展）工作室中至少有50%的成员为非本校教师，成员组成至少涵盖区域三所学校。这样，思明区以“共生共长”为核心的教师共同体研修机制凝聚了一股强有力的力量。在成果中可以看到名师（发展）工作室以根植于学校实践的“真问题”为研究重点，以解决问题的创造性活动为核心，通过具有前瞻性、引领性的课题研究工作，发挥名师在教育教学中的攻关、示范、引领、辐射作用。通过教科研项目研究驱动，涌现了一大批能够将实践与理论相联系，能将一线课堂教学的经验转化为实践课题，并形成研究成果的优秀教师，让工作室成员获得了不同层次的提升。这项举措无形中为思明教育积蓄了一大批宝贵的人才资源。

这套丛书是思明区教育教学内涵提升的缩影。长期以来，思明教育一直走在基础教育变革的前沿，取得了一些成绩。但是，随着社会的发展变革，思明教育也凸显了量的不断扩充与质的持续提升的矛盾。为此，思明区一直致力于通过学校特色建设、管理制度创新、专题项目研究等方式来促进教育的内涵提升。不管是什么手段，核心都是要促进教师的专业发展。

丛书涵盖了语文、数学、科学、英语、综合实践、学前教育等领域，涉及学校管理、课程建设、信息技术、阅读教学、数学活动、思维导图、汉字文化、写作教学、创新实践等内容，从中可以看到精心打造的名师“品牌”、协同共进的团队建设和培植推广的经验成果。名师（发展）工作室有效地整合了基层学校中的师资力量，对教学现状、教学问题、教学改革把握更加准确，在专业引领、教学研究、教学指导方面更有发言权、认同感和号召力。可以说，名师（发展）工作室不仅是教师专业发展的载体和平台，也是思明区教育教学内涵提升的集中体现。

这套丛书是思明教育从“基本均衡”走向“优质均衡”的缩影。习近平总书记在同北京师范大学师生代表座谈时提到：“百年大计，教育为本。教育大计，教师为本。”从中可以看出，教师的专业发展是教育走向“高质量”的必经之路。2013 年 11 月思明区成为全国首批通过教育部督导检查的“国家义务教育发展基本均衡县”；同年 12 月，10 个首届名师工作室和 29 个第二届名师发展工作室就授牌立项运作。由此可以看出，在通过教师专业发展促进教育“优质均衡”提升的道路上，思明区是自觉、主动的。

2017 年 4 月，教育部印发《县域义务教育优质均衡发展督导评估办法》；2018 年 7 月，《思明区名师（发展）工作室研究成果丛书》筹备出版……为了“打破体制机制障碍、彻底解决缩小校际差距”，在区域均衡发展、教师专业成长、资源优化配置方面，思明区先行先试，并且取得了一定的成果。

习近平总书记在谈教师的基本素质时，曾引用《逍遥游》的一句话：“且夫水之积也不厚，则其负大舟也无力。”不忘初心，成立名师（发展）工作室的本质是为了提高教育教学水平，让学生“享有公平而有质量的教育”。对于教育教学实践、教育教学研究，我们还有很长的路要走。值此即将成立思明区第二届名师工作室和第三届名师发展工作室之际，我也希望名师（发展）工作室能够有更长远的发展与灿烂的未来。

厦门市思明区教育工委书记、教育局局长　**方勇财**

序

“言为心声”，对于儿童尤其如此，童言稚语最为真诚，被认为是世界上最美的话语，而其美之中，生命性最为重要。只有真正来自儿童生命之中的童言稚语，方能彰显出童言稚语的美。笔者认为，童言稚语的生命性首先应是儿童的真心表达，这是生命性的内在本质，然后才是灵动的表达，这是生命性的外在表现。那些“假大空”、呆板的语言，不是儿童的真实表达。

我国小学生开始学习英语，其语言积累与表达意愿存在很大的差距。如何让孩子们在英语课堂中能做到随心表达，使英语课堂的童言稚语具有真心、灵动的生命性，是我国英语教育的巨大挑战。我国小学英语课堂上的童言稚语，往往是机械训练、无意义的车轱辘式对话，甚至看图说话也有固定不变的模式。这些不仅导致我国小学英语教育质量低下，更大的危险在于可能使一些儿童在英语学习中养成虚假、呆板的话语习惯，不仅限制了儿童的语言表达，更可能形成品性戕害。也正因为如此，我国《义务教育英语课程标准（2011 年版）》明确要求小学英语着力发展学生的语言运用能力，尤其是口头表达形式的语言运用能力。如何在我国课时有限的小学英语课程制度下，培养我国小学生的英语口语能力，非常值得研究，而且非常需要研究。黄芸老师对此进行了长期、广泛、深度的探讨与实践，著成《建构童言稚语的生命性——基于语言运用的小学英语口语活动的设计》一书，着力促进小学生在英语课堂真心、灵动的表达，可喜可贺，有幸先睹为快，甚是酣畅。

黄老师的这本书从我国小学英语教育中口语教学的问题入手，探寻问题根源，以此作为黄老师开展研究的第一步台阶，基于显性的问题意识，开展长期探索。黄老师的研究按照课堂教学的进程，从如何导入入手，进而探讨如何巩固、整合，最后提出如何延展，具有较为合理的内在逻辑，也包含非常具体的操作实践，例如最后部分的实践案例，形成显著特色。既是理论研究，也是实践探索，形成来自实践、指导实践的诸多方法与建议，的确值得笔者在自己的小学英语课堂学习、借鉴，也希望更多和笔者一样奋斗在我国小学英语课堂的老师们，共同学习、借鉴和参考，以此促进我国小学生英语口语能力达到我国义务教育阶段英语课程的要求和目标，促进我国小学英语课程的发展，促进我国小学生语言能力及其相关核心素养的发展，使我国小学英语课堂上的童言稚语成为世界上最美的话语。

特草此为序。

教授、博士生导师
国家《义务教育英语课程标准》编制组成员
兴义民族师范学院中国民族师范教育研究中心主任
2018 年 6 月 29 日

目录

绪 论

语言是人类表达思想的工具。斯大林说过：语言是人们利用它进行相互交际和交流思想的工具和武器。梁实秋也说过：谈话，和作文一样，有主题，有腹稿，有层次，有头尾，不可语无伦次。作为母语——汉语，交流时要求运用语言自然而得体地表达。作为第二语言的英语，也应如此。《义务教育英语课程标准（2011 年版）》以学生“能用英语做事情”的描述方式设定各级的目标要求，旨在强调培养学生的综合语言运用能力。它强调各种活动的设计，语言知识的呈现和学习均要从语言运用的角度出发，为提升学生学以致用的能力而服务。① 因此，本书从我国小学英语口语教学存在的现实问题入手，研究“如何优化口语活动，提升学生综合运用语言的能力”。其目标是通过小学英语口语活动的优化设计，形成设计“基于语言运用的小学英语口语活动”的方法，提升学生综合运用所学，得体交流的能力。本书从“定位：基于语言运用的小学英语口语活动设计的概述”、“激活：多样导入，激活语言，前移后续善用语言”、“融通：各式巩固，整合语言，有机梳理活用语言”、“延展：多方拓展，丰富语言，聚焦主题巧用语言”、“硕果：基于语言运用的小学英语口语活动设计的硕果”等五个方面，总结诸多指导实践的方法与建议，对一线教师的教学具有一定的借鉴价值。

一、基于语言运用的小学英语口语活动设计的缘由

随着我国经济的飞快发展和在国际上地位的不断提升，我国和其他国家在政治、经济、文化、旅游等往来越来越频繁，这需要大量的英语专业人才来参与与英语专业相关的业务活动和进行与国际友人之间的业务交流。然而，当我们面对外国友人时，我们能使用英语流利、得体与人交流的人才并不多。应试教育而产生的“哑巴英语”现象并没有得到很明显地改善，中国学生，特别是小学生的英语口语教学中仍然存在诸多问题，导致学生口语问题仍然十

① 中华人民共和国教育部．义务教育英语课程标准［M］．北京：北京师范大学出版社，2011.

分突出，本课题就是在此背景下选题。

（一）各学段英语口语的教学情况不容乐观

对任何一门外语的掌握和较自如地运用，必须能达到掌握听、说、读、写四项基本技能的要求，英语当然也不能例外。听、说、读、写四项基本技能中，听和说的技能是读与写的技能的基础，它们不仅是学好英语的基础，也是学好英语的保障，对英语的学习发挥着重要的作用。近年来，随着社会各界对英语口语交流能力的重视，也逐渐引起了人们对英语各个学段中英语口语教学的密切关注。但是有一个不容小觑的事实就是，现行各个学段，小学、中学、大学的英语口语教学中，特别是中小学的英语口语教学中，应试教育的影响根深蒂固，教师设计的口语教学活动，更多地停留在语法的解释、词句与课文的识记、阅读能力的加强、试题应变和答题技巧等，而更多忽视和弱化了学生语言大容量输出、语言得体表达、语言综合运用的发展等问题。究其原因，首先是缺少语言环境，学生每天接触英语的课程和时间不多，特别是小学，一周才两节英语课，学生只能靠极其有限的课堂时间学习英语，而且学习英语的时间分给口语表达的时间又少之又少。如今每个班级人数多达 50 个学生，没有充足的时间和机会来保证每个学生的交流和发言，而课堂外学生更是缺少说英语的氛围。其次，在教师授课方式上，许多教师仍然不能做到坚持用全英语授课的授课方式，大部分英语教师采用的还是用汉语讲解语法点或其他知识点的方法。这样的课堂环境下无法保障学生有一定量的听力输入，没有耳濡目染的环境，学生很难进行有效的英语口语输出。再者，教师口语活动的设计有，不能很好地区分语言操练活动与语言运用活动。第四，学生自身因素同样是致使口语教学活动存在问题的一大因素。中国学生大多受中国传统思想的影响，在口语交际中比较含蓄，再加上性格内向和其他心理障碍使很多学生不敢、不愿意开口说英语，这样也在无形之中给口语教学活动带来一定障碍。[①]

（二）现实小学英语口语的教学不容乐观

目前的小学英语课堂教学中，虽然教师们试图培养学生的真实语言交际能力，但由于教师们对口语活动是否符合语言运用的基本形态，是否符合课程标准中所规定达到的知识、技能、情感态度等要求的能力缺乏准确的判断，所以设计的口语活动偏被动参与，缺乏主动交流；偏机械操练、缺乏意义操练；偏语言学习，缺乏语言运用；偏生搬硬套、缺乏真实意愿；偏就课论课，缺乏融会贯通；偏死板记忆，缺乏自然交际；偏死记硬背，缺乏活学活用，

① 闫永佳. 小学生英语口语输出障碍成因及对策研究——基于河北省邢台市的调查分析 [D]. 西华师范大学，2016.

使学生在口语活动中，仅会简单的句型操练，而不能根据相应的话题，灵活梳理和整合已有的知识，不能实现有序、有目的、有意义的综合的语言输出及交流，使学生的口语交际能力和语言运用能力在实践中不能得到很好地锻炼和提升，导致学生的语言输出，总是简单的几句话的语言表达，而不是成段的、有逻辑顺序的、有主次呈现的、语法无误的大容量的语言。因此改良和优化口语活动的设计，使口语活动更指向学生的真实生活和真实需求，更指向学生知识的有机梳理和有序整合，更指向学生语言的学以致用，更趋于学生综合语言运用能力的提升至关重要。

二、基于语言运用的小学英语口语活动设计的思路

基于语言运用的小学英语口语活动设计是思明区黄芸名师发展工作室所研究的课题项目。

《义务教育英语课程标准（2011 年版）》（以下简称英语课程标准）强调“注重语言实践，培养学生的语言运用能力”，强调尽可能多地为学生创造在真实语境中运用语言的机会。① 该课题的研究目标是通过设计与实践“基于语言运用的小学英语口语活动”，形成设计“基于语言运用的小学英语口语活动”的方法，提升学生综合运用所学自如、得体交流的能力。其研究对象是小学一年级至六年级的学生。而研究的工具是自主研发的监测“基于语言运用的小学英语口语活动”的课堂观察量表。量表分为观察教师教学行为表和观察学生学习行为表。该表的观察维度是根据鲁子问教授的《小学英语活动设计与教学》一书中《小学英语语言运用任务活动设计与教学》这个章节中的语言运用任务活动设计的原则来制定的。

（一）研究思路与方法

本课题以“理论导航、课堂观察、案例剖析、梳理总结”为思路，具体如下：

1. 文本分析法

通过文本的分析，以教材内容为语量基础，以文本内容为语境基础，以主题内容为语用基础，确定好“基于语言运用的小学英语听说活动”的活动目标、活动意义、活动框架、活动规则、活动评价等。

2. 课堂观察法

采用课堂观察法，找出监测“基于语言运用的小学英语口语活动”的课堂观察点，形成课堂观察表。

① 中华人民共和国教育部. 义务教育英语课程标准[M]. 北京：北京师范大学出版社，2011.

3. 案例分析法

通过对课堂上的小学英语听说口语活动案例的比较分析，结合观察量表的记录，优化或重新设计“基于语言运用的小学英语口语活动”。

4. 行动研究法

通过课堂中的实践，将设计的口语活动付诸实践，并加以完善，形成“基于语言运用的小学英语口语活动的活动库”，并梳理“基于语言运用的小学英语口语活动设计”的方法。

以下是该课题研究的技术路线图（见图 1）：

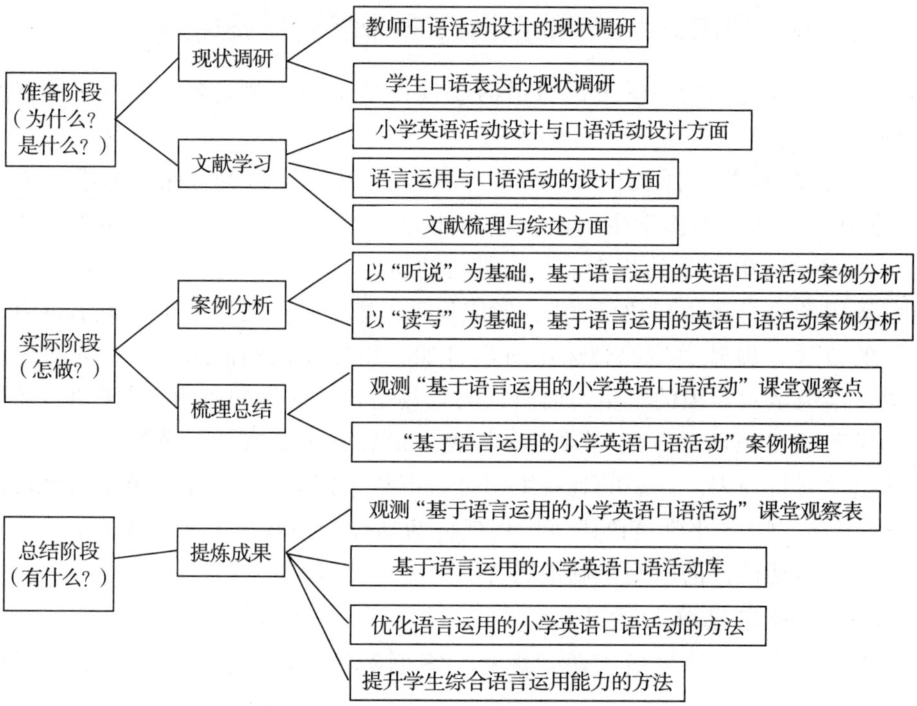

图 1　课题研究的技术路线图

（二）研究过程

本课题采用“四步五式”开展研究工作。

1.“四步”研究

所谓“四步”研究是针对课题研究的内容而言的，即指课题研究分四个小主题“基于信息沟意识的口语活动设计”、“基于话轮意识的口语活动设计”、“基于语言承载量的口语活动设计”、“基于真实性和意义性的口语活动设计”展开阶梯性研究。在课题研究的不同阶段里，有侧重点、有针对性、有目的性地研究不同的小话题，这样使课题的研究更具体化、更细节化、更落到实处。

本课题的研究情况

	研究时间	研究主题	研究具体内容
1	2014.12—2015.8	基于信息沟意识的口语活动设计	1. 什么是信息沟活动？ 2. 如何设计信息沟活动？ 3. 具有信息沟的活动案例
2	2015.9—2016.1	基于话轮意识的口语活动设计	1. 话轮、话轮转换等定义 2. 设计富有话轮意识的口语活动的案例 3. 整理提升口语活动话轮意识的方法
3	2016.2—2016.8 2016.9—2017.2	基于语言承载量的口语活动设计	1. 语言承载量的定义 2. 口语活动中提升学生语言承载量的方法 3. 设计富有语言承载量的听说活动
4	2017.3—2018.5	基于真实性和意义性的口语活动设计	1. 提升口语活动的真实性和意义性的方法 2. 设计体现真实性和意义性的口语活动

二、“五式”研究

所谓“五式”研究是针对课题研究的形式而言的，即课题研究采用五种方式进行。

（一）螺旋式理论学习

泰戈尔说过知识是珍贵宝石的结晶，文化是宝石放出来的光泽。没有理论上的成熟就没有真正意义上的成熟。教师的理论学习是指导教师有效实践的基石。螺旋式理论学习是指同一时间段里，同一主题下的“自主研修、同伴研修、集体研修和讲座研修”四种学习研修方式捆绑结合，螺旋式层次递进的方式。自主研修是自己利用闲暇时间，学习同一主题的理论书籍和文章或学习同一本书。自主研修是自主学习，自主感悟。同伴研修是指两两结对，互相收集相关主题的材料或文章，复制在同伴研修表格的文章一栏，并各自写上自己的点滴学习心得。同伴研修的方式将学习的时间、地点灵活化，每学年 6 次。集体研修是在自主研修和同伴研修的基础上，进行共读一本书或共读一个话题材料，然后进行读书交流的活动。成员们利用读书交流活动，将共同阅读的书籍和材料的心得进行 15 分钟左右的分享，并进行主题式的交流。讲座研修是指在三种研修的基础上，成员择优开设讲座，进行讲座学习。这四种理论学习方式呈螺旋式的递进上升，最后呈现的讲座学习必须在之前自主研修、同伴研修、集体研修的基础上，广泛阅览大量资料，吸收同伴之间的意见，梳理大量案例，并内化整合的结晶。这个过程对开设讲座的人而言，是学习理论、内化理论、整理实践的过程。而对于听讲座的人而言，他们听到的，是别人系统梳理后的成品，比零散的理论材料，更有学习价值。

（二）战队式团体备课

教育教学效益的最大化是集体备课的价值取向，也是集体备课的目的所在。战队式团体备课是指根据开课教师的课例（大部分是同课异构），分为两个团队分别与两位开课教师一起集体备课。两个战队里的老师要分别参与备课四重奏——片段或说课，初建课，重建课，展示课。两个战队的人一学期调整一次，这样，开课教师可以吸收不同人的教学意见，取其精华。不管是不是同课异构，两个战队的成员得为各自战队中的开课者出谋划策，共同备课，共同听试教，共同研讨。

（三）交锋式课堂实践

纸上得来终觉浅，绝知此事要躬行。围绕着四个小主题："基于信息沟意识的口语活动设计""基于话轮意识的口语活动设计""基于语言承载量的口语活动设计"、"基于真实性和意义性的口语活动设计"，每个阶段我们围绕相应的主题开展课例研究。由于工作室的课例研讨活动大部分是同课异构，即使不是同课异构，两位老师在两个战队的协力备课下，所呈现出来的课肯定都体现了各自集体智慧的结晶，这样的 PK 是开课教师个人素质和个人风格的交锋，更是战队集体智慧的交锋，是不同理念火花的交锋，是不同方法尝试的交锋，这样的交锋会让执教者更有压力，更有对比教学的后的灵感和顿悟，也会让听课者更有对比行的思考和收获。

（四）菜单式观课评课

观课和评课对提升大家对该课例的认识，促进反思有至关重要的作用。工作室采用菜单式的观课评课，首先执教者先把有关的语言运用类的活动填入评价表，在开课前一天上传给该组长，组长打印。这样让观课、评课者更具体地知道开课者的意图和设计思想，能更有针对性地听评课。然后根据观课的评价表，分组分任务观察教师和学生，根据观察点（意义性、真实性、运用性、差距性、操作性五个维度）完成课堂评价表，并做记录。不同的观察点有利于听课者更聚焦于要评课的内容，提高听课的针对性。最后根据各自观察的分工任务和观察表的记录开始进行评课（一学期轮流一次）。

成员分工表

姓　名	分工任务
刘颖、谢一新	报道员
袁慧玲、黄莹	梳理员（梳理开课者的亮点）
刘莹、蔡莹琪	总结员（正式评课稿）
阮纯纯	记录员
吴艳虹	材料员（整理课堂评价表）
赵惠兰、连滔	摄影师（录像、拍照）
陈　岚	签到员
黄晓燕	文档员（每次活动材料收集：开课案例，课件，讲座课件，讲座稿，照片，报道，课堂评价表，评课稿汇总等）

评课流程图（见图 2）

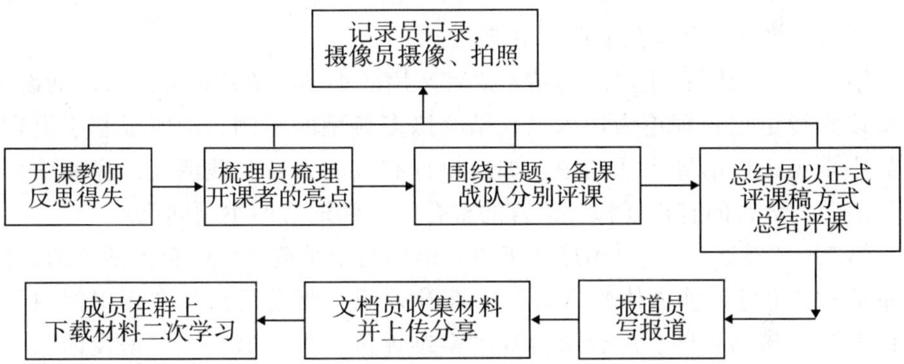

图 2　评课流程图

这样的流程，不仅锻炼了执教者的自我反思能力，锻炼每个成员的观课、评课能力，更着重锻炼梳理员和总结员的评课能力。此外，每个成员参与了该战队的诸多备课，他们在教材分析和课例研究方面也会得到锻炼，相应的观课和评课能力也会得到提升。

（五）内化式自我反思

名师 = 经验 + 反思。叶澜教授说过："一个教师写一辈子的教案不一定会成为名师，但如果坚持写三年的反思，则有可能成为名师。"可见教师的专业发展离不开反思。教学自我反思是一种促进教师改进教学策略、不断提升自己教学水平的有效方式之一，是教师自我成长的重要途径。教师的自我反思是在前面四式研究的基础上，结合自己的课堂实践，结合自己对理论学习的理解，内化升华的过程。反思的形式主要是案例（教学反思）、讲座、心得、论文等。

三、基于语言运用的小学英语口语活动设计的梗概

本书是思明区黄芸名师发展工作室进行项目研究、根据研究心得和研究成果而撰写的。本书的序由博士生导师、国家《义务教育英语课程标准》编制组成员、兴义民族师范学院中国民族师范教育研究中心主任鲁子问教授撰写。

绪论部分主要从基于语言运用的小学英语口语活动设计的选题缘由、研究设计和本书的内容梗概入手。其中研究设计里包含了研究目标、研究对象、研究内容、研究思路与方法、研究过程梗概等，从这部分可以大致明晰该课题研究项目进行研究的足迹。

第一章“定位”：主要从根源入手，阐述该研究项目中相关核心概念的国内外研究文献综述，从而对该研究有初步和有对比性的了解，同时阐明课题研究的理论基础。在此基础上，阐明该课题研究的核心概念和研究的相关原则，从而明确该书撰写的着眼点和定位。

第二章“激活”：主要阐述基于语言运用的小学英语口语导入活动的设计。该章以先行组织者理论为切入点，结合诸多典型的案例，阐明了基于语言运用的小学英语口语导入活动中，如何设计有效的语言实践活动，促使语言的充分激活、语言的有机迁移、语言的整合后续和语言的主题同化。

第三章“融通”：主要阐述基于语言运用的小学英语口语巩固活动的设计。该章通过“角色扮演、体验语言”、“互补差距、驱动语言”、“活用留白、巧用语言”、“借助导图、融合语言”、“多维评价、整合语言”、“增设话轮、丰富语言”等内容阐明了口语巩固活动中如何设计有效的角色扮演活动、信息差活动、教学留白活动、导图借鉴活动、多维评价设计活动、话轮培养和训练活动等，促进语言的有机梳理、整合融通与灵活运用。

第四章“延展”：主要阐述基于语言运用的小学英语口语拓展活动的设计。该章既包含了课堂上的理性拓展、感性拓展和随性拓展，还涵盖了课后的作业延伸和迁移拓展，让读者明晰借助思维导图、依靠学生的兴趣和想象，设计小学英语口语拓展活动，促进学生聚焦主题，巧用语言，不同程度拓展语言，丰富语言输出的方法。

第五章“硕果”：主要以“基于语言运用的小学英语口语活动库”和“基于语言运用的小学英语口语活动课堂观察表”为例，呈现该课题研究的成果，为一线教师提供有价值的参考。

第一章

定位：基于语言运用的小学英语口语活动设计的概述

David Crystal 在自己的著作《英语一全球通用语》中提到："英语是全球通用语。不管喜欢还是不喜欢，人们对此是无可奈何的。"通过百度网络搜索可以得到一些数据，根据 1999 年的统计，当时已有 380,000,000 人使用英语，世界上 60% 以上的信件是用英语书写的，超过 50% 的报纸杂志是英语的，至今说英语的地区和国家共有 175 个。随着各国经济、信息等方面全球化的日益发展，英语作为目前世界使用范围最广泛的交流语言，发挥着越来越重要的作用。近年来，我国改革开放的步伐进一步加快，与世界各国间的交往日趋紧密，自 2001 年加入世界贸易组织以来，我国政治、经济、文化等方面对高素质的国际化人才的需求更是求之若渴，而英语教学正是培养高素质国际化人才的重要组成部分。[①] 小学英语作为我国英语教学的起点和基础，其地位和作用是不容忽视的。小学英语口语活动的设计要"注重语言实践，培养学生的语言运用能力"。《义务教育英语课程标准（2011 年版）》指出义务教育阶段英语课程的主要目的是为学生发展综合语言运用能力打基础，语言技能是语言运用能力的重要组成部分，包括听、说、读、写等方面的技能以及这些技能的综合运用。听和读是理解的技能，说和写是表达的技能，四者相辅相成，互相促进。英语课程标准以学生"能用英语做事情"的描述方式设定各级目标要求，旨在培养学生的综合语言运用能力。[②] 因此，各种语言知识的呈现和学习都应从语言使用的角度出发，创设接近实际生活的语境，采用循序渐进的语言实践活动，为提升学生"用英语做事"的能力服务。

---

① 冯颖妍．小学英语口语教学有效性研究 [D]. 广州大学，2012.

② 中华人民共和国教育部．义务教育英语课程标准［M］. 北京：北京师范大学出版社，2011.

第一节　寻求根源，明晰理论

优化小学英语口语活动设计，使口语活动的设计充分激活学生已有的知识储备和知识积淀，充分激发学生已有的生活经验和兴趣爱好，充分指向语言的高密度、有条理、有逻辑的语言实践和语言输出，充分指向学生语言的活学活用、活学善用、活学巧用，实现学用结合，用英语解决实际问题是教师们急需解决的问题，因此，寻求根源、明晰理论、发现问题并解决问题任重道远。

一、国内外相关研究综述

（一）“英语口语教学”的相关研究

英语口语教学是从大量的口语教学研究的案例中吸取经验，从中提取能够体现一般教学规律的、具有应用价值的成分。因此借助相关教学理论，结合笔者的教学实践和对口语教学的个人理解，笔者对有关英语口语教学的国内外研究进行了以下梳理：

1. 口语及口头交际的本质对口语教学的启示

语言能力是指掌握语言的能力，这种能力表现在人能够说出或理解前所未有的、合乎语法的语句，能够辨析有歧义的语句、能够判别表面形式相同而实际语义不同或表面形式不同而实际语义相似的语句的掌握以及听说读写译等语言技能的运用能力①。人类学家针对“语言能力”，提出了“交际能力”一词。交际能力指一个人能通过自己的表情、肢体语言、语言和文字等，把自己的思想、意图、情感和想法清清楚楚表达出来，并且能让与之交流的人理解和体会。交际能力不仅是一种语言形式，还包括交际者知道何时对何人以何种方式恰当地使用这种形式。交际能力是语言学习的最终目标。Canal 和 Swain(1980) 提出交际能力应包含四个方面：语法能力（包括音系学、拼写法、词汇、构词法、句法），社会语言能力（在各种不同场景中，对恰当的社交含义和语法形式的表达和理解），语篇能力（通过指代、重复、同义等手段将句子整合起来，构成连贯有条理的语篇）以及策略能力（可以帮助解决各种各种交际困难的策略。）②。Paulson 和 Bruder（1976）认为，交际能力是语言学习的最终目标。既然语言能力是交际能力的一部分，那么学生就应当掌

① 李军. 初中英语语言能力培养的有效途径 [J]. 中学生英语，2017(06):87.

② 黄庶. 初中英语口语研究 [D]. 华东师范大学，2011.

握语言形式的基本知识以及为了社交需要而恰当地使用语言形式。Paulson 和 Bruder 还总结了一些语言交际活动，包括如下几点：(1) 社交程式和对话：从学习正式和非正式的短语，到组成正式和非正式的对话并以两人为一组进行练习，继而设置具体情境让学生进行角色扮演。(2) 社区型任务：使学生在课堂外与别人进行口头交际的一组活动。(3) 解决问题的活动：向学生呈现一个问题和一些可能的解决方案，学生从中选择一个最合理的方案。(4) 角色扮演：给学生一个虚构的身份，学生要与其他学生所扮演的角色进行即兴表演。[①]Rivers 和 Temperly (1978) 认为：教师无法教学生如何表达自己的意思，但教师可以为学生设计和提供桥接性的口语活动，也就是教会学生如何为意义的表达构建合适的语言框架，为学生提供机会和平台，激发学生的学习和交流动机，帮助学生改善框架以便更好地传递和交流彼此的信息。舒白梅、向宗平指出交际的本质包括交际目的、信息沟、内容重于形式。首先，真实的交际一定有明确的交际目的，因此在口语训练中，有某个真实的交际目的是十分必要的。其次，在真实的交际中，交际的一方知道某种另一方感兴趣却不知道的信息，这就是信息沟，只有设计具有信息沟的活动，才能促进学生的真实交际[②]。Lazaraton (2006) 认为在教口语的时候，要尽可能多地教授其他技能。Murphy(1991) 认为，口语教学中，教师应当将说与听、读、写都联系起来。口语教学可以作为阅读和写作活动的延伸。口语教学和听力教学是不可分割的，应当整合起来。[③]

在外语教学史上，口语教学的变化与人们对于口语在外语中的性质以及学习语言过程的认识具有直接的关系。直接教学法认为外语教学中首先强调口语教学，重视学习者口语表达能力的训练与培养。外语教学需要突出口语体的实用性以及口语表达的流利性，强调学习者用外语思维，教学过程借助直观教具，重视语言交流过程，强调语言教学活动和教学内容的趣味性，重视调动学习者的学习兴趣。[④]听说教学法主张“听说领先”的原则，它以行为主义心理学为基础，主要关注语言结构本身 (主要是句型) 的产生，并不培养学生在更高的语言层次 (如语篇等) 进行交际的能力。交际教学法以培养学生的交际能力为目标，旨在发展学习者的交际能力。交际法的特点是将语言的结构与功能结合起来进行交际教学。交际教学法中合作式教学法也受到高

① 黄庶．初中英语口语研究 [D]. 华东师范大学，2011.

② 舒白梅，向宗平．英语课程与教学论 [M]. 上海：华中师范大学出版社，2010.

③ Temple, C&J. W. Gillet. Language Arts: Learning Process and Teaching Practices[M]. London: Scott, Foresman and Company. 1989.

④ 崔刚，罗立胜．英语教学理论与实践 [M]. 北京：对外经济大学出版社，2006.

度的重视。[①]合作式教学法以学生为中心，采用以学生间的交流与合作为基础的教学模式，注重学生实际交际能力的培养。Hadley（1993）提出了以水平为目标的教学思想的五个基本原则：（1）要给学生提供他们可能在目标语文化中遇到的各种语境中训练语言使用的机会。（2）要给学生提供在目标语文化中与他人相处所必需的各种功能或者任务的练习机会。（3）流利性应该受到重视。（4）教师的教学要对针对学生的情感与认知需求，同时也要考虑学生的个性、喜好以及学习方式。（5）要采用各种方法促进学生对文化的理解，以便使学生养成对于文化的敏感性。全球化进程的不断发展使得英语成为一种国际语言，在此背景下，关于交际能力的概念也得到发展，成为跨文化能力。与此同时，人们也开始普遍意识到口语教学不能单纯地依靠应用语言学的理论，还应更多地借鉴会话分析以及语料库分析的研究成果。

2.“基于语言运用的英语活动设计及口语活动设计”相关研究

语言的交际性是语言最本质的功能。美国教育学家杜威创造了实用教育体系，其核心内容就是活动教育。杜威活动教育的思想内容关键是“做中学”。杜威认为活动应以儿童及其活动为起点、目的和中心。个体要获得真知，必须在活动中主动去体验、尝试、改造，必须去“做”。皮亚杰建立了“高度活动”原则，建立了活动教学法的心理学基础。维果茨基等苏联学者把马克思主义哲学范畴的“实践”引入了活动教学。20 世纪 70 年代社会语言学家海姆斯（D. Hymes）提出了交际能力（communicative competence），即能否在一定的语言环境中恰当地使用语言和在不同的场合、地点对不同的人进行成功的交际（传递信息、交流思想和表达感情）的能力。海姆斯交际性教学原则的核心内容是“用语言去学”和“学会用语言”。

有效的活动设计语境要真实，目标指向要明确，功能上要体现交际性，组织要面向全体，结构层次要有序。[②]英语口语活动设计要尽可能将生活场景、交际目的和交际角色紧密地结合起来。让学生沉浸在仿真的交际环境中，讨论与他们的生活息息相关的话题，使他们有感而发、有话可谈、激发他们参与交际活动的兴趣和动力。这种以解决问题为核心地真实的口语活动可以更有效地提高学生的交际能力。[③]设计语言运用的口语活动，要注意真实性；实效性，处理好“做”与“学”的关系；注重语言形式和语言功能的结合。英语教学中，教师必须注重提高学习者的语言运用能力，教师对自己的教学行为进行反思，并能以积极的情感投入教学，为学生创造轻松愉快的习得语言的

① 崔刚，顾巍．合作式教学在多媒体教学中的运用 [J]. 清华大学教育研究，2003(1):67—68.

② 曹伟华．例谈小学英语活动设计的有效性 [J]. 小学教学设计，2006(Z3):36—38.

③ 李洪波，詹作琼．论英语口语教材编写和口语活动设计的真实性 [J]. 教学研究，2006(06):78—82.

条件和氛围，同时精心设计多种习得语言的活动，以多重角色、采取多种教学方法调动学习者的学习积极性。[①]

当然目前口语活动设计也存在诸多问题：目前大学英语教学中，一方很多用人单位对大学毕业生的英语口头表达能力不太满意，认为他们无法胜任相关的工作；另一方面，课堂上，面对老师主持的口语活动，即使给时间讨论、准备，除了几个活跃的学生会开口发言外，其余的学生则垂头三缄其口；虽然有些学生一开始有很强欲望去发言，却不知如何表达，现实生活中，大学生很难用英语流畅、得体地来表达自己的思想。[②]在新课标实施过程中，尽管英语课堂"满堂灌"得到一定程度的改善，但实施"以学生为主体"的互动教学仍面临重重障碍。[③]教师通常只注重语言知识的讲解与传授，却忽视了学生交际能力的培养，学生的主体地位没有得到充分体现，综合语言运用能力也没有得到有效的训练。[④]

3. 研究现状总体分析

鉴于以上国内外研究的现状表明，英语口语教学和"基于语言运用的英语口语活动设计"，在理论和实践上都取得一定的成效，有一定的研究基础。但大部分的文献资料更集中在对高中生、大学生、高职教育的英语语言运用能力的研究，小部分集中在农村学校学生语言运用能力的培养的研究。而对小学英语口语活动的有效设计，涉及的文献较少。而目前口语教学的现状，无论从大学还是小学，学生普遍存在无法得体交流和综合语言运用能力没有得到有效训练的现象。特别是小学英语口语活动设计中，教师们更侧重语言的学习，而忽视或者弱视"用语言去学"和"学会用语言"。教师们更重视语言的语法性和重视语言的形式，而对语言的可行性（现实中是否被接受）、得体性和现实性（如对交际背景、目的、常规、参与者等因素的合理考虑）等强调不够。因此、优化"基于语言运用的小学英语口语活动"，设计更有利于语言运用的口语活动，对一线教师的实践有一定的借鉴价值。

二、基于语言运用的小学英语口语活动设计的理论基础

（一）社会语言学理论

口语是由社会驱使（socially driven）、心理机制运行控制（psycho-motor

① 李晓平．提高英语运用能力的对策[J]. 职业技术教育，2007(20):95—98.

② 李洪波，詹作琼．论英语口语教材编写和口语活动设计的真实性[J]. 教学研究，2006(06):78—82.

③ 陈达．新课标下中学英语课堂互动现状调查与分析[J]. 长江师范学院学报，2010(06):101—108.

④ 李兴勇．英语读后教学活动的现状及优化策略[J]. 山东师范大学外国语学院学报（基础英语教育），2012(06):124—126.

control）的人际间语言交流活动。语言作为交际工作与社会的联系，是以整体的形式出现的，它包括人们对这一工具的得体、适宜的使用和对这一工具的评价。交际能力是社会语言学家海姆斯于20世纪70年代针对乔姆斯基的“语言能力”这一概念的缺陷首次提出的。乔氏的语言能力指一个理想的本族语者所内在化了的语法规则。海姆斯认为这一概念抽出了语言的社会文化特点，舍弃了语言的交际功能。海姆斯认为交际能力是“何时说，何时不说，以及关于何时、何地、以何方式与何人谈何内容”，即能否在一定的语言环境中恰当地使用语言的能力，在不同的场合、地点对不同的人进行成功的交际的能力。具体地讲，交际能力应由四个部分组成：形式上的可能性、实施手段上的可行性、语境适应性和现实中的实施情况。① 海姆斯的交际能力理论强调语言是表达意义的体系；语言的主要功能是交际功能；语言的主要单位不仅是语法、结构特征，还包括功能范畴。语言能力是语言知识和技能的综合体，即一方面是知识，另一方面是使用，即运用语言进行社会交往（包括传递信息、交流思想和表达感情）的能力。

（二）语用学理论

语用学是语言学各分支中一个以语言意义为研究对象的新兴学科领域，它研究在特定情景中的特定话语，研究如何通过语境来理解和使用语言。Superber & Wilson 把语用学定义为：语用学研究言语交际和理解中语言如何与其他认知系统（如听辨、记忆、推理）相互发生的作用和影响。但总的来说，语用学包括两个方面的内容：（1）语用学研究言语交际和理解中与语境有关的各方面问题。（2）语用学研究言语交际和理解中非语言因素的作用。语用学研究语言的理解和语言的使用，研究语言是否合适、得体以及如何做到合适、得体。② 语用学的概念，不同人有不同的定义。莫里斯把语用学定义为“语用学是符号学的一部分，它研究符号的来源、用法及其在行为中出现时所产生的作用”。③ 语用学研究特定语境中的话语生成与话语理解，它离不开语言使用的语境因素，它强调根据不同的交际目的、交际对象，选择不同的语言形式；强调培养学生在具体的语境中恰当地表达，准确地理解语言的语用能力。这是一种典型的语用思想，也是人们交际能力的具体表现。

（三）社会建构主义理论

瑞士心理学家皮亚杰提出了建构主义理论，建构主义是认知主义的进一步发展。该理论主张在教师指导下把学习者确定为中心的学习。这就表明在

① 陈艳玲．浅谈交际法与我国中学英语教学 [J]. 黑龙江教育学院学报，2003(1):107—110.
② 胡莹，朱小平．语用学理论与外语教学 [J]. 南昌大学学报（人文社会科学版），2005(01):143—147.
③ 中国语用学研究课题组．语用学和中国语用学思想 [J]. 浙江社会科学，1996(06):62—66.

实际教学中，一方面要明确学习者学习的主体地位，另一方面也不忽视教师本身所发挥的指导作用；教师在意义建构中扮演着的协助者、促进者的角色，不再是传统观念中的知识传授者和灌注者；学生则成为信息加工的主体，是意义的主动建构者，不再被动地接受外部刺激，也不再是被灌输的对象。[①]建构主义者更加关注学习者如何以原有的经验、心理结构和信念为基础来建构知识，更加强调学习的主观性、社会性和情景性。个体在进行学习的时候，头脑中并不是空的，而是由于先前的生活经验在头脑中保存着自己特有的认知图式，在学习过程中，通过与外界环境的相互作用，建构新的认知图式，这种新的认知图式是创造性的，在性质上不是原有图示的延续。所以，与行为学派的理论相比，认为学习的过程是一种质的变化，一种主动建构的过程，而不是被动的刺激反应模式的建立。社会建构主义理论认为，学习发展是社会合作活动，这种构建发生在与他人交往的环境中，是社会互动的结果。它强调学习者个人从自身经验背景出发，建构对客观事物的主观理解和意义，重视学习过程而反对现成知识的简单教授；强调人的学习与发展，发生在与其他人的交往和互动之中。教学应该置于有意义的情景中，而最理想的情景是所学的知识可以在其中得到运用。

（四）心理语言学理论基础

口语表达是人脑处理和控制语言的心理过程。苏联心理语言学家维果茨基的心理语言学思想主要集中体现在对“思维与言语”、“词与思想”、“自我中心言语”、“日常概念与科学概念”、“内部言语与外部言语”、“言语内省”、“篇章心理语言学”等问题的研究上。维果茨基认为：学习者是在社会交往、相互作用中发现、学会并运用知识的。“知识的发展经历两个过程：首先在社会层面，然后是个人层面；首先是人们之间相互作用，然后是个人的作用。高级思维起源于人们之间实际的相互作用”。他认为思维与言语是通向认知人类意识特性大门的钥匙。思维和言语两条线在平行——交叉的发展过程中，每一步、每个环节之间都体现了辩证发展的思想。词既属于言语也属于思维，词不仅有意义，还存在其自身的思想逻辑，它包含了整个言语思维的主要特性，且以最简单的形态展现出来。言语的最初功能就是与他人进行交往、沟通和联系并对他人施加影响的。概念是思维的“细胞”，概念的研究是思维研究的焦点和基础。言语内省，是对言语生成进行有意识的监控，在言语过程中占据重要位置。[②]

① 冯颖妍 . 小学英语口语教学有效性研究 [D]. 广州大学，2012.

② 杨瑞 . 维果茨基心理语言学观研究 [D]. 哈尔滨师范大学，2016.

（五）语言习得理论

语言习得指的是一个人语言的学习和发展。它强调尽可能让学生进行大量的语言实践活动，增加接触语言的机会。学习者不仅需要在不同情景以及不同的语境中反复接触含有这项语法规则的实践机会，而且还需要在不同的情境中使用这些固定的表达方式，从而逐渐发展自己的语言系统。

（六）英语课程标准

英语课程标准指出：强调学习过程，重视语言学习的实践性和应用性。现代外语教育注重语言学习的过程，强调语言学习的实践性，主张学生在语境中接触、体验和理解真实语言，并在此基础上学习和运用语言。英语课程提倡采用既强调语言学习过程又有利于提高学生学习成效的语言教学途径和方法，尽可能多地为学生创造在真实语境中运用语言的机会。这一理念强调了语言学习不仅应关注学习结果，更应关注学习过程。语言学习具有很强的实践性和应用性特点，这两个特点也就决定了语言学习不应是一个对英语语言知识体系的学习，不应是靠单纯的讲解和记忆进行学习的。[①]

① 中华人民共和国教育部．义务教育英语课程标准［M］．北京：北京师范大学出版社，2011.

第二节　内涵界定，找准定位

英语课程标准强调“注重语言实践，培养学生的语言运用能力”，强调尽可能多地为学生创造在真实语境中运用语言的机会。然而现实的小学英语课堂教学中，教师设计的口语活动更多地局限语言学习活动，而不是语言运用任务活动，因此，特申请课题“基于语言运用的小学英语口语活动设计的实践研究”，旨在通过设计与实践“基于语言运用的小学英语口语活动”，提升学生综合运用所学自如、得体交流的能力。

一、核心概念

（一）语言运用

不同时期的语言学家，根据自己研究的对象和各自的角度目标，对语言能力和语言运用有不同的表达所指。20 世纪 50 年代，美国语言学家乔姆斯基 (Noam Chomsky) 从认知心理学出发，在否定行为主义语言理论的基础上，提出了“语言能力”和“语言运用” (competence and performance) 的概念[①]。乔姆斯基指出：语言运用指的是语言的实际行为，是语言在日常生活中的使用和表现。而本文中的语言运用指的是：人们在具体的交际情景中使用语言进行交际，表达特定意义，并产生相应交际效果的活动，这种活动具体表现为交际双方进行交际的动态过程，即表达和理解等活动。简单地说，语言运用是把语言文字的基础知识和实际运用相结合，既有知识性又有实用性，既有通俗性又有科学性。

（二）口语活动设计

口语活动设计是指教师设计在特定语言环境下产生的言语活动。该活动设计中，教师引导学生利用语言表达思想、进行口头交际，通过听和读获取知识、信息和语言，经过思维在原有知识及语言的基础上对所获取的信息进行加工重组，赋予新的内容，然后输出，从而完成交际的整个过程。其基本特点不是听和说的简单叠加，而是听与说的双向互动与交际，是凭借听与说进行交流、沟通、传递信息、联络感情、处理问题、完成任务等，从而培养学生倾听、表达、应对、运用语言解决问题，运用语言和谐与人交际的能力。

① Chomsky, N. Aspects of the Theory of Syntax[M].Cambridge, Mass:MIT Press, 1965.

（三）基于语言运用的小学英语口语活动设计

基于语言运用的小学英语口语活动设计指针对小学英语课程标准一级和二级的要求，秉着“听说领先、读写跟上”的原则，教师在课堂教学中，要设计一种由学生在运用英语的实践中，主动进行的有目的、有计划、有情境的，获得相关经验的英语学习过程。其活动目的以培养“说”的技能为侧重点，兼顾“听、读、写”相关技能的培养。活动的内容和形式要贴近学生的生活实际，符合他们的认知水平和生活经验。活动设计要有明确的交流目的、真实的交流意义、主动的交际驱力、贴近现实的交际情境、简易可行的操作要求，让学生在课堂的口语活动中，接触、理解、操练、实践和运用语言，逐步实现知识的内化，提升融会贯通，综合运用所学去表达和交流的能力，实现用英语做事。

二、原则定位

基于语言运用的小学英语口语活动设计要考虑到“运用性”、“意义性”、“互动性”、“真实性”、“差距性”、“语量性”、“操作性”七个原则。

（一）运用性

美国的语言学家 Chomsky 认为语言能力是一种抽象的原则系统和知识体系。它既不是一种组织句子和理解句子的能力，也不是一种应付事物的能力。语言运用能力并非语言能力的简单反映，语言能力是指语言使用者对其语言规则的认识，而语言运用能力则指在表述中对其知识的实际运用。[①] 基于语言运用的小学英语口语活动设计要注意其运用性，是指口语活动设计要围绕相应的主题，紧扣教学目标和教学重难点，设计不仅仅是简单的语言学习任务，而应该是相应的交际任务，让学生综合运用语言完成任务，达到学以致用的目的。

（二）意义性

古希腊最著名的哲学家、思想家亚里士多德认为：语言意义是心灵的表达：口语是心灵的经验的符号，而文字则是口语的符号。马克思主义哲学对语言和思想关系的看法是“语言是思想的直接现实”，二者在基本意蕴上是具有相似之处的。弗雷格认为一个词只有在特定的句子语境中才有意义。[②] 因此，语境和语言密不可分。语境是语言运用的土壤，没有语境的语言是毫无意义的。基于语言运用的小学英语口语活动设计要注意其意义性，是指口语活动的设计要指向有意义的有语境的语言实践，而不仅仅是毫无意义的语境和机械操练，同时要指向正确的情感态度价值观的渗透，体现人文性和工具性的结合。

① 沈琳．浅谈英语语言运用能力的培养 [J]. 福建医科大学学报（社会科学版），2002(01):95—98.

② 李海平．论意义的语境基础 [D]. 吉林大学，2005.

（三）互动性

德国的社会学家齐美尔最早提出“互动”这一定义。而互动作为课程改革的新理念，强调的是师生之间，生生之间，特别是生生之间的相互影响和相互作用。互动主义教育观认为，有意义的学习是通过人际互动产生的。基于语言运用的小学英语口语活动设计要注意其互动性，是指口语活动的设计要主体互动，情境互动，过程互动和结果互动等要素动态和静态相结合，能体现教师与学生之间，学生与学生之间的有效的、和谐的、互助的、真诚的、真实的、积极的双向或三向沟通，体现交流者与语境和情景之间的配合度，体现口语活动动态发展的过程，体现语言的交互交流和交际。

（四）真实性

Widdowson（1978）提出了语言教学的真实性问题。20 世纪 90 年代，Bachman（1990）的“交际语言能力”说进一步完善了交际能力理论。其中包括语言能力 、策略能力和心理生理机制。其中，策略能力把语言能力与语言使用者的世界知识和真实的语境联系起来。交际法教学强调学生之间的交流应符合真实交际的特点，而语言真实性就是强调语言的真实性和自然性，培养真实、恰当 、实用的语言能力和交际能力。[①] 基于语言运用的小学英语口语活动设计要注意其真实性，是指口语活动中语用、语义、语境的相对真实，即口语活动中进行相对真实的语言输入（教师要选择真实的语言材料作为语言的输入）、开展相对真实的语言练习和操练活动（设计适合学生学习的语言实践的活动和机会）、采用相对真实的联系生活的语言情境、给学生提供一个真实的语言环境，培养真实 、恰当、实用的语言能力和交际能力。

（五）差距性

基于语言运用的小学英语口语活动设计要注意差距性，即要设计具有信息沟的活动。所谓“信息沟”，就是学生在掌握信息方面存在的差距。正是由于存在信息沟这种差距，学生才有进行传递和交流信息的言语的交际活动。信息沟是学生用语言进行交际的先决条件和内动力。基于语言运用的小学英语口语活动设计要注意其差距性，是指所设计的口语活动要能体现学生现有知识能力的差距，如知识差距、能力差距、技能差距、信息差距、文化差距等，从而激发学生交流的内驱力。

（六）语量性

英语课程标准指出：义务教育阶段英语课程的总目标是：通过英语学习

① 刘凤杰 . 从语言真实性谈语言测试及其对教学的反拨作用 [J]. 长春工业大学学报（高教研究版），2006(3):79—81.

使学生形成初步的综合语言运用能力，促进心智发展，提高综合人文素养。综合语言运用能力的形成建立在语言技能、语言知识、情感态度、学习策略和文化意识等方面整体发展的基础之上。① 基于语言运用的小学英语口语活动设计要注意其语量性，是指口语活动的要能提供和容纳充足的语言训练的规模和语言实践的容量，要充分考虑到语言实践的密度、广度、深度和强度，使学生在特定的口语活动时间内，能得到充分、足够、大量的语言训练和语言实践，为培养学生的综合语言运用能力服务。

（七）操作性

基于语言运用的小学英语口语活动设计要注意其“操作性”，是指口语活动的内容与主题应与所学内容相关，难度适宜，符合该年龄阶段学生已有的认知水平和知识积淀，同时要有一定的梯度和层次，由易到难，以适应不同能力的学生，并具有灵活性和调整型，符合学生课堂中不断变化的学情特点、兴趣特点、克服困难的需要和现场的课堂生成。

三、研究意义

本课题的研究可以在理论上弥补小学英语口语活动中提高语言运用能力方面的不足。在实践上，首先，可以改善目前课堂中以“交际”冠名的“伪交际”的现象。目前诸多的口语活动，学生没有交流的欲望和内驱力，学生没有运用语言的贴近生活的情境，他们只是被动、机械地在毫无语言情境的活动中操练语言。此课题的研究能极大改善活动设计的“伪交际”性，提高口语活动的交互性，双向性，情境性，提升学生交际的内驱力。其次、可以改善目前课堂中以“任务型教学法”冠名的“伪任务”活动。目前课堂中有不少“伪任务”活动，他们把语言学习活动和语言运用活动混淆，将语言学习操练活动统称为“任务”。此课题的研究能让教师们更好区分语言学习活动和语言运用活动，处理好语言知识学习与能力发展，语言操练与语言运用的关系，培养学生“用英语做事”的能力。最后该课题的研究也可以为其他教师的实践研究提供有效的参考。

① 中华人民共和国教育部．义务教育英语课程标准 [M]. 北京：北京师范大学出版社，2011.

第二章

激活：多样导入，激活语言，前移后续善用语言

有前奏的歌曲更动听，有序幕的戏剧更动人，有导入的课堂更有效。好的开端是成功的一半。因此课堂导入环节十分重要。英语课程标准指出：教师要设计循序渐进的语言实践活动，以及各种强调过程与结果并重的教学途径，培养学生用英语做事的能力。[①] 因此课堂导入环节中，如何在激发与保持学生学习积极性的同时，激活语言，让学生迁移后续运用语言，承接新知识的学习是课堂导入环节的关键。“基于语言运用的小学英语口语导入活动”是利用先行组织者这一引导性材料，构建学生已学知识储备、已有经验积淀与新知识之间联系的桥梁，促进学生学习注意力的集中和学习兴趣的激发，促进学生已有的相关知识的积累和储备的充分激活，促使相关知识的有机整合、有序梳理和逻辑迁移，从而帮助学生做好学习的心理准备与认知准备，引导学生明确该课的学习任务和运用任务，使学生更有针对性的学习。

第一节　先行组织者导入，明确原则

课堂导入，是教学起始环节中，教师采用的导出新话题，引入新知识，引导学生进入新课学习状态的教学活动方式。它是学生学习新知识的前奏，是课堂教学的重要环节，也是提高教学效益的关键因素之一。先行组织者是指先于学习任务本身呈现的一种引导性材料，它要比原学习任务本身有更高的抽象、概括和包容水平，并且能清晰地与认知结构中原有的观念和新的学

① 中华人民共和国教育部．义务教育英语课程标准 [M]. 北京：北京师范大学出版社，2011.

习任务关联。[①] 即学生在学习新知前，要有一个与新知识相关的引导性材料，可以是概念，可以是陈述文字，还可以是直观教具或视频等，构建已学知识储备或已有经验积淀与新知识之间联系的桥梁，这个引导性材料就是先行组织者。课堂导入与先行组织者二者都是学生学习新知识的前奏。在课堂导入中运用先行组织者，能更有效地搭建新旧知识之间的联系，为学生新知识和新的学习任务提供概念上的固定点，增加学生新旧知识之间结合相关话题内容之间的可辨别性，促进类属性的同化学习，从而为学生在新旧知识之间搭建桥梁，激活学生已有的一切有利于新知学习的各方面的积淀和储备，更有利于语言的大容量的铺垫和滚动复习，有利于语言大密度的输出，为新知的学习夯实基础。

基于语言的小学英语口语导入活动设计需要注意以下事项：[②]

一、先行组织者要有目标性和针对性

教学目标是教学活动实施的方向和预期达成的结果，是一切教学活动和教学设计的起始点和最终归宿。导入中先行组织者的运用也不例外，必须设计紧扣该课教学主题的、针对学生真实学情的、指向教学目标达成的、指向学习任务和运用任务的先行组织者，使学生在上课伊始，就明确本课学习目标；使学生在先行组织者提供的框架和铺垫下，迅速同化已学知识，提高学习的指向性和目的性。

二、先行组织者要有时间性和灵活性

课堂教学是有时限性的。每个环节时间的合理安排是顺利实施教学的必备条件。对于40分钟的课堂，笔者建议运用先行组织者进行导入的时间大致在5至8分钟左右。而且先行组织者的运用要灵活多样，要简约而不简单，要新颖而不枯燥，要丰富而不单一。要根据具体的课型、具体的教学目标、具体的教学重难点、具体的学习任务、具体的运用任务、具体的学生特征、具体的学生喜好等设计先行组织者，以达到以最短的时间、迅速激活学生已有知识储备和经验储备，促使学生以最佳状态进入学习状态。

三、先行组织者要有趣味性和互动性

英语课程标准指出情感态度是指兴趣、动机、自信、一直和合作精神等

① Ausubel D P. The Use of Advance Organizers in the Learning and Retention of Meaningful Verbal Learning[J] .Journal o f Educational Psychology, 1960(51): 267—272.

② 黄芸．先行组织者视角下的小学英语课堂导入 [J]. 基础英语教育，2016(18):59—63.

影响学生学习过程和学习效果的相关因素。保持积极的学习态度是英语学习成功的关键。[①]积极的情感态度、师生之间与生生之间的有效互动都是学习成功的重要因素。先行组织者的设计要从学生的生活和兴趣入手，要促使师生之间和生生之间热烈地交流与互动，从而激发学生浓烈的学习兴趣，调动他们学习的积极性和主动性，激起他们学习新知的欲望。

此外，课堂导入中可以融合多种先行组织者，例如视频与温故交流结合的先行组织者，名言和多媒体（图片，动画等）结合的先行导入者，歌谣和跨文化结合的先行组织者等。总之，只有灵活运用先行组织者进行导入，才能实现“先入为主，先声夺人，激活语言”的效果。

先行组织者根据旧知识和新学习内容之间的关系，分为上位组织者、下位组织者和并列组织者三类。奥苏贝尔曾提出，新知识与学生已有认知结构中能够运用的已有观念和已有知识可以形成三种关系：1. 新观念和新知识从属于学生认知结构中已有的观念和知识，则新观念和新知识与已有观念和已有知识之间构成下位关系。2. 学生认知结构中已有的观念和已有的知识从属于新观念和新知识，则新观念和新知识与已有观念和已有知识之间构成上位关系。3. 新观念和新知识与学生认知结构中已有观念和已有知识既不是上位关系也不是下位关系时，就构成并列组合关系。[②]这三种关系产生了三种类型的学习：上位学习、下位学习与并列结合学习。而上述的三种组织者即分别对应这三种类型的学习。本章笔者将三类先行组织者融入课堂导入之中，旨在实现以导入激发学习动机，以导入促进旧知的复习，以导入促进语言的运用，以导入促进新知的学习的目的。

① 中华人民共和国教育部．义务教育英语课程标准 [M]. 北京：北京师范大学出版社，2011.

② Ausubel D P. The Use of Advance Organizers in the Learning and Retention of Meaningful Verbal Learning[J] .Journal o f Educational Psychology, 1960(51): 267— 272.

第二节　上位组织者导入，前移语言

上位组织者指组织者的包容性和抽象概括程度均高于新学习内容，即组织者是上位，新学习内容是下位，新学习内容类属于组织者。[①] 上位组织者有利于让学生在上位材料的系统复习和引导下，获得认知框架和系统学习素材，有利于学生运用知识框架和已有旧知识同化新知识。运用上位组织者进行导入的有图式导入、歌谣导入、温故导入等，笔者主要阐述图式导入和歌谣导入。

一、头脑风暴，图式导入[②]

图式理论首次由英国著名心理学家 F. C. Barlett 在其著作《记忆》(Remembering) 中提出。Bartlett 提出，"图式是每个人过去获得的知识在头脑中储存的方式，是大脑对过去经验的反映或积极组织，是被学习者储存在记忆中的信息对新信息起作用的过程及怎样把这些新信息丰富到学习者的知识库中的过程。"[③] 图式理论认为：人们在理解输入信息的时候，需要将新事物与已知概念、过去的经历及背景知识联系起来对输入信息进行解码和编码。而这个过程却依赖于人头脑中原有的图式、框架或网络，输入信息必须与这些图式相匹，才能完成信息处理的系列过程，即从信息的接受、解码、重组到储存。[④] 图式是一种有组织的知识结构。思维导图是一种图式思考工具，是人们将某一领域内的知识元素按其内在关联建立起来的一种可视化语义网络。[⑤] 图式导入是指通过思维导图等图式梳理已学，导入新知。图式导入为学生的新知学习提供有效支架，让学生的学习更有据可依，更具系统性。

【案例 1】主题：介绍朋友

新授内容：介绍朋友的喜好

已学内容：有关介绍一个人的相关知识

T—Look at this picture. She's my best friend. Do you want to know her?

---

① Ausubel D P. The Use of Advance Organizers in the Learning and Retention of Meaningful Verbal Learning[J] .Journal o f Educational Psychology, 1960(51): 267—272.

② 黄芸 . 先行组织者视角下的小学英语课堂导入 [J]. 基础英语教育，2016(18):59—63.

③ Barlett. F. C. Remembering: A Study in Experimental and Social Psychology[M]. Cambridge University Press,1932.

④ 刘绍龙 . 背景知识与听力策略——图式理论案例报告 [J]. 现代外语，1996(2).

⑤ 黄芸 . 思维导图在提升"小学英语口语活动的语言承载量"中的运用 [J]. 科技资讯，2014(36): 142—145.

Ss—Yes.

T—Listen carefully and tell me how I introduce my friend. You can take some notes. She is Lucy. She is from England. She's 30 .She is tall and pretty. She is nice. She can play the piano so well. She can't speak Chinese. She likes listening to music, playing the piano and swimming. This is my friend. OK. How do you describe my friend? Eg. She is tall and pretty. We can talk about her appearance. What else?

Ss—Name，age，She's From England. She's nice…

T—Right. Look. We can talk about her name, age, nationality, character…（见图2-1）And how do you describe your friends' hobbies? Today we'll learn My Friends' Hobbies. After that, we'll introduce our friends to our classmates according to this mind-map.

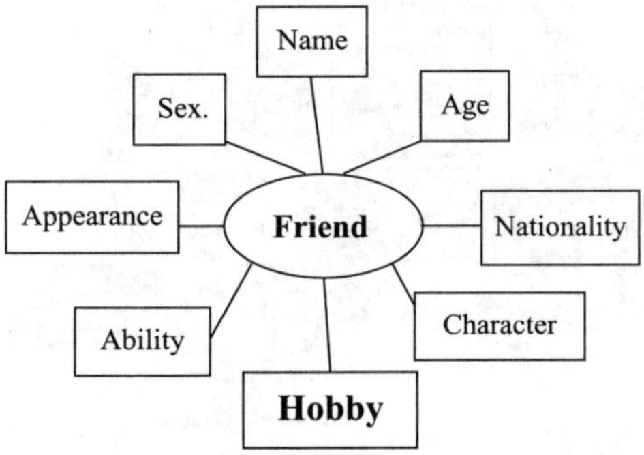

图 2-1　图式导入—朋友

【分析】该图式导入，以教师朋友的一张照片和介绍朋友的文字开始，引导学生自主捕捉教师文字中的关键信息，从而自主归纳出有关朋友这个话题的主干因素：姓名、年龄、外表、性别、国籍、喜好等，引出该图式。它不仅帮助学生有条理地梳理所学，理清所学知识的脉络，促进相关新旧知识的融会贯通，还培养学生快速捕捉信息、处理信息的能力和发散思维能力。同时为新知识 Hobby 的学习，提供有体系的上位支架，让学生明白描述朋友可以从多个方面入手，而 Hobby 是必不可少的一个方面，为运用任务"介绍自己的朋友"的完成提供了可视性的、清晰的、系统的、可完成的知识框架，便于学生有据可依地学习。

【案例 2】话题：澳大利亚

新授内容：有关袋鼠的知识

已学内容：喜欢澳大利亚的原因

T—Let's sing the song about kangaroos and koalas.

Ss—Sing.

T—Answer the question, please.

Where are kangaroos and koalas from?

Ss—They are from Australia.

T—Why do you like Australia?（见图 2-2）You can talk about these aspects.

Ss—I like Australia. Because I love kangaroos.They live in Australia. They are strong and brown. They can jump high. They can box and fight. I like Australia. Because I love kaolas . They are lazy and cute. They drink little water. I like Australia.Because I love sea food. They are very cheap and yummy... .

T—Do you want to know more about kangaroos ? Let's learn the new lesson.

图 2-2　澳大利亚

【分析】该活动从歌曲引入，利用歌曲中出现的澳大利亚动物，引出上节课的课文内容，让孩子在课文基础上进行拓展讨论喜欢及不喜欢澳大利亚的原因，引导孩子能够通过学习来分享自己的喜好并能够谈论原因，也促使孩子对澳大利亚进行更深入的了解，才能够做到在谈论分享中有话可说。在学生对澳大利亚充分了解的基础，导入有关袋鼠的进一步的学习，也激发学生进一步学习的欲望。

二、歌谣激趣，趣味导入①

“语言离不开语音，因此，凡和语音发生界面交叉关系的，都会受到韵律或多或少的制约和影响。词的大小、句子的头脚，以至于语言的演变、书面语法的形成等，都和韵律密切相关。”②歌、谣分称，最早见于《诗经·园有

① 黄芸．先行组织者视角下的小学英语课堂导入 [J]. 基础英语教育，2016(18):59—63.

② 冯胜利．论汉语的“韵律词”[J]. 中国社会科学，1996(01):28—30.

桃》：“心之忧矣，我歌且谣。”歌谣导入是指通过组织学生诵读或演唱与主题相关的儿歌、童谣、韵律诗或歌曲，导出相关主题知识，为新知的学习做铺垫。歌谣导入不仅能活跃气氛，通过朗朗上口的诵读和演唱不断复习该歌谣与歌曲中的词汇和句子，还能导入主题，使学生明确本课的学习目的和学习任务，同时有机融合已学知识，有针对性地铺垫新知识。

【案例 1】主题：Animals' Features（一年级）

新授句型：It's a bear. It's strong. It's a monkey. It's weak.

已学内容：nice, good, bad, fat, thin, tall, short, long, short, young, old, big, small 等形容词和若干动物名称

T—Hello, boys and girls. Let's say a chant.

Ss—Chant: Lions and tigers at the zoo.

Monkeys and elephants are there too.

Big and little, tall and short.

Fat and thin, long and short.

So many animals at the zoo.

T—What's the chant about?

A. It's about animals.

B. It's about school things.

Ss—A.

T—Right. It's about animals. It's about the features of the animals. Can you describe the features of them? Please use :It's a pig. It's fat... .（见图 2-3）Discuss with your partners.

Ss—It's a pig. It's fat. It's a monkey. It's thin... .

T—How about this bear and the monkey?（见图 2-4）What are they like? Let's learn more about the features.

图 2-3　描述动物外形

图 2-4　熊与猴子

【分析】该口语活动运用歌谣导入，歌谣的诵读，伴着动画的视频、轻快的韵律、丰富的内容、地道的语音，使学生得到视听感官的享受，激发学习兴趣，复习了歌谣里的若干形容词，同时导出了Features of animals这个主题，并将这一主题一步步细化。先展开与主题有关的动物名称和动物外形的大量形容词的讨论和复习，然后引出熊和猴子对比的图片，引入新课的学习，为新单词strong，weak的学习提供了大范围的知识铺垫，有利于学生有系统地整合旧知，促进知识的迁移和整合，同时调动了学生学习新知的求知欲和好奇心。

【案例2】主题 Possession（四年级）

新授句型：This is my... . 介绍更多的文具

已学内容：若干文具词和 Is this a...? This is a... . 以及 This is my... . 的句型。

T—Let's say the chant :Pen and Pencil.

Ss—Pen and pencil. Pencil and pen. Pen and pencil. Say it again.

T—What's the chant about ?

Ss—About stationeries.

T—What stationeries do you know?

Ss—pen, pencil, ruler... .

T—Let's play sharp eyes.

Is this a pen... ?

Ss—Yes, this is a pen. / No, this is not a pen... .

T—Let's say another chant together.（见图 2-5）

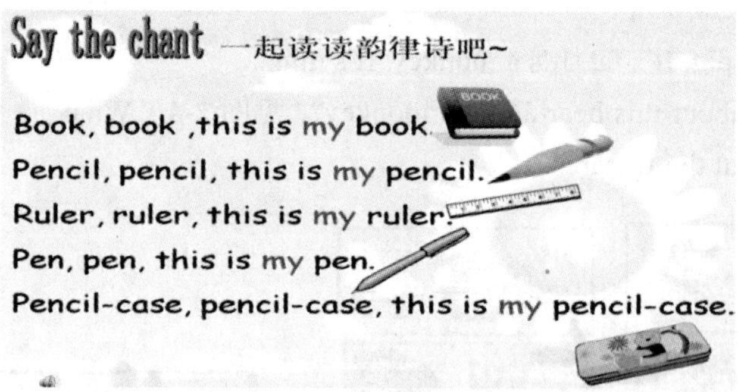

图 2-5　儿歌

【分析】该活动从韵律诗引入，既复习了韵律诗中的book等单词和This is my... . 的句型，同时利用歌曲中出现的pen和pencil，引出文具的名称的头脑风暴联系，激活学生对文具词汇的复习。“火眼金睛”的游戏激发孩子学习的兴趣，同时巩固 Is this...? This is a... 的句型，引导孩子在自创的韵律诗中表达自己的拥有物，为孩子最后表达更多属于自己的东西打好基础。

奥苏伯尔提出，当学习者认知结构中没有适当的上位观念可以同化新观念时，教师可以在教新观念之前给学习者一个引导性的材料，它比将要学习的新材料具有更高的概括程度和更高的包摄性，即在呈现更详细或更特殊的知识之前，应该呈现更一般或更有包容性的概念或原理，然后学习者利用这一材料去同化新的学习材料。[①] 新知识的学习只有与已有的、起固定作用的观念和旧知识联系起来，这时的学习才是有效的学习。因此，教师必须善于运用利用上行组织者导入，寻求新旧知识联系的途径和桥梁，将已知的知识经验更清晰的、稳定的、可辨别的、系统的与新知识联系起来，为新知识的学习搭建了由易到难，由大到小，由总到分由整体到局部的循序渐进的学习阶梯，有利于学生已知知识和语言的系统糅合和大容量滚动输出，并促进语言的迁移后续。

① 邵瑞珍．教育心理学 [M]. 上海．上海教育出版社，1997.

第三节　下位组织者导入，后续语言

先行组织者除了上位组织者以外，还包括下位组织者。下位组织者与上位组织者相反，指组织者在包容性和抽象概括程度上都比新学习的知识内容低，即组织者是下位，而新学习内容是上位，组织者隶属于新学习的内容，新学习内容与组织者之间是总括的关系。课堂导入中运用下位组织者，有利于学生由易到难、由小到大、由局部到整体、由零散到系统、层次递进、循序渐进地推进学习，就像爬台阶一样，一步步往更高级、更系统的知识学习，促进学生建立旧知与新知的联系，有利于培养学生逐级归纳的能力。运用下位组织者进行导入的有热点导入、名言导入、视频导入、悬念导入、游戏导入等。笔者主要阐述热点导入、名言导入、预测导入和游戏导入。

一、热点交流，设疑导入

热点（hot spot）指的是比较受广大百姓群众关注或者欢迎的新闻、信息，或指某时期引人注目的地方或问题。在海量信息的今天，和社会热点有关的信息铺天盖地，每天都有大大小小的新闻产生。热点导入就是以热点新闻作为导入材料，让学生了解热点新闻的同时，借此展开讨论，充分发散思维，充分整合旧知，从中适时导入新课的学习。以热点导入，选取适当的案例与教材整合，可以使及时抓住学生的兴奋点和兴趣点，使课堂教学更有新意、更有创意、更有血有肉、更具时效性和时代感。

【案例 1】主题：Trip Plan（六年级）

新授内容：讨论制定旅行计划

已学内容：一般将来时

导入措施：T—Let's share some news.“香港最近出现反对大陆游客来港的‘驱蝗（虫）行动’，示威者手拿港英旗帜，举着写有‘支那人滚出香港’的标牌，朝大陆游客摆出粗鲁手势并不断谩骂，现场一度混乱……”“韩国 2015 年 6 月 8 日宣布中东呼吸综合征（MERS）患者数量大幅增加，一名 80 岁的老人成为第六例死亡患者，其他亚洲国家开始采取预防性措施。据英国路透社 6 月 8 日报道，韩国当局关闭了近 2000 所学校，称不到 10 名违反隔离制度的人被找到并被带回家。韩国卫生部宣布新增 23 例 MERS 确诊病例，目前确诊病例总数达到 87 人。韩国 MERS 猖獗，人人自危。”

T— What do you think of the news?

Ss—Discuss. We will not go to Korea. Maybe we will be ill. Maybe we will die. It's so terrible. We will not go to Hong Kong . We can go to Taiwan to go shopping too... . We will go to Hong Kong a few months later.

T— Will we go to Hong Kong or Korea?

Ss— No. /Yes.(大部分人不去香港，全部人都不去韩国)

T— So we should know the news and make the trip plan first. We should think about where we will go, what we will do, what we will take and so on. Today we'll learn how to make the trip plan.

【分析】热点新闻作为课堂导入中的先行组织者，只是学生学习新知识中的一小部分，它归属于新学习的内容。热点新闻只是抛砖引玉地将大家关心的热点呈现给小学生，让他们增长见识，扩展阅历。学生在看热点新闻的同时，注意力高度集中，学习兴趣浓厚，并且他们可以用适当的英语和中文对热点问题发表看法，培养了他们根据论点大胆表达论据，发表看法的勇气和有条理梳理自己观点的能力，同时也让学生认识到了解新闻，提早制定旅游计划的必要性，这些都为学生更投入地学习新知识奠定基础。

【案例2】主题：职业(三年级)

新授内容：I'm going to be a... . 课标话题：职业

已学内容：若干职业名称

导入措施：

T—Watch the movie about preparation for Leaders' Meeting Of "BRIC".

Who are working for the meeting?

Ss— Policemen, workers, doctors, students, drivers... .

T—What do you think of these jobs?

Ss—He is a doctor. He helps ill people. He is so helpful.

She is a teacher. She teaches English well. She is kind... .

T— What's your dream jobs? Let's learn the new lesson.

【分析】厦门九月份的金砖会议是2017年的热点。教师利用当下热点时事为背景视频，一下子吸引了学生的眼球，让学生们带着主动性及积极性进入学习，并呈现本课主题jobs，此外通过视频，激发学生们对职业的追求。学生们围绕该话题的自主谈论过程，就是充分激活该话题知识储备的过程，使相关话题旧知得到有一定逻辑和体系的运用和复习。

二、思辩讨论，名言导入

名言格言一般指名人说的话或自古流传的警句，它可以作为指引和引导人们行为规范的言简意赅的词句，他是众人睿智的精华结晶，是激励人生进步，指导人生走向真理，走向成功之路的良句。名言导入是指利用名言、谚语、警句等导入，引发学生对名言的思考、反思和讨论，从而导入新课，为新知的学习奠基。名言谚语语言精练，句式精简，凝聚了人类的智慧，每一句名言谚语都有其隐含的寓意，这些寓意对学生的人文素养的渗透，对学生学习行为和生活行为都有一定的指导作用，同时由其寓意，引发学生的思考，引导学生用英语表达其看法和观点，达到语言有向运用的目的。

【案例 1】主题：Helen Keller（五年级）

新授内容：关于海伦·凯勒的故事

已学内容：一般过去时的表述，杨利伟的故事

导入措施：

T—Boys and girls. I want to introduce myself. You know I can teach English so well. You love my lessons. But 17 years ago, I couldn't teach well. I knew nothing. But I worked hard and tried my best to learn more. So I succeed. I want to tell you: Where there is a will, there is a way. No pains, no gains. Do you know the meaning?

Ss—“有志者事竟成”，“不劳无获”。

T— I tried hard. And I succeeded. What other persons tried hard and succeeded ? Can you give me examples，such as Beethoven ?

Ss—Yang Liwei, Yao Ming, Lang Lang…

T— Can you tell us their stories?

Ss—Yang Liwei is an astronaut. In 2003, he flew into space in Shenzhou V... .

T— What about this person?（PPT 呈现《假如给我三天光明》一书）Who wrote it?

Ss—海伦·凯勒

T— Do you want to know her? Let's learn the new lesson Helen Keller.

【分析】该口语活动中运用名言“有志者事竟成”和“不劳无获”导入，这两句名言不仅是海伦·凯勒精神的大致概括，也是很多人勤奋努力的写照。笔者考虑到不同学生之间对名言警句领会程度的差异，因此不直接引用名言，而是先用自身不懈努力的事例做铺垫，引出这两句名言，让学生从教师自身的事例中自主领会名言的含义，引导学生学会思考。紧接着笔者让学生举例，看哪些人的身上可以体现这两句话的意境。从学生的举例中，可以检测到学生对名言的理解程度，启发学生的思维，同时更重要的是学生得自如组织语言，按一定的逻辑顺序描述他们所举例的人物的故事，有效实现语言的有向整合和有机运用。在学生发散思维之后，教师将学生的思维收拢，以《假如

给我三天光明》一书自然地引出了该课主人翁海伦·凯勒，导出新课，环环相扣。

【案例 2】主题 Rules（五年级）

新授内容：Work quietly 等图书馆规则

已学内容：You should... . You shouldn't... . 等规则的表述。

导入措施：

T—Boys and girls. So you know this: Nothing can be accomplished without norms or standards.

Ss—没有规矩不成方圆。

T— What do you know this sentence?

Ss—It's very important to make rules.

T— Right. Now let's watch the movie about this library.（图书馆里学生捣乱的视频）What do you want to say to these children in the library?

Ss—You shouldn't talk loudly. You shouldn't eat in the library. You shouldn't run and shout in the library... .

T— How to make the library rules? Let's learn the new lesson: In the library.

【分析】该导入利用谚语"没有规矩不成方圆"引出学生对该谚语的思考——规则很重要。然后教师利用图书馆里学生捣乱的，不守规矩的视频，引导学生运用所学提出改良的建议，有效复习该话题相关的所学，同时激发了学生的正义感。然后顺势导入新知，激起学生进一步学习规则，制定图书馆规则的欲望和责任感。

三、预测想象，探究导入

苏格拉底说过："教育不是灌输，而是点燃火焰。"预测是事先的预先推测和测定，具体而言是指教师通过问题、图片、标题等引导学生进行课前的预测，激活学生已有的知识储备，检查学生的预习效果，引发学生对预测内容的思考。它是学习新知识的前奏，是帮助学生构建新旧知识的联系的桥梁，是激发学生探究课文的欲望的重要举措。预测可以包括看图预测、读标题预测、提问题预测、读若干语句预测、主题预测等，它是引起学生关注力，引起学生共鸣，激发学生积极性，引发学生思考的重要举措。预测可以极大激发学生学习新知的积极性和好奇心。

【案例 1】主题：An Experience（五年级）

新授内容：有关 Daming 过去的一段经历

已学内容：诸多动词过去式的表达，心情的表达等。

导入措施：

T—Look at the picture. What do you know about this picture? What kind of experience do you think, a funny one, an interesting one, a bad one or others? Why?

S1—It's a funny experience. Because Daming had a picnic with the ducks. The ducks are very cute. It's so special for him to have the picnic with ducks.

S2— I think it's a sad experience. Look, it's raining. They were wet. They couldn't have a picnic.

S3—I think it's an interesting experience. It's raining. He could play with the water. He could jump in the water and play games. He could play with the ducks.

S4—It's an unforgettable experience. It rained hard. He didn't take the umbrella. He got wet. He got a cold and fever. He went to see the doctor... .

【分析】学生的想象力无比的丰富，学习的想象空间无比之大。该预测极大激发学生表达自己想法和意见以及说服别人的驱动力。学生要表达自己的观点"A Funny/ Sad...Experience"，都必须极力梳理语言，有机运用语言去阐述理由，来佐证自己的观点，要极力组织语言说服别人，这时学生的综合语言运用能力得到极大的提升，同时激起他们极大的好奇心，使他们迫切地想学习课文，一探究竟。

图 2-6　经历

【案例 2】主题：Children's theatre（四年级）

新授内容：用过去式描述在儿童剧院的所见所闻

已学内容：一般过去时的表述

导入措施：

T— Hi, boys and girls. Today we'll know sth. about children's theatre. What do you know about children's theatre?

Ss—Maybe we can see a film. Maybe we can see some shows. Maybe we can sing and dance with the actors and actresses. Maybe it's bored. Maybe it's so excited... .

T— Did you ever go to the theatre? Is it the same of "cinema"? What do they see and hear in the children's theatre? How do they feel? Let's learn the new lesson.

【分析】这是一个读标题预测的案例。该标题对学生而言比较陌生，学生对儿童剧场不是太了解，这也恰恰可以作为教师文化渗透的一个点，可以当学生了解课文后，利用若干的短片视频让学生更多了解儿童剧场特别是英国的儿童剧场，以作文化背景的渗透。而导入部分恰恰利用了学生对这一概念的不甚了解，学生的预测说明他们心里对这一话题的一知半解和强烈的好奇心，同时激发了学生表达自己的见解和预测想法的欲望，这时的已学知识就被充分的激活，学生可以运用各种句式表达自己的预测想法，并勾起他们进一步学习新知识和新内容的动力。

三、趣味纷呈，游戏导入

英语课程标准指出：教师要在教学中不断激发并强化学生的学习兴趣，并引导他们逐渐将兴趣转化为稳定的学习动机，保持积极的学习态度是学习成功的关键[①]兴趣是最好的老师。游戏正是教育中添加"欢乐"的调味品。儿童在游戏中生活和成长，并在游戏中获得生活体验和需要满足。游戏是从孩子的实际出发，既满足他们的天性，解决"学与玩"的矛盾，满足自我表现欲望强烈的需求，又能达到一定教学目的的桥梁。[②]

游戏导入是指让学生通过完成与该课题或该主题有关的游戏活动，复习与主题相关的旧知，为新知的教学做铺垫。游戏导入是能在上课伊始激活学生学习情绪、提高学习兴趣、改善课堂氛围、融洽师生关系，弱化学习的认知负载、心理负载和能力负载，促进学生形成积极的学习体验，成为学习的主体，达到"以趣激情、寓教于乐"的功效。

【案例 1】话题：方位（二年级）

新授内容：Go past the... . Go out of the school.

已学内容：Turn left. Turn right. Go straight on.

导入措施：

T—Now let' s play the game. Listen，say and do the actions.

I say. You do and say. Turn left. Turn right. Go straight on.

Ss: Repeat and do the actions.

---

① 中华人民共和国教育部．义务教育英语课程标准 [M]. 北京：北京师范大学出版社，2011.

② 黄芸．小学英语课堂游戏探析 [J]. 厦门广播电视大学学报，2015（02）：83–91.

T—Now lets' do the role play. Read the map.（见图 2-7）One is Sam. The other is policeman.

Sam: Excuse me. Where is Huxi Road?

Policeman: Go straight on.Then... .

Sam: Thank you .

Policeman: You are welcome.

图 2-7 指路

【分析】通过游戏 Listen，say and do the actions. 有效复习动作指令“Turn right/left. Go straight on”。激发学生参与活动的极大的热情和积极性。角色扮演的游戏，设计简单路线图，开放讨论，让学生互帮互助，将动作指令简单组合，尝试指路。为新知的学习搭一步梯子，做铺垫。

【案例 2】话题：建议（五年级）

新授内容：有关英镑的表述 It costs... pounds.

已学内容：物品的描述，价格的表达 It's... yuan.

导入措施：

T— Let's play a game : Help me choose a nice bag.

My sister is going to the US. But her bag is broken. I'll buy her a new one. Which one is good? Can you help me?（见图 2-8）

S1—You can choose the blue bag. It's so big. You can put many things in it.

S2—But it's expensive. It's 300 yuan. The second one is cheap. It's 150 yuan. It's so cute. It likes a monkey... .

T—Your idea is good. I want to buy the blue bag.

Daming wants to buy some pens too. Can you help him to choose the nice one ? Let's learn the new lesson.

图 2-8　挑选书包

【分析】利用游戏“帮老师选包”，实际上是教师提供了一个较真实的语境，让学生运用形容词，价格等描述书包，表达自己的意见。这个语境有效地将与该话题有关的语言有机结合在一起，利于学生语言承载量的提升。

教育家陈鹤琴说过：“小学生生来是好玩的，是以游戏为生命的。”[①]游戏导入是指在教学中尽可能将枯燥的语言现象转变为学生乐于接受的、生动有趣的游戏形式，为学生创造丰富的语言交际情景，使学生在玩中学，学中玩。它有利于在课堂伊始，激活学生学习情绪、提高学习兴趣、改善课堂氛围、弱化学习的认知负载、心理负载和能力负载，促进学生形成积极的学习体验，促进语言的综合运用。[②]

总之，奥苏伯尔认为：“教学目的是培养学习者良好的认知结构，先行组织者模式就是为使学习者的认知结构强有力而设计的。”这就是先行组织者模式的基本原理。[③]运用下位组织者导入，学生的旧知识和已有的知识语言储备和新知识的学习是局部与整体、零散与系统的关系。那么该导入活动，学生能将与新知识相关的零散的、局部的、分散的已学知识充分的复习、巩固、梳理、整合，为新知识的后续学习做铺垫。

① 鲁子问．小学英语游戏教学理论与实践 [M]. 北京：中国电力出版社，2004.

② 黄芸．小学英语课堂游戏探析 [J]. 厦门广播电视大学学报，2015(2):83—91.

③ 皮连生．奥苏伯尔的教学论思想 [J]. 外国教育资料，1991(01):35—43.

第四节　并列组织者导入，同化语言

并列组织者与上位组织者和下位组织者的包容性不同。它是指该组织者的包容性与抽象概括程度等方面与新学习的知识内容大致持平，二者属于并列组合的关系。课堂导入中采用并列组织者，有利于学生分析与比较并列组织者与新学习内容之间的相似或共同之处，从而激活相关知识储备，实现同类知识或话题的有效迁移。运用并列组织者进行导入的有：故事导入、跨文化导入、经历导入、典故导入等。笔者主要阐述故事导入、文化导入和经验导入。

一、故事联想，类比导入

故事导入即利用故事导入新课教学。故事是学生喜闻乐见的题材，其细节或精彩纷呈，或起伏跌宕，或悬念迭起，或浅显易懂，或寓意深刻……无论哪种故事都是集中学生注意力的催化剂，有利于活跃课堂气氛，激发学生积极思维，促进学生主动参与学习。而故事中引发出来的相关系列知识的类比复习，则有效促进学生大量的语言回顾和语用，它不仅是学生学习新知的纽带，更有利于学生由此及彼地学习。

【案例 1】故事 Wolf! Wolf!（四年级）

新授内容：有关《狼来了》的英文故事（绘本）

已学内容：《神笔马良》《三只小猪》《孔融让梨》等英语小故事

导入措施：

T—（PPT 展示若干童话故事书的图片）Boys and girls. Do you like stories? What stories do you know? Can you tell us something about them?

S1—Ma Liang. He has a magic paintbrush. He likes to help people. There is a bad man. He wants the magic paintbrush… .

S2—Three Little pigs. There are three little pigs. One is fat. He doesn't like working... .

S3—Kong Rong. He is a nice boy. He gave the big pear to his grandpa… .

S4—Cinderella. Cinderella has two sisters and a new mother… .

T—Wow, good job. You like stories. Do you want to know a new story? Let's learn Wolf! Wolf !Who know it?

Ss—《狼来了》是讲一个放羊的小男孩，他爱撒谎，害得羊被狼吃了……

T—Right. You know the Chinese story. Do you want to know the English story about it?

【分析】本课主要新授内容是英语故事《狼来了》。英语故事对四年级的学生而言难度比较大，毕竟学生的知识积累还不多。笔者采用故事导入，这些故事与新学的故事之间不存在上位和下位的隶属关系，而是并列的类比关系。笔者先让学生谈谈他们所知道的故事，学生们畅所欲言。这些故事的介绍，一方面让孩子重温了童话故事的魅力，激起他们学习的兴趣。另一方面也让他们对故事内容进行较长一段话的较详尽地复述，充分激活学生对故事描述的已有知识积累，如如何有逻辑的描述一则英语故事，如何生动地描述英语故事，如何从故事中了解其寓意……这样的“基于语言运用的口语导入”，为新故事的学习奠定了极好的基础，学生不用再去揣摩故事的结构，而只要学习新故事的情节，并从中悟出新的道理即可。而新故事导入前让学生用中文说说对故事的了解，降低了学习的难度，同时也激发他们进一步探求如何用英语描述故事的强烈渴望。

【案例 2】故事 Presents（五年级）

新授内容：如何挑选礼物

已学内容：物品的描述

导入措施：

T—Please read the picture. What is the story talking about?（见图 2-9）

图 2-9　小故事

Ss—Tom will choose the present for the cat. Because it's the cat's birthday.

T—What present is it?

Ss—It's the fish.

T—Is it nice?

Ss—No, it's the paper fish. The cat can't eat the fish.

T—What present is good for the cat?

Ss—Real fish. Delicious fish.

T—So it's very important to choose the suitable present .How to choose the present? Let's learn the new lesson.

【分析】该活动利用导入故事，引发学生从仔细观察图片和故事中，自己发现其故事的趣味和滑稽之处，从而提取故事的趣味点，引导学生联想改编。这样有利于学生从已有生活经验出发，从“礼物的用处”和“对方喜好”等方面入手，思考如何选择礼物才是一份好的礼物，好的礼物到底有什么标准，为后续课文学习做铺垫。

二、文化拓展，对比导入

英语课程标准指出：英语教学应有利于学生理解外国文化，加深对祖国文化的理解，进而拓展文化事业，形成跨文化交际意识和初步的跨文化交际能力。可见语言与文化是密不可分。跨文化导入是指教师呈现有关中方或西方文化的素材，通过口语表达，对比中西方文化的异同，导入新课。它以文化对比的方式运用语言，增进学生对中西方文化和常识的了解，扩宽见识，适度提升学生的跨文化意识。

【案例1】主题：Spring Festival（三年级）

新授内容：有关春节的常识和文化，例如 It's in spring. We eat dumplings. We get Hongbao. We can see firecrackers…

已学内容：圣诞节的若干知识

导入措施：

T— Hello, boys and girls. Let's enjoy a song: Merry Christmas.

Ss—Sing the song.

T— What's the song about?

Ss—Christmas.

T— Can you tell me something about it?

Ss— It's in December. We can see Christmas trees. We can see Christmas presents… .

T—It's the most important festival in the U.S. What about the most important festival in China? So today we will learn something about the Spring Festival.

【分析】语言离不开文化，文化依赖语言。在小学英语口语活动中培养学生的跨文化意识至关重要。节日是小学英语教材中比重较大的培养学生跨文化意识的素材。该口语活动以圣诞节作为突破口，不仅让学生唱有关圣诞节的歌曲，更让学生综合运用所学描述圣诞节，使圣诞节的相关知识得到激活和活用，同时由这圣诞节这个西方最具传统意义的节日，导出中国最具传统意义的节日“春节”的学习，有利于激发学生进一步了解春节这个节日的好奇心和求知欲，有利于学生在复习圣诞节相关句型 We can see… . It's in… . 的基础上，将句型迁移到新知识中，减轻新知学习的困难，同时，更为两个节日的深入对比，扩展跨文化见识，提高跨文化意识，培养跨文化能力夯实基础。

【案例 2】主题：Festivals（五年级）

新授内容：中西节日的对比

已学内容：若干中西方节日

导入措施：

T— Sing：Festivals are fun!

What's the song about?

Ss—About festivals.

T— What festivals are there in the song?

Ss—Spring Festival and Christmas.

T— Is Spring Festivals the Chinese festival or the western festival?

Ss—The Chinese festival.

T— What about Christmas?

Ss—The western festival.

T— What other Chinese festivals and western festivals do you know?/

Ss—Mid-autumn festival is the Chinese festival. It's in autumn. We can see the moon. We can eat moon cakes... . Thanksgiving is the western festival.. We say thank you for all the good things we have... .

T— Do you want to know more about them ? Let learn the new lesson.

【分析】该跨文化导入，利用歌曲中出现的中西方节日引导学生进行大量中西方节日的分类对比，这样有助于学生对比分析、感知中西方节日的习俗活动、节日由来等不同。

三、事实提供，经验导入

事实经验导入是以教师、学生、亲友等自身经历做引子，引发相关主题知识内容的大量的滚动复习，从而引出新知。经验导入是源于自身的经历，真实可信，能引发学生的共鸣和好奇。所引出的复习内容，具有大容量、真实性、意义性、逻辑性的特点。

【案例 1】主题：A Funny Experience（五年级）

新授内容：关于 Amy 上周末发生的有趣的经历

已学内容：动词过去式

导入措施：

T— Hello, boys and girls. I had a funny weekend. Do you want to know? You can ask me some questions.

Ss—Where did you go? When did you go there? Who did you go with? What did you see?

What did you do there? How did you go there?...

T— You ask so many questions. Listen, this was my experience. I went to the playground in the school. I played basketball with my friends. We had a basketball game. I won the game. I got 30 points. But my friend John didn't got any points. He can't play basketball well. It's so funny. I was vey happy. What's your funny experience?

Ss—I went to the park last Saturday. I had a picnic with my parents. When we ate the food, it was raining. We ran quickly to hide. Some dogs went to our picnic and ate all the food. It's vey funny... .

T— How's Amy's experience? Let's learn the new lesson.

【分析】该口语活动中，教师以自己的有趣经历为引子，激起学生强烈的好奇心，引导他们大量的利用问句询问。之后教师的真实经历即是示范，又引起了学生极大的关注。接着学生模仿着教师，尝试综合运用所学知识有序地描述自己有趣的经历，有条理地将描述经历中的时间、地点、人物、事件等进行梳理、输出，达到语言运用的目的，同时为新知识的学习打好铺垫。

【案例 2】主题：联合国大厦（六年级）

新授内容：有关联合国大厦的内容

已学内容：诸多的景点介绍，学生有上网查找有关联合国大厦的相关内容

导入措施：

T— Look at this picture. What is it? Is it the Empire State Building?

Ss—It's the UN building.

活动主题：the UN building

T— What do you know about it?

Ss—It's in the UK. It's tall and beautiful. There are 191 member states in the U.K. China is in the UN too... .

T— Do you want to know more about it? let's know more about the UN building.

【分析】联合国以及联合国大厦离我们很远，但学生通过网络查询，可以

搜索到非常多的内容，这些内容就是学生已知的知识储备。利用学生已知的储备导入，可以让教师明白哪些是学生已经懂得的，哪些是学生还不懂的或者不甚了解的，哪些是学生感兴趣的，有利于教师更有针对性地教学。利用学生已有的储备导入，学生搜索到的更多是中文的内容，学生要用英语输出，有效锻炼了他们的语言组织能力和综合运用语言的能力。

英语课程标准指出：教师应合理安排教学内容和步骤，组织多种形式的课堂互动，鼓励学生通过观察、模仿、体验、探究、展示等方式学习和运用语言，尽可能多地为学生创造语言实践的机会，引导他们学会自主学习[①]。因此要善于引导学生举一反三，触类旁通。利用并列组织者导入，新知识和新学习内容与学生的旧知识和已有知识储备之间是并列的关系，学生已有知识储备的充分激活，学生已知语言和已获知识之间的大容量、有条理、有逻辑地输出，一方面有利于学生语言的大密度巩固和运用，同时有利于学生模仿已有的知识体系学习新知识，促进学生更有意义学习的发生和保持。

① 中华人民共和国教育部．义务教育英语课程标准 [M]. 北京：北京师范大学出版社，2011.

第三章

融通：各式巩固，整合语言，有机梳理活用语言

语言的操练和巩固是语言教学的重要手段，是语言实践的必要环节，是语言运用的基础步骤。充足而扎实的语言操练与巩固是自如地语言运用的前提和基石。“语言的操练与巩固”是指教师在呈现完新的语言项目和语言知识之后，运用多样、灵活、适当、科学的教学手段，组织学生对新学习的知识进行巩固性的训练，从适度融合该话题的旧知，有机梳理与整合语言，从而在语言形式和语言意义两个方面增强学生的感知，使学生获得初步的语言实践能力。语言操练与巩固的效果直接影响学生对知识的掌握程度。然而语言的操练与巩固不能仅仅是简单的词汇与句型的无效堆砌或者是毫无语境的机械操练，而应该是在具体语境下，为解决实际需求，整理思路、整合新旧知识、梳理相关语言、有机融通所学语言、适度运用所学进行语言输出的过程。

第一节　角色扮演，体验语言

支架式教学是以学生为主体，以学生自身的知识储备、生活经验等为基础，以培养学生的语言知识的掌握和语言技能的培养为目标，使学生的潜能和自主学习能力得到进一步释放的教学模式。支架式教学的理念与英语角色扮演相融合，对学生的角色扮演起到积极的辅助和促进作用。笔者通过支架式教学视角下的英语角色扮演活动设计的原则与方法两个方面，阐述英语角色扮演中设计辅助支架的有效举措和积极作用。

美国著名的教育心理学家布鲁纳（1978）最早把“支架”引入了教育领域。所谓支架式教学是学生建构对知识的理解提供一种框架结构，是指教师为了帮助和引导学生理解、操练、巩固、掌握英语语言知识，辅助学生运用

语言解决问题和完成任务，培养和训练学生的语言技能和语言能力，而在教学中采用的辅助和引导的方法或手段，为学生搭建知识掌握和技能培养的“脚手架”或“支架”，使学生通过该“支架”，构建自己的知识体系，完善自己的语言能力。教学中的支架，为学生“最近发展区”和“可能发展区”之间搭建桥梁，即为学生语言知识学习和知识掌握之间，语言技能训练和能力培养之间的提供扶梯，减轻了学生向更高水平发展的阻力，为学生自主学习能力的培养奠定基础。

英语课程标准指出：教师要采用循序渐进的语言实践活动，使学生在语言实践活动中，通过接触、理解、操练、运用语言等环节，逐步实践语言知识的内化。① 角色扮演是一种较实用又易操作的语言实践活动，是学生理解文本、揣摩文本、巩固语言体验文本、适当运用语言展示文本的重要途径。支架教学视角下的英语角色扮演活动是指英语课堂教学中，根据教材的题材和教学的需要，教师适度、适当提供有效的支架，引导和帮助学生，通过团队合作，扮演教材中的相应角色，模仿其语音语调，模仿其动作形态，揣摩其语气神态，而且在支架的辅助和提示下，还可以适当加入自己对角色理解后的更多的肢体动作表演和语言补充等，从而完成对文本的角色扮演和角色发挥。该活动不仅有利于激发学生的学习主动性和积极性，也为师生特别是学生提供了模仿、表演、展示、发挥、表现的舞台，更为学生理解文本、体验语言、运用语言提供平台。

一、支架式教学视角下的英语角色扮演活动设计的原则

1. 以适当支架为工具

教学活动中的“支架”是指帮助学生解决问题和提升认知能力的各种手段，是教师设计出来的利于学生学习的，降低学生学习负担和学习难度的，促进学生发散思维、归纳思维、逻辑思考等的一种“辅助”和“帮助”的方式。角色扮演，让小学生在那么短的时间内（3-5 分钟），熟练掌握该课所学，并脱稿表演是很有难度的。因此教师要提供学生适当的支架，例如关键信息的提供、图片的参考、绘本的提示、表格的借鉴、思维导图的归纳等，让学生有表达和表演的“工具”和“助手”。

2. 以语言掌握为前提

学生对语言知识充分的掌握、对文本到位的理解是支架式教学视角下的英语角色扮演活动的前提和基础。角色扮演是语言巩固和语言实践的活动，

① 中华人民共和国教育部．义务教育英语课程标准 [M]. 北京：北京师范大学出版社，2011.

不是简单的课文句子、课文片段和课文语篇的朗读，也不是课文内容的背诵，而是学生在教师提供支架的帮助下，通过角色扮演的方式而进行的语言实践、语言巩固和适度的语言运用。它必须以学生充分的语言学习、语言操练、语言实践和语言积累为基础，以学生对文本的大意及细节的细致理解为基础。

3. 以语言训练为目的

支架式教学视角下的英语角色扮演活动，其目的不仅是通过表演激发学生的学习兴趣，并且使他们更熟悉文本，更重要的目的是借助支架，帮助学生更容易地、更自如地利用自己的表情、语气、动作、情态、道具等再现课文文本的内容，使表演的学生和观看的学生身临其境，更真切体会文本中语言运用的情境，即真实感受该情境下语言的表达，如语气、语调、语音、声音、情绪、语言等的表达是否正确、是否合理、是否得体、是否自然；真实领会课文文本中故事的寓意和作者潜藏的观点，从而达到语言实践、语言巩固、语言运用和语言训练的目的。

4. 以全员参与为基石

英语课程标准强调英语课程要面向全体学生，体现学生为主体的思想。[①]支架式教学视角下的英语角色扮演活动强调通过合作学习，促进学生的全员参与。学生角色扮演的展示不可能人人上台。但这之前教师可以设计小组合作表演的活动，让学生通过互相协商，安排出每个人的任务，并互相配合、互相协调、互相帮助、互相补台等共同完成角色扮演，从而使每个人都能从该活动中体验语言。

5. 以自如表演为要求

角色扮演不是简单的课文朗读或者背诵。既然是表演，就得要求学生在脱稿的基础上，在充分理解文本和熟练运用语言的基础上，较自如地表演。这当然有一定的难度，但只有逼真的表演，学生才能更真切地在表演中感受语言的使用和语言的美，感受文本的意境。当然英语课中的角色扮演不是真实的情景剧表演，教师可以尽量从严要求，但也要适度把握其度，不能使英语课变成剧本排练课。

二、支架式教学视角下的英语角色扮演活动设计的方法

1. 以板书信息为支架，角色扮演

板书是教师在教学过程中，配合教师语言、多媒体等，运用文字、符号、图表等向学生传达知识信息的教学行为方式。板书是教师教学思路的高度浓

---

① 中华人民共和国教育部．义务教育英语课程标准 [M]. 北京：北京师范大学出版社，2011.

缩，也是学生利用语言复述和角色扮演的重要工具。利用板书的关键信息做支架，可以帮助学生梳理文本的脉络，梳理事件之间的逻辑关系、因果关系、时间关系等，梳理人物的心历路程……便于学生更容易记住文本的线索，更有逻辑地展示文本。

【案例 1】教学主题：Helen Keller（六年级）

角色扮演主题：Helen Keller

角色扮演内容：Helen Keller 生平事迹

角色扮演方法与分析：教师将课文文本的内容通过教学进程一步步的随堂展示，最后形成该板书（见图 3-1）。该板书是教师通过问答引导学生对文本重点信息进行梳理，且逐一操练和巩固，各个突破。学生根据该板书，可以明晰 Helen Keller 一生大致的生平事迹和各种事件前后的因果关系，可以帮助学生更快、更有体系地熟悉文本，可以降低学生扮演 Helen Keller 的难度，可以引导学生更真切体会 Helen Keller 的艰辛和不易，为学生自如的表演提供帮助。

Person	Helen Keller		
Nationality	the US		
Age	born in... died in...		
Incidents	1.couldn't see or hear ←	*Reasons*	had an illness...
	2.can read , write... ←		learnt to ...
	3. famous ←		wrote books,went around the world and told ....

↓

Model for ...

图 3-1　角色扮演板书

2. 以图片信息为支架，角色扮演

图片这一支架是角色扮演的直观的载体，具有直观性、生动性、具体性、直接性。课文内容或主题相关的图片，能给予学生具体的信息提示。学生利用图片的提示而进行看图角色扮演，不仅可以充分巩固学习内容，还可以引导学生适当地发挥联想与想象，适度延伸和拓展知识。

【案例 2】教学主题：指路（二年级）

角色扮演主题：指路

角色扮演内容：一个扮演 Tom，一个扮演 Amy

角色扮演方法与分析：教师呈现课文文本中所描述的地点地图（见图

3-2)，引导学生根据地图的图标指示，一个扮演 Tom，一个扮演 Amy，模仿课文文本的内容对话表演。

Tom—Hello, Amy. Where do you live, Amy?

Amy—I live in Apple Street.

Tom—Where is Apple Street?

Amy—Go out of the school. Then turn left. You go past the factory... .

提供这一支架地图将课文中多而杂的文字以图片这一凝练而具体的方式呈现，使学生一目了然地记住了从学校到苹果街的路线。记住了路线，也就记住了文本最精华的内容。这样降低了二年级学生识记路线的难度。学生边在地图上指路，边用英语介绍路线，这样的展示更真实、更易于学生理解 Go out of... . Turn left 等指路指示语的意思。同时还可以鼓励学生发挥想象，补充图片，补充 You go past the park... 使整个指路的路线更丰满，使语言的巩固和运用更扎实。

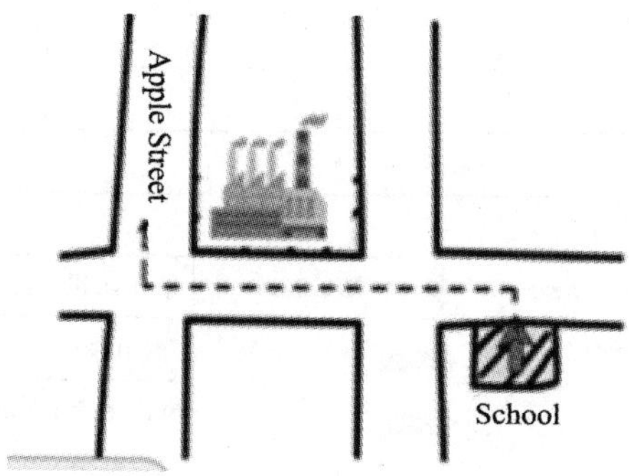

图 3-2　指路

3. 以流程图为支架，角色扮演

教学流程图是指利用简单的简笔画勾勒出文本故事的关键要素，利用文字标注其要素的关键信息，辅助学生理解文本梗概的图式方法。利用流程图这一支架，学生可以清晰地掌握文本的关键知识点内容，可以明白文本故事的脉络和总体框架，为学生的角色扮演提供了有效的辅助作用。

教学主题：事故(四年级)

角色扮演主题：发生意外事故

角色扮演内容：三个学生分别扮演 Daming, Amy, Tom，他们骑自行车外出游玩，感觉又饿又渴，于是买了个大西瓜，Daming 把大西瓜放在自行车上，但骑了不久，他却从自行车上摔倒了，撞到了脑袋，于是他们三个人带着西瓜一起去了医院。

角色扮演方法与分析：教师根据教学的进程，在黑板上一步步用简笔画画出一个个简单明了的图片，并注上了关键词，每个图片引出之后，教师引导学生看图说话，描述该图片，让学生熟练掌握每个图片的英语表达。当整个故事流程图（见图 3-3）呈现完毕后，教师引导学生完整地依角色扮演故事。之前的看图说话，为现在完整的角色扮演打下良好的基础。同时在学生自如地角色扮演基础上，还鼓励学生自己加图，续编故事，更是使角色扮演从语言巩固即“有话仿说”提升到语言拓展运用即“有话选说”。

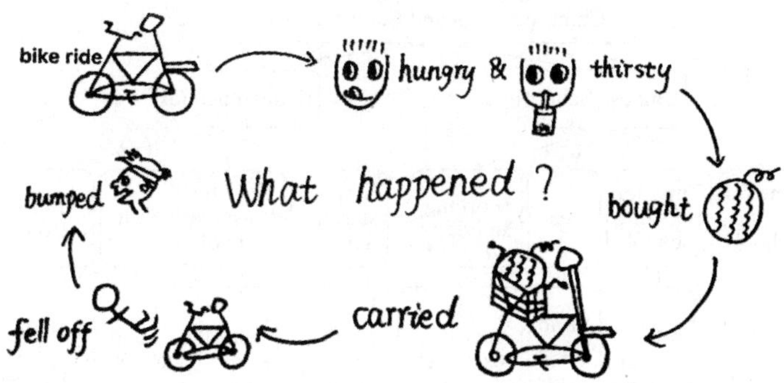

图 3-3　流程图

4. 以思维导图为支架，角色扮演

思维导图是人们将某一领域内的知识元素按其内在关联建立起来的一种可视化语义网络。[①] 它不仅仅是简单的图式工具，更是一种先进的思维工具，是一种以可视化的图形手段来激发思维和整理思维的工具。[②] 以思维导图为支架，对学生角色扮演中学习能力的提升、各项思维能力的培养有促进作用。

教学主题：中英学校区别

角色扮演主题：中国学生与英国学生谈论两国学校的区别

角色扮演内容：一学生扮演中国学生，一学生扮演英国学生，交流彼此学校生活的区别。

角色扮演方法与分析：教师以问题“What time do Chinese schools start and finish? What time do English schools start and finish?... ”引出了中英学校有关上学、放学时间的不同，有关座位摆放的不同，有关晨练活动的不同，从而导出了该内容梳理型思维导图（见图 3-4）。该思维导图，将文本的具体

① 尚卫平，赵国庆．关于“概念图”与“思维导图”的调查研究 [J]. 信息技术教育，2005(10).

② 黄芸．思维导图在提升“小学英语口语活动的语言承载量”中的运用 [J]. 科技资讯，2014(36): 143—145.

内容和教学重点与难点以知识板块的方式梳理，归纳出知识板块相应的知识点，帮助学生有效理解和识记教材文本，为学生有机整理文本信息、完整地角色扮演，复述中、英学校之间的区别夯实基础 。教师还可以鼓励学生上网查询更多的信息，完善和丰富此思维导图，谈论更多的中、英学校差异，使语言的巩固和语言的运用更紧密融合。

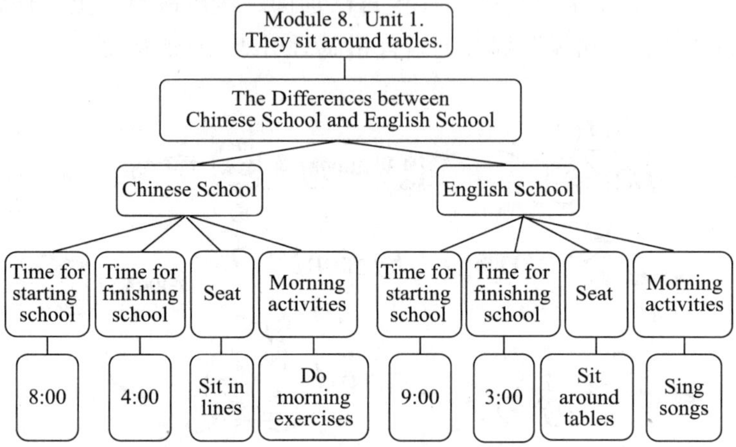

图 3-4　“中英学校区别”内容梳理型思维导图

以上四种教学支架，为学生的角色扮演提供了良性的帮助和直接的引导，为学生更系统地梳理文本知识，更全面的理解文本梗概，更深刻地理解语言知识，更全面地进行语言输出提供了有效的帮助，使学生的角色扮演更有据可依，更从容自如。

综上所述，支架式教学视角下的英语角色扮演活动，教师在学生的最近发展区搭建了教学支架，注重对学生已有知识储备、兴趣爱好、已有生活经验的联系，达到新旧知识更全面的融合和整合，并灵活分解了文本等复杂的学习任务。这样缩短了学生短时间内理清文本脉络、熟悉与理解文本、抓住文本关键要素的时间，极大降低了学生角色扮演中的难度，提升了该活动的效率。在此基础上角色扮演，巩固语言和实践语言，使学生的语言模仿能力、语言运用能力、语言表现力等都得到极大的训练和提升，为后续更综合的语言运用和更大容量、更富逻辑的语言综合输出打下坚实的基础。

第二节　互补差距，驱动语言

小学英语口语活动设计的最终目标是为了培养小学生真实交际和用英语做事的初步综合语言运用能力。“信息沟”活动是促进学生真实而有意义的交际的有效活动之一。所谓“信息沟”（Information gap），就是人们在掌握信息方面存在的差距，包括知识差距、能力差距、技能差距、信息差距、文化差距、喜好差距等。[①]它是人们交际的基础、诱因和出发点。“信息沟”活动是指拥有不同信息的合作伙伴，通过彼此的交流和沟通，传递自己的想法，获取对方的信息，弥补和填补彼此之间的信息空白，达到一定的信息平衡，从而完成交际任务的活动。“信息沟”活动让学生在活动中通过积极、主动地交流，获得对方的见解，丰富而完善自己的认识，提高自己综合分析问题和解决问题的能力，同时培养学生主动参与活动的意识、团结协作的能力、创新思维的能力和综合语言运用的能力。

然而目前小学英语口语活动中，部分教师过于重交际的格式化，轻交际的真实化；重语言的机械性，轻语言的情境性；重语言的操练性，轻语言的意义性；重教师的控制性，轻学生的主动性；从而导致学生离开课堂就成了“哑巴英语”，导致学生不愿意主动参与交流，导致学生只会机械操练句型，而不会根据生活实际需求而自如运用英语，从而削弱了学生真实而得体运用语言的交际能力。如何设计“信息沟”活动，提高学生真实而得体运用语言的交际能力，使学生有话想说，提高其参与活动的驱动力是亟待解决的问题[②]。

一、小学英语“信息沟”口语活动的意义

教育家契诃夫说过：“教学中一旦触及学生的情感和意志领域，触及学生的精神需要，这种教学法就能发挥高效作用。”“信息沟”活动把语言的形式、意义和用法有机结合起来，指向学生真实的学习需要、真实的情感需要、真实的生活需要、真实的交流需要；指向缩小和填补学生之间的信息差距，弥补他们之间的信息空白；指向学生在信息交流中自然习得和自然运用语言。具体而言，小学英语“信息沟”活动主要有以下三个意义。

① 胡春雨．浅谈“信息沟”在外语教学中的地位和应用 [J]. 现代教育科学，2006(01):67—68.

② 黄芸．小学英语“信息沟”活动的设计与思考 [J]. 现代中小学教育，2015(08):35—48.

1. 激发学习动机

学习动机是推动学生进行学习活动的内在原因，是激励、指引学生学习的强大动力。动机与需要二者相辅相成，需要是动机的基础，需要是激发人们进行各种活动的内部动力。“信息沟”活动，由于学生之间存在信息的差异，引发他们获取信息以平衡信息的内在需要，激发了他们学习的内在驱动力和学习动机，从而促进他们在学习中产生主动而强烈的学习兴趣和学习持久力，使他们积极而主动地参与“信息沟”活动之中，提高学习的效率和效益。

2. 促进真实交际

语言是交际的工具。“信息沟”是小学英语教学中生生之间、师生之间进行语言交际的先决条件、基础、诱因和出发点。小学英语教学的最终目的是培养学生综合语言运用能力，即培养学生在不同真实的情境下，综合运用语言而进行正确、自如、真实、得体交流和表达，从而解决问题、完成任务的能力。“信息沟”活动使学生有了交流的需要和内驱力，从而使他们的交流更具有真实性和意义性。

3. 促进语言习得

学习者是通过接触略高于他们现有语言技能水平的语言输入，即 i+1（i 为现有水平，1 为略高于 i 的水平）而获得意义，从中习得语言结构。① “信息沟”活动，由于学生之间要弥补彼此的信息空白，他们在输出自己的语言的同时，也在彼此输入对方的语言和信息，并不断整合并内化自己和别人的信息，这时输入的信息和内化的信息量已远远大于输出的信息量，从而使他们在真实的交流中自然习得语言。

除此之外，小学英语“信息沟”活动还有利于学生团队精神、合作技能、合作习惯、自主学习能力、分析理解能力、评价判断能力、总结归纳能力、语言运用能力和解决问题能力等综合智能的发展。

二、小学“信息沟”口语活动的设计

为了培养学生真实而得体地运用语言，提升他们综合语言运用能力，笔者在教学实践中总结了若干行之有效设计“信息沟”活动的方法。

1. 利用文本信息，设计信息沟口语活动

文本是学生获得信息的基本载体。每个人对文本的解读都有不同的收获和感受，这本身就存在着信息沟，而拼版阅读则是利用文本设计信息沟的好

① 陈绮梅.“信息沟”在中学外语教学中的地位和应用 [J]. 佳木斯教育学院学报，2010(1):138—139.

方法。拼版阅读有两种方式。第一种方式是教师把一完整的文本，按其逻辑顺序或时间顺序分成若干部分（一般四个段落），并将每一个文本小段落打乱顺序，发给四人小组内的每个学生。例如故事 My Uncle Jimmy，教师可以将故事内容分为四部分：① This is my Uncle Jimmy. He's my favourite uncle. Uncle Jimmy is a pilot. He flies to a lot of countries. And he always sends me postcards. ② Uncle Jimmy often goes to the USA. This is a picture of New York. It says he climbed the Statue of Library. He says Americans eat lots of hot dogs. But I don't like hot dogs. Uncle Jimmy went to China, too. ③ Here's another card from Russia. Uncle Jimmy went to the circus in Russia. But there were lots of clowns and acrobats. ④ Sometimes, Uncle Jimmy doesn't send cards. He sends me presents instead. Here is a beautiful doll from Japan. And this doll is from London. This lovely necklace is from Hong Kong. 四位组员先独立阅读并理解自己那部分的文本内容，然后阅读组内成员的文本内容，最后通过交流、分析、协商，将四部分的文本段落按其内在逻辑关系组合成完整而流畅的文本，并根据文本问答，完成相应的语言实践任务。[①]

第二种方式是把学生分成专家小组（Expert Group）和原属小组（Jigsaw group）（见图 3-5）。教师提供给学生相同主题下的不同信息的文本，学生可根据对文本的喜好，自主选择阅读哪一个文本，并自行调整座位，阅读相同文本的学生自行组合坐在一起，形成专家小组。不同专家小组里的学生一起阅读并理解该小组的语篇文本，从中获得了该文本的基本信息。然后各自回到原来的座位，形成原属小组。这时原属小组中的四个学生，他们已经从各自的专家小组中阅读了不同的文本，获得了不同的信息，他们之间存在了对不同文本的信息沟，因此他们可以将自己对不同文本信息的了解，综合运用语言，与同伴进行交流和分享。

利用文本信息设计的信息沟活动，学生阅读文本，是扩大语言的输入量，解读和理解文本的过程。学生通过对文本的理解，综合运用所学，将自己的理解用语言与同伴交流，这是学生内化文本，深化语言，输出语言的过程。而由文本的输入到语言的输出，“信息沟”则搭建了桥梁，它激发了学生交流的真实欲望，是语言交际的真实驱动力，同时大量的语言输入也间接促进学生语言地自然习得。

---

① 黄芸．去伪存真：小学英语合作学习活动改良设计 [J]. 厦门广播电视大学学报，2013(01):89—92.

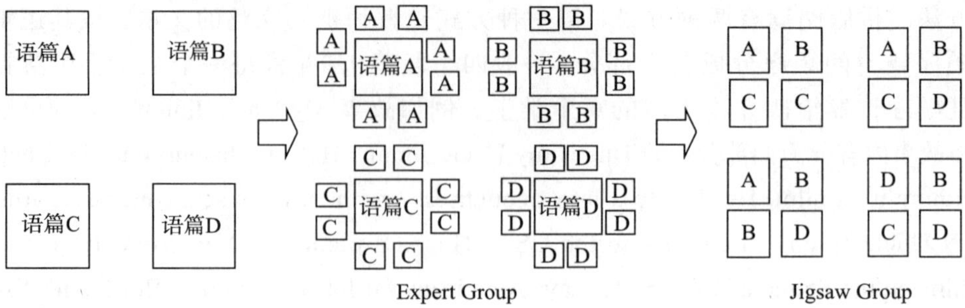

图 3-5　拼版阅读

2. 借助调查采访，设计信息沟口语活动

“信息沟”的原理是把学生的注意力引向缩短和填补信息差距。调查采访，寻找志同道合的朋友（Find like-minded friends）是“信息沟”活动较常见的一种活动方式。调查采访，一般都围绕学生之间的生活经历、饮食习惯、个人爱好、假期计划、周末活动、生活作息、职业梦想等话题，借助若干调查表，综合运用所学进行问答和交流，从而完成调查任务，寻找到与自己生活习惯接近，志同道合的朋友。

例如学习完三餐的饮食后，教师设计表格（见图 3-6），让学生运用 What do you have for breakfast/lunch/dinner? Do you have... .for breakfast/lunch/ dinner? 问答，然后在表格的相应位置打钩，寻找和自己三餐饮食志同道合的朋友。这样的活动，学生会非常乐意去参与，因为他们对同伴的饮食习惯一无所知，对此话题有很强的好奇心，这也正是“信息沟”的体现。

	porridge	milk	bread	juice	rice	fish	vegetables	noodles	egg	cake	…
breakfast											
lunch											
dinner											

图 3-6 三餐调查活动

借助调查采访设计的信息沟口语活动，每个学生之间有不同的有趣的生活经历，有不同的符合自己习惯的饮食习惯，有不同的具有自己个性的个人爱好，有不同的自己喜欢的假期计划，有不同的形形色色的周末活动……每个学生之间或多或少存在差异，这样他们在交流时就存在了信息沟。正因为有了信息沟，有了对别人探究的好奇心和欲望，学生会非常乐意去参与调查采访的信息沟活动。同时，为了寻找志同道合的朋友，学生必须大量运用所学去交流和讨论，输出自己的信息，筛选别人的信息，获取自己需要的信息。每个学生输出与交流的信息是不太一样的，这样无形中丰富了语言的输入，而大量的语言输入也为学生定量的语言输出做了铺垫。

3. 借助信息转换，设计信息沟口语活动

信息转换是将图片信息通过语言的描述或问答，转换为文字、声音、手工作品等其他的任务。补全图片（Describe and draw）是信息转换的一种方式。教师给学生两张不同的图片（见图 3-7），例如学生 A 拿到的图片 A，他可以看到狮子在弹钢琴，老虎在拉小提琴，狐狸在吹笛子，而看不到小狗、熊猫和猫在弹奏什么乐器。学生 B 的图片 B，刚好相反，他能看到小狗、熊猫和猫在弹奏什么乐器，反而看不到狮子、老虎和狐狸弹奏的乐器。那么两名学生之间获取的图片信息就存在了信息沟。他们必须通过不同的语言获取他们各自需要的信息，然后画画补全图片，这就实现图片信息与手工操作的转换。该“信息沟”活动，指向学生的真实需要，学生必须要通过真实的交流才能完成相应的任务，因此能极大激发学生交流的真实兴趣和欲望，锻炼他们运用多种语言，如学生 A 必须运用 What is the elephant playing? What is the panda playing? What’s the dog playing? Is the cat playing the guitar? Is the cat playing the erhu? 等获取信息。学生 B 得用 Is the tiger dancing? Is the tiger playing the flute? What’s the tiger playing? What’s the lion doing? 等获取其需要的信息，完成图片。为了获取信息，学生必须充分激活旧知，充分用英语去沟通与交流，促进了语言的灵活运用，同时还锻炼了学生的眼力和绘画能力，培养多元智能。

图 A

图 B

图 3-7　图片信息沟

4. 借助感官差异，设计信息沟口语活动

人类获取信息的主要渠道是视觉和听觉。每个个体视觉和听觉的能力各异，因此通过视觉和听觉所获得的信息也就存在差异。利用这种感官的差异，设计信息沟口语活动，无疑是真实而且能极大激发学生内在动力的。“快速找图”正是借助感官差异而设计的信息沟活动。“快速找图”是教师提供给学生一张图片，图片里头有非常多令人看了眼花缭乱的物品，如堆放得乱七八糟的书房、卧室，车辆拥堵的马路，各式各样游玩设施的游乐场以及游乐场里玩耍的孩子……教师给学生三四十秒的时间，让学生观察这些排列无序的图片，完成相应的任务，如数数、找区别、找位置、观察颜色、观察变化等。

例如学习 How many... are there in the room? There are... . /There is a... . 教师可设计图片（见图 3-8），让学生在 40—60 秒，看图完成表格（见图 3-9）。由于 40—60 秒的时间太短，视觉感官的效能是不同的，学生迅速观察图片后所作出的反应也是不同的，他们在完成任务时就会存在各式各样的差距。因此，他们能写出来的答案，能写出来的数量也不一样。可能一位同学写出了 5 个物品，另一位同学写出了 10 个物品，还有同学写出了 6 个物品……接着，让他们根据自己的需要，四人小组间用 How many pencil-cases do you see? How many cakes are there? How many balls? Are there 10 balls? 等进行问答。询问的过程就是信息沟驱动下综合运用语言去输出、交流和表达的过程，实现了信息之间真实而有意义的互补。

图 3-8　快速找图

bed	kite	bag	cat	map	cap	book	pencil-case	dog	book	hamburger	cake	desk	car	pen	ball
1															

图 3-9　找数量

5. 借助话题讨论，设计信息沟口语活动

话题讨论是指学生围绕一个话题展开讨论，各抒己见，畅所欲言，陈述自己的看法和见解，发表自己的意见和建议，甚至展开激烈的辩论。每个学生对不同的话题都会有自己独特的见解和看法，或许相同，或许不同，或许部分相同，部分不同，只要有差异，就有了信息沟。借助话题讨论设计的信息沟活动，学生围绕话题讨论的过程，是思维碰撞的过程，是知识高度整合、融会贯通的过程，是知识内化、语言运用与输出的过程，是学以致用、真实表达自我的过程。这样的活动有利于语言的复习、巩固与运用，促进学生真实有意义的交际，促进交际的互动。

三、小学英语“信息沟”口语活动设计的注意事项

为了达到教学目标，在小学英语教学中设计并开展“信息沟”活动，要注意以下事项。

1. 做好摸底工作，充分了解学生信息差距

“信息沟”本来就是学生之间存在的信息差距。要设计好“信息沟”活动，教师要先了解学生之间的若干差距，如生活兴趣的差距、学习兴趣的差距、学习基础的差距、学习经验的差距、生活经历的差距、认知水平的差距、爱好特长的差距、生活习惯的差距……教师首先要有对学生以上差距的大致了解，才能设计出学生需要的、能调动他们积极性和主动性的“信息沟”活动。

2. 任务驱动，培养用英语做事的能力

英语课程标准指出：教师要采用循序渐进的语言实践活动，以及各种强调过程与结果并重的教学途径和方法，如任务型的语言教学途径，培养学生用英语做事的能力。[①]“信息沟”活动要设计有明确的交流目的、真实的交流意义、主动的交际驱力的任务，让学生围绕任务展开交流，通过交流完成任务，培养学生运用英语做事情的能力。

3. 创设语境，促进真实而充分的交际

语境是语言运用的土壤，没有语境的语言，是没有意义的语言。“信息沟”活动要尽量从学生的生活中寻找素材，要贴近学生的生活实际和生活需求，要尽可能多地为学生创造在真实语境中运用语言的机会。同时，要保证学生有足够的交流时间，让他们在尽量贴近真实的语境中有足够时间运用语言进行交流和表达。

① 中华人民共和国教育部. 义务教育英语课程标准 [M]. 北京：北京师范大学出版社，2011.

4. 依据学情，提高活动的语言承载量

“信息沟”活动要充分考虑到学生的具体学情，考虑到他们之前的学习储备和学习能力。所设计的“信息沟”活动要充分考虑到语言实践的密度、广度、深度和强度，使学生在活动中能得到大量而充足的语言训练，达到充分激活旧知、充分整合所学、融会贯通的效果。同时其活动要讲究难易程度适宜并具有可操作性。

5. 尊重个性，促进个性化风格化交流

“信息沟”活动关注到每个学生的个体差异和个性特征，要给学生充分展示自己个性特长和风格特色的机会。“信息沟”活动中，可以让学生自主选题、自主发言、自主交流、自主辩论……不仅培养他们自主学习能力，还培养他们团结协作、分析解决问题的能力。这样的自主性活动，也更能调动他们的真实意愿。“信息沟”活动一定要重视学生之间真实、大量而有意义的互动，这才能使学生的交流自然而真实。

著名作家萧伯纳说过：“你有一个苹果，我有一个苹果，互相交换，各自得到一个苹果；你有一种思想，我有一种思想，互相交换，各自得到两种思想”。正因为有不同的思想，就有了信息沟，正因为有信息沟，正因为学生在掌握信息方面存在差距，才有信息传递和交流的必要，实现学生“有话想说”。

第三节　活用留白，巧用语言

教学留白是在课堂中给予学生适当留下思考、反思、内化、交流等的时间和空间，是激发学生求知欲和好奇心，激活和锻炼学生各种思维能力，培养自主学习能力的重要手段之一。笔者从“基于语言运用的小学英语课堂教学留白设计”案例中，阐述设计留白，促进学生语言综合运用的方法。

留白是艺术的表现手法之一，是在艺术作品中留下相应的空白，这是中国画的一种布局与智慧。基于语言运用的小学英语课堂教学留白指在小学英语课堂教学中教师适时、适当地在一些活动中留给学生相对充分的自己动手、独立思考、相互交流、相互合作、自主内化、自我反思等的时间与空间，以提供学生更多的体验语言、实践语言、整合语言和运用语言的机会和平台，从而促进学生各项能力的发展。一幅国画，如果过满或者过实，在构图上就失去了灵动与飘逸，有了留白，便给予观赏者以遐想和发挥的空间。课堂教学留白亦如此。课堂教学中如果教师事必亲躬，样样包办，学生自主探究、自主思考、自主发展的空间就极少，学生的联想力、想象力就得不到训练。反之，教师若给予学生适当的教学留白，当学生的学习欲望被激发，当学生的学习热情被点起，当学生的发散思维被燃起，当学生的想象能力被训练，当学生的思维火花被碰撞，当学生的思考能力被培养，当学生的交流动机被驱动，当学生的合作意识被唤起，当学生的表达能力被训练时，学生的综合语言运用能力自然而然能得到潜移默化的训练和提升，教学效率也自然而然随之提高。

一、设计缘由

现实的英语课堂教学中，部分教师往往只考虑到40分钟的教学时间不够用的问题，只考虑到教案的教学内容没完成的问题，课堂上经常出现这样的现象：教师没有耐心或者没有站在学生的立场上预设学生思考的时间，提出问题之后，马上给学生提供答案；教师让学生思考时，怕时间来不及而过早打断或中断学生的思维活动和讨论互动；教师一味按教案赶着时间教学，而剥夺了学生的展示时间和机会；教师课堂小结时，没有足够的时间和机会让学生讨论、梳理知识，就过早提供完整的知识小结或知识框架……这样的满堂灌，学生无暇思考，被动听讲，教学效果较差，特别是小学英语课堂，教师一味讲，学生一味听，语言知识得不到充分的体验和实践，那“听”的语言只能是空中楼阁。如何巧妙地在英语课堂教学中设计教学留白，调动学生的多样潜能，实现教师的“讲”与学生的“练”的巧妙结合进而促进学生语言的综合运用是值得深思的话题。

二、设计基础

1. 记忆系统

记忆系统心理学认为人的记忆系统分成“感觉储存”“短时记忆”和“长时记忆”三个阶段。[①] 感觉储存阶段是一个非常短暂和直接感知的阶段。短时记忆阶段是个相对稳定的阶段，但信息处理的容量小，持续的时间约为17秒。之后信息通过一定的认知组织转移到长时记忆阶段[②]（见图3-10）。因此要使学生的短时记忆转化为长时记忆，教师就不能毫无间歇地满堂灌，而应适当设计教学留白，让学生进行分阶段的较为充足的语言实践，才能激发学生大脑对语言的认知组织，促进学生的长时记忆形成，从而让学生理解语言和学会运用语言。

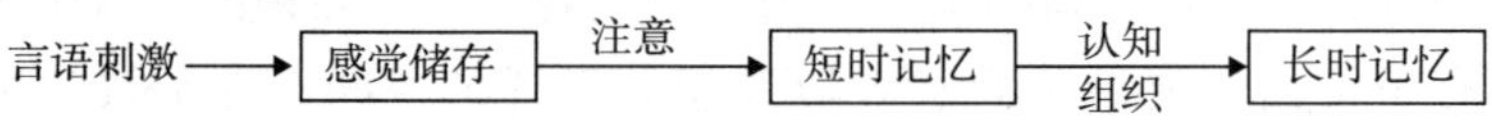

图 3-10　记忆系统图

2. 超限抑制

人的一切反射活动都由兴奋过程和抑制过程这两个神经过程的相互关系决定的。超限抑制是抑制过程的其中一种表现形式。即当某类信息刺激过强、过多或作用时间过长，大脑皮层神经细胞因兴奋过度而走向反面，降低了兴奋度而进入抑制状态，借以保护疲劳的脑细胞，使之免受损坏。[③] 因此，课堂中教师长时间、大容量的语言输入，会使学生的大脑出现超限抑制状态，而适时、适当的教学留白，则为学生在语言输入与语言理解，语言输出与语言运用之间搭建了语言体验、语言训练、语言实践、语言交流的平台（见图3-11）把学生的大脑从抑制状态牵引回兴奋状态。

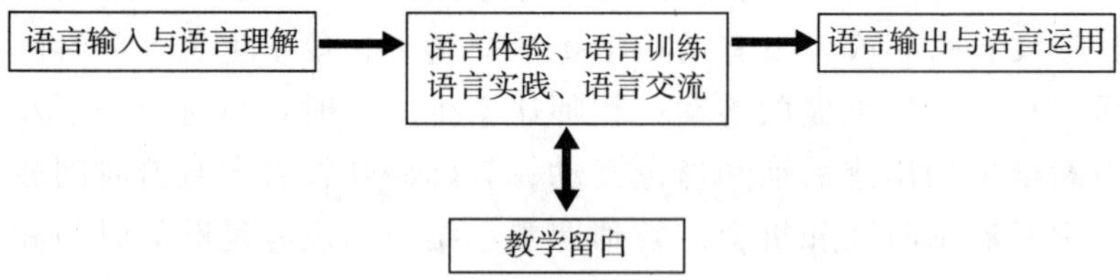

图 3-11

① 黄均凤，程乐乐．论课堂教学中的教学留白 [J]. 海外华文教育，2006(03):9—14.

② 王初明．应用心理语言学 [M]. 长沙：湖南教育出版社年版，1990.

③ 徐子亮．汉语作为外语教学的认知理论研究 [M]. 北京：华语教学出版社年版，2000.

3. 英语课程标准

英语课程标准（2011 年版）指出英语教学要面向全体学生，关注语言学习者的不同特点和个体差异，要整体设计目标，充分考虑语言学习的整体性、渐进性和持续性。要强调学习过程，重视语言学习的实践性和应用性[①]。因此小学英语课堂教学，不仅要有教师的教作为语言的输入，更应有教学留白这一培养学生语言学习实践性和应用性的机会和空间，让学生通过教学留白，循序渐进地体验与理解语言、整合与运用语言，从而促进学生综合语言运用能力的发展。

三、设计原则

1. 给“留白”留时间

充足的时间是教学留白环节目标完成的必要保证。教学留白的要留给学生足够的时间去思考，去质疑，去提问，去预测，去反问，去辩解……给“留白”留足够的时间，让学生充分准备后，才有更多的学生积极参与活动，才有更多的学生愿意回答问题，才能提高学生回答问题的正确率，才可以增加学生的自信心，才可以激活更多的发散性思维，才可以激发更多的想象空间，才能提高学生问题的多样性和发散性。

2. 给“留白”留空间

英语课程标准（2011 年版）指出：教师应合理安排教学内容和步骤，组织多种形式的课堂互动，尽可能多地为他们创造语言实践机会，引导他们学会自主学习和合作学习。[②]教学留白，教师可以设计适当的合作学习互动，让学生同伴之间去讨论、协商、交流，共同提出困惑，共同问难质疑，共同解决问题等，这样的合作学习，能使留白的效果优化，使学生在合作学习活动中，通过更多的生生之间语言的互动、情感的互动、信息的互动、能力的互动，思维的互动，碰撞出更多更精彩的个性发挥，有利于学生综合语言运用能力的培养。

3. 给“留白”留尊严

每一位学生都是有尊严的人。学习过程不仅是知识增长的过程，同时也是学生的身心发展和人格健全的过程。教学中的留白，会给学生思考的空间，学生的发言充满着发散性，创造性，独创性。同时也会存在许许多多的语言失误和语法错误。这时教师要给学生留足尊严，不要急着去否定学生或者批评学生，这会极大打击他们的自信心的自尊心。教师应鼓励他们独立思

① 中华人民共和国教育部．义务教育英语课程标准 [M]. 北京：北京师范大学出版社，2011.

② 中华人民共和国教育部．义务教育英语课程标准 [M]. 北京：北京师范大学出版社，2011.

考、大胆地去说、大胆去做，使他们不怕犯错误而勇敢地去质疑问难，去交流讨论。

四、设计方法

（一）预测留白——欲从中起

苏格拉底说过：“教育不是灌输，而是点燃火焰。”好的开端是成功的一半[①]。预测留白是学习新知识的前奏，是指教师通过问题、图片、标题等引导学生进行课前的预测，激活学生已有的知识储备，检查学生的预习效果，引发学生对预测内容的思考。它是帮助学生构建新旧知识联系的桥梁，是激发学生探究课文的欲望的重要举措。预测留白包括看图预测留白、读标题预测留白、提问题预测留白、读若干语句预测留白、主题预测留白等，它是引起学生关注力，引起学生共鸣，激发学生积极性，引发学生思考的重要举措。预测留白可以极大激发学生学习新知的积极性和好奇心。

【案例 1】教学主题：An Experience

教学内容：有关 Daming 过去的一段经历

留白措施与分析：教师提供“An Experience”这一话题，并提供课文中的图片（见图 3-12），让学生预测课文的主人公 Daming 的经历。学生的预测可谓精彩迭起。S1：It's a funny experience. Because Daming had a picnic with the ducks. The ducks are very cute. It's so special for him to have the picnic with ducks. S2: I think it's a sad experience. Look, it's raining. They were wet. They couldn't have a picnic. S3: It's a interesting experience. It's raining. He could play with the water. He could jump in the water and play games. He could play with the ducks. S4: It's an unforgetable experience. It rained hard. He didn't take the umbrella. He got wet. He got a cold and fever. He went to see the doctor... . 学生的想象力无比的丰富，学习的想象空间无比之大。该预测留白，极大激发学生表达自己想法和意见以及说服别人的驱动力。学生要表达自己的观点“A/An Funny/Sad...Experience”，都必须极力梳理语言，有机运用语言去阐述理由，来佐证自己的观点，要极力组织语言说服别人，这时学生的综合语言运用能力得到极大的提升，同时激起他们极大的好奇心，使他们迫切地想学习课文，一探究竟。

① 黄芸．先行组织者视角下的小学英语课堂导入 [J]. 基础外语教育，2016(02):59—65.

图 3-12　经历

（二）质疑留白——悟由此生

语言既是交流的工具，也是思维的工具[①]。培养学生运用语言质疑问难和答疑解惑是小学英语教学中培养学生的思维能力的方式之一。质疑留白是指教师根据学生的质疑点和困惑点而提供的教学留白。“不愤不启，不悱不发。愤者，心求通而未得之意；悱者，口欲言而未能之貌。”[②]“愤”和“悱”，笔者认为可以算是学生进入积极和主动的思维状态前的所谓的“空白”。教师可利用质疑问难后的留白，引导学生进入“愤”和“悱”的状态。质疑后的留白可以对问题进行回顾和梳理，并提取最有价值的或自己最感兴趣的信息，进行探究前期的思想准备，同时连接学生现有发展水平与最近发展区之间的空白，激发学生探索新知的欲望。

【案例 2】教学主题：Suggestions For Keeping Healthy

教学内容：有关通过合理饮食，适当运动，良好生活作息保持健康的若干建议留白措施与分析：该课课文的句子中有这么一句话“Drink a lot of water and juice.”这是学生的质疑是“大量喝果汁好吗？”“这里的果汁指的是鲜榨果汁还是饮料？”根据此质疑，教师可以将问题抛还给学生，让学生自主思考与探究。学生的回答令老师惊艳。学生们回答：It’s good for us to drink a lot of water everyday. It’s not good for us to drink a lot of juice. Water is better than juice. Juice is delicious, but it’s not so healthy. Fresh juice is good. But juice drinks is not good... . 然后教师给出水与果汁哪个更健康的相关视频，给予学生正确的结论。

学贵有思，思贵有疑。质疑问难是学生“自主、合作、探究”的前提。有效的质疑留白，不仅锻炼了学生勇敢质疑的能力，还锻炼了他们运用语言质疑提问的能力，锻炼了他们运用语言答疑辩解的能力。从学生的质疑提问和答疑辩解中，语言得到充分的运用，思维得到有效的训练，学生也从中懂得

---

① 中华人民共和国教育部．义务教育英语课程标准 [M]. 北京：北京师范大学出版社，2011.

② 时雁行．启发式教学方法的浅探和初试 [J]. 北京师范大学学报，1981(01):87—91.

不同领域的更宽广的知识，扩大了见世面。

（三）图片留白——自圆其说

英语课程标准（2011 版）指出：教师要合理利用各种教学资源，科学、合理、恰当地为提高学生英语学习效果服务。[①] 图片留白是教师有机、灵活使用教材图片和教材资源的方法，教师将相关主题的教材图片有机整合在一起，引导学生根据隐藏在图片中的潜在线索，让学生结合自己的已有知识经验、生活经验、兴趣爱好和已有知识储备等，发挥联想或想象空间，充分激活思维，综合运用语言补充图片或者描述图片，展示自己，达到想说、敢说、会说目的。

【案例 3】教学主题：Christmas

教学内容：有关圣诞节的活动描述

留白措施与分析：教师提供图片（见图 3-13），先让学生根据图①—⑤提示，发挥想象，看图说话，充分复习和巩固有关圣诞节的旧知：It's on the 25th of December. We see Christmas trees. We can decorate the Christmas trees.We can put some presents, some balls and some presents on the trees. They are beautiful. There are lights in the streets and shops... . 然后图片⑥留白，让学生畅所欲言补充关于圣诞节的所思所想：I wear a Christmas hat. I sing Christmas songs. I decorate my house with my parents.We have a Christmas party. We say "Merry Christmas" to each other…

图 3-13 圣诞节

① 中华人民共和国教育部 . 义务教育英语课程标准 [M]. 北京：北京师范大学出版社，2011.

这样的留白，让学生在复习课文内容的基础上，延伸拓展，进行思维的启发，扩充知识量，也让孩子们知道每个人都有不同的过节方式。同时，教师在活动后继续留白，通过示范如何上网搜索圣诞节的信息，让孩子在课后可以借助网络了解更多关于圣诞节的文化，并与同伴分享，适当进行课外延伸，对学生的语言能力进行拓展。

（四）板书留白——梳理总结

李如密老师在《教学艺术论》中这样界定板书：教学板书是教师根据教学的需要在教学用具（主要是黑板）上以书面语言或符号进行表情达意教书育人的活动……是教师普遍采用的一种重要的教学手段和表现形式……在课堂上最简易的利用视觉交流信息的渠道。[①] 吴禹春和丁日杰在《论板书的意义、作用及原则》一文中通过对板书基本构件的列举与规定对板书做了这样的定义：为了弥补讲授的不足，教师要通过文字、符号、图表、图解等形式把教学重点、难点和关键性知识写在黑板上，留在黑板上的文字、符号、图表和图解等视觉符号叫做板书。[②] 本书指的教学板书，是课堂教学的书面语言，板书是教师教学思路的高度浓缩。教师板书的过程是学生分析、理解、消化所学的过程。板书设计要极大服务于教学。板书留白是指教师板书时不将所有的重点句一一写在黑板上，而是随着教学进度，慢慢适当呈现，并适当保留，给学生预留思考、语言复述、语言运用的空间。

【案例 4】教学主题：A Funny Experience

教学内容：Amy 上周末有趣的经历 She went to the children's theatre last week. In the theatre, the men wore women's clothes. The women wore men's clothes. The actors told lots of jokes... .

留白措施与分析：根据课文内容，教师通过若干问题引导学生回答出 Where did Amy go last week? What did she see? What did she eat? 等问题，并引出板书 1（见图 3-14），这时的板书仅提供了关键信息，并非重点句的逐一呈现。然后教师继续引导学生通过 Last week, after the show 悟出这是表示时间，Children's theatre, restaurant 表示的是地点……从而引出了板书 2（见图 3-15）。之后教师继续引导学生，描述一件有趣的经历除了板书 2 中的几个方面以外，还可以描述哪些方面？引出了板书 3（见图 3-16）。板书 3 是在板书 1 和板书 2 的基础上慢慢随着教学进度逐步丰富和补充上去的。

板书 1 的留白，不把完整的重点句逐一呈现在黑板上，有利于学生根据板书的关键信息复述课文内容，而不是看句子朗读而已，有利于学生知识的巩固。

① 李如密 . 教学艺术论 [M]. 济南：山东教育出版社，1995.

② 吴禹春，丁日杰 . 论板书的意义、作用及原则 [J]. 教育探索，1996(02).

板书2的留白，是板书1的递进，是学生在课文流利复述和该课重难点突破的基础上，引导学生自己梳理该课的知识框架，而不是教师硬生生地强灌给学生，这有利于培养学生归纳知识的能力。当学生自主归纳了描述一件经历的知识框架后，教师不满足于课文中的内容，而是进一步引导学生拓展该框架，引导学生说出描述一件经历的更多的内容，例如交通工具、天气、花多少时间、带什么东西等，这些拓展为学生完整而系统地描述一件有趣的经历夯实基础，为学生新旧知识有机而有序的整合，以及知识的综合运用和输出奠定基础。

Last week	**Amy**	**Children's theatre**	**The men wore… .** **The women wore… .** **The actor told… .**
After the show		**restauran**	**ate…**

图 3-14　板书 1

When ?	**Who ?**	**Where ?**	**What ?**
Last week	**Amy**	**Children's theatre**	**The men wore… .** **The women wore… .** **The actor told… .**
After the show		**restauran**	**ate…**

图 3-15　板书 2

When ?	**Who?**	**Where ?**	**What ?**	**How ?**	**How long?**	**What's the weather?**	**…**
Last week	**Amy**		**Children's theatre**	**The men wore… .** **The women wore … .** **The actor told… .**			
After the show		**restauran**		**ate…**			

图 3-16　板书 3

（五）评价留白——巩固拓展

教学评价是英语教学不可或缺的重要组成部分。科学、合理、有效的评价体系是实现英语教学目标的重要保障。英语课程标准强调：英语课程评价体系要有利于促进学生综合语言运用能力的发展，要通过采用多元优化的评价方式，评价学生综合语言运用能力的发展水平，并通过评价激发学生的学习兴趣，促进学生的自主学习能力、思维能力、跨文化意识和健康人格的发展[①]。评价留白，是通过评价设计，不仅激发学生学习的兴趣，同时将教学重难点的突破，语言知识的操练等结合到评价活动中，使评价的功能多元化。评价留白不仅激励情意，同时可以凸显教学主题，帮助学生及时巩固所学，并适时拓展延伸知识。

【案例 5】教学主题：Location

教学内容：本课描述了 Daming 要去 Sam 的家，但却迷路了的小故事，从中学习 Turn left. Turn right. Go straight on. 等方位的表达。其教学重点就是有关方位的三句话 Turn left. Turn right. Go straight on.

留白措施与分析：教师首先设计评价（参见图 3-17）[②]：将学生分为 Team 1-4 四大组，用四辆小火车代表四组的学生。从最右下角的 station 出发，根据各组成员的表现，在铁轨上一格格前进，看哪组先到达终点公园。这个评价图中，教师在铁轨旁画了动物园、图书馆、超市、学校，还用箭头画了路标。当代表 Team 1-4 的小火车根据学生的表现，每前进一格时，教师仅说 You can move. 但不说具体怎么移动，这时的留白，是留给学生自己说前进的路线 Go straight on. Turn right.Turn left. 当经过动物园、图书馆、超市、学校时，教师还是留白，引导学生说出 Go past the zoo/ supermarket...

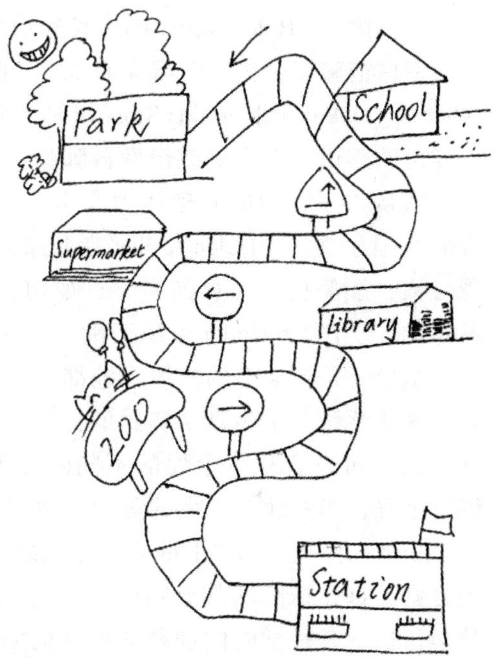

图 3-17　评价留白

评价留白不仅极大激发了学生参与课堂活动的欲望和主动性，同时通过教师评价中的留白，多次反复地操练和巩固课文中的三句重点句 Go straight on. Turn right.Turn left. 同时还拓展了 Go past the... . 的句型，实现知识的及时巩固和适时拓展。评价留白有条不紊地推进了教学进度，实现以评价促重点操练，以评价促语言扩展，以评价促教学进展的目的。

---

① 中华人民共和国教育部．义务教育英语课程标准 [M]. 北京：北京师范大学出版社，2011.

② 黄芸．小学英语课堂评价仅仅为了激发兴趣吗？[J]. 中小学英语教学与研究，2016(11):6—8.

（六）结尾留白——意犹未尽

结尾留白顾名思义，就是在课的结尾处留出空间，让学生对课的全部内容或课的部分内容或课的若干细节或课的主题或课的中心思想等有所思考与感悟。结尾留白能起到余音缭绕，意犹未尽的效果。

英语课程标准指出英语课程具有工具性和人文性的性质。英语教学不仅教授其知识，更应该引导学生感悟课文文本这一载体中的寓意或潜藏的情感与道理，实现“读懂一则文本，明白一个寓意”。课文结尾的留白往往是学生总结梳理知识，理清知识脉络，感悟文本寓意，渗透“人文素养”的点睛之笔。

【案例6】教学主题：Helen Keller

教学内容：Helen Keller的成长经历

留白措施与分析：学习完Helen Keller的成长经历后，教师可以设计留白：What do you know about this Story of Helen Keller? 引导学生谈谈对Helen Keller成长经历的感悟。学生的感悟发自肺腑：“Helen Keller非常不容易，她那么小就成为残疾人了，她的心理压力非常大，肯定非常痛苦，但她不放弃自己，非常的坚强乐观。”“Helen Keller毅力惊人，一个双目失明，听不见，看不见的聋哑人，能坚持学习如何写字、如何读书，这多难呀，没有坚毅的毅力是做不好的。”“Helen Keller很乐于助人，她愿意帮助所有的残疾人，无论是心理上的疏导还是行动上的救援，她都义无反顾。”……

这些感悟是学生真情实感的抒发，是学生真实意愿的反馈。对课文文本，每个人都可以有独具个性的不同的理解和感悟，教师应鼓励学生有感而发，畅所欲言，当然此时学生的语言表达和语言运用能力也得到充分的锻炼。

宋朝郭熙云说过“山欲高，尽出之则不高，烟霞锁其腰则高；水欲远，尽出之则不远，掩映断其流则远矣”。① 这恰好说出来教学留白的意义。恰当的教学留白，是教学时间和教学进度的助力，而非阻力。科学巧妙的教学留白，留给学生想象和发挥的机会与空间，能唤起学生学习的兴趣，调动学生学习的积极性与主动性，激活学生的思维，唤起学生独立自主思考的欲望，激发学生们的想象力和发散思维能力，从而达到虚中求实、“无画处皆成妙境”的意境。

① 张本旭．小空白蕴藏大空间[J]. 新课程，2011(10):163—165.

第四节　借助导图，融合语言

小学英语口语活动要提高活动所蕴含的语言承载量，提升学生灵活融合语言与综合运用语言而大量输出语言的能力。思维导图与口语活动的结合，对有效激活学生已有的知识储备实现知识的迁移与整合，促进学生思维的发展，提高口语活动语言承载量，扩大语言的输出有极大的促进作用。

英语课程标准强调英语教学要以学生为本，优化课堂教学，提高教学效率，培养学生的综合语言运用能力。综合语言运用能力的形成是建立在语言技能、语言知识、情感态度、学习策略和文化意识等方面整体发展的基础之上。①因此任何语言活动都要提高其语言承载量，口语活动更应如此。即教师设计的口语活动，要以学生的个体差异和实际学情为前提，以充分激活学生的发散思维和已学知识为基础，以促进学生综合运用所学而自如输出语言为目标，充分考虑学生语言实践和语言训练的规模与容量、密度和深度。然而目前的小学英语口语活动，仅为操练两三句话而服务，学生语言输出有限，不能活学活用，学过了就忘了的现象屡见不鲜。如何提高小学英语口语活动的语言承载量，扩大语言输出，是小学英语教师值得思考的问题。而提高语言承载量的方法有很多，思维导图的介入是行之有效的方法之一。

思维导图（Mind map）是一种图式工具，是人们将某一领域内的知识元素按其内在关联建立起来的一种可视化语义网络。②它按照人的自然思维习惯，将放射性思考图形化，是对人的思维过程的记录，能帮助学生对特定主题建构的知识结构进行视觉化表征。思维导图所聚焦的焦点是正中央的图形，这是关键主题所在。由中央图形的主题发散出来的是与该主题相关的主干。之后再由相应的主干延伸出相应若干的分支，各个分支形成一个连接的节点结构图。思维导图不仅仅是简单的图式工具，更是一种先进的思维工具，是一种以可视化的图形手段来激发思维和整理思维的工具。它对改进小学生的学习能力，激发他们的发散思维，从而提升英语口语表达中的语言承载量有显著的功效。

① 中华人民共和国教育部．义务教育英语课程标准 [M]. 北京：北京师范大学出版社，2011.

② 黄芸．思维导图在提升“小学英语口语活动的语言承载量”中的运用 [J]. 科技资讯，2014(36): 143—145.

一、思维导图在提升英语口语活动语言承载量中的作用①

1. 激活多种思维，促进多元能力的发展

东尼·博赞认为思维导图是对发散性思维的表达，因此也是人类思维的自然功能。思维导图最核心的目的之一就是激活学生的各种思维，特别是发散思维。它能让学生的左右半脑在“图形、线条和文字”的帮助下同时运作，将左大脑的逻辑、理解、分析、推理等功能与右大脑的形象记忆、想象力、创造力、视知觉等功能调动起来，特别能极大激发学生的右脑，使学生的想象能力、快速记忆能力、快速处理信息的能力和发散思维能力得到极大的开发。学生在思维激活的前提下，他们的自主学习能力、归纳梳理能力、处理信息的能力、理解能力、记忆能力等都能得到不同程度的训练。思维的充分激活，多种能力潜移默化的训练，为学生综合运用语言大容量地输出语言打下坚实的基础。

2. 梳理知识脉络，促进知识迁移与整合

思维导图的最核心目的除了激发思维，就是整理思考。思维导图提供给学生一种使用与整理信息，以及认知加工与处理的促进思维发展的支架。学生可以在思维导图的辅助下，在充分激活思维和左右脑功能的前提下，对所学的知识进行系统而又有条理的梳理，将已学知识进行横向或纵向的联系、归纳、总结、拓宽和延伸，从而实现知识灵活地迁移和巧妙地整合；促进学生在知识融会贯通的基础上，扩大语言的输出量，自如表达。

二、思维导图在提升英语口语活动语言承载量中的运用②

英语课程标准提出：语言既是交流的工具，也是思维的工具。英语课程应成为学生在教师指导下构建知识、发展技能、活跃思维、展现个性的过程。③思维导图在小学英语口语活动中的介入，对激发思维，提升语言承载量，扩大语言输出起推波助澜的作用。笔者结合教学实践，将四种思维导图运用于口语活动中。

（一）头脑风暴型思维导图

头脑风暴是一种激励智力开发和促进自由思考的有效方法。头脑风暴型思维导图的运用，可以让学生围绕一主题尽情展开联想和想象，将与该主题

① 黄芸．思维导图在提升“小学英语口语活动的语言承载量”中的运用 [J]. 科技资讯，2014(36): 143—145.

② 黄芸．思维导图在提升“小学英语口语活动的语言承载量”中的运用 [J]. 科技资讯，2014(36): 143—145.

③ 中华人民共和国教育部．义务教育英语课程标准 [M]. 北京：北京师范大学出版社，2011.

有关的所有词汇、句型等知识点进行有机地整合。例如谈到生日的主题，教师可以设计有关生日的头脑风暴型思维导图（见图 3-18），让学生畅所欲言，学生可以想出许多词汇，如礼物（present）、蛋糕（cake）、兴奋（excited）、聚会（party）、蛋（egg）、有趣（funny）、11 岁（eleven years old）、惊喜（surprise）、生日歌（birthday song）、开怀大笑（laugh）、友情（friendship）、拥抱（hug）等，这些关键词汇的引出，提升了生日这个话题的语言承载量，为学生大容量的语言输出奠定基础，同时学生的想象力也得的不同程度的开发。

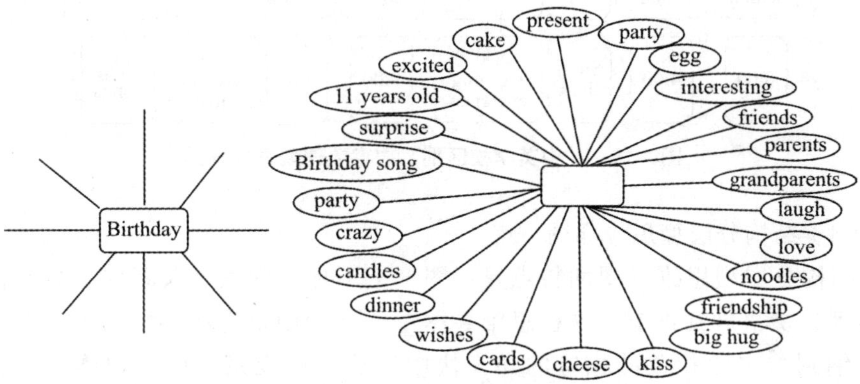

图 3-18 “生日”头脑风暴型思维导图

（二）内容梳理型思维导图

内容梳理型思维导图是指根据教材的具体内容和教学重点与难点，梳理出几个知识块，然后根据每个知识块，找出相应的知识点，帮助学生理解教材。例如 Module 8, Unit 1（英语）（外研版一年级起点第 9 册）They sit around tables. 主要学习中国学校和英国学校的若干区别。教师可设计内容梳理型思维导图（见图 3-19），通过导图的提示，让学生对本课的主题（The Differences between Chinese School and English School）和中英学校之间的区别——上课时间（Time for starting school）、放学时间（Time for finishing school）、座位摆放（Seat）、早晨活动（Morning activities）一目了然，便于学生理解和掌握课文的重点和难点。导图中关键信息的梳理，为学生整理信息、完整地复述中英学校之间的区别夯实基础。当然教师还可以鼓励学生上网查询更多信息，完善和补充该思维导图，然后根据导图谈更多的中英学校的区别，使活动的语言承载量由课内向课外延伸。

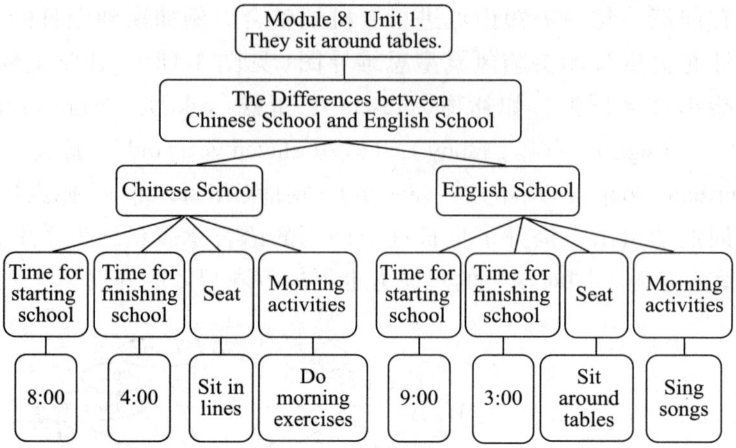

图 3-19　“中英学校区别”内容梳理型思维导图

（3）结构分层型思维导图

结构分层型思维导图的特点是：图形上下层之间隶属关系层次分明，由整体到分块，再到细节。这种思维导图主要是帮助学生将零散的知识点梳理和归纳到与主题相关的相应的知识块中，从而形成系统的知识体系。这样的思维导图锻炼学生的发散思维能力和归纳思维能力。例如学习了旅行计划（Travel Plan）后，教师可设计以下思维导图（见图 3-20），将旅行计划的要点划分为要去哪旅行（Where）？什么时间去（When）？坐什么交通工具去（How）？和谁去（Who）？去做什么（What）？而“去做什么（What）？”这个知识块里还可包括“去做什么事”、“将看到什么”、“将吃什么”……这个思维导图是学生有意识而又大容量地整合旧知的有效推力。

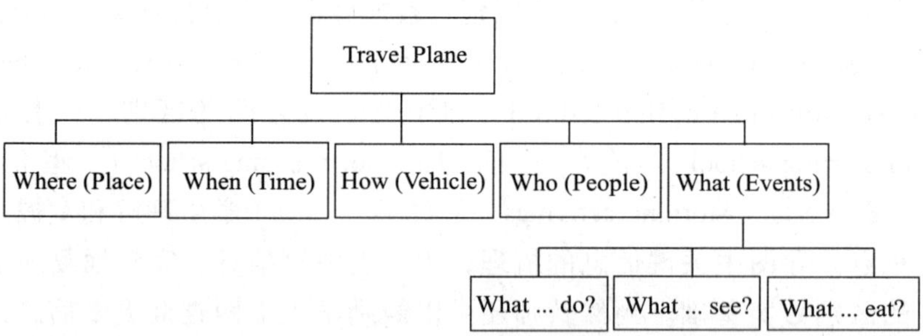

图 3-20　“旅游计划”结构分层型思维导图

（4）要点归纳型思维导图

要点归纳型思维导图是头脑风暴型思维导图、内容梳理型思维导图、结构分层型思维导图的综合。它由中心主题发散出与该主题相关的第一列话题分支，这些话题分支既相互联系，同时又相互独立，是与中心主题关系最密切的相关知识点的总结和归纳。然后再由第一列话题分支分散出第二列小话题分支或知识点，以此类推。例如有关自我介绍的要点归纳型思维导图（见图 3-21），中心主题就是自我介绍（Introduction）。该中心主题相关的话题分支分别是：最基本个人信息（The most basic information）、外形（Appearance）、性格（Character）、喜好（Hobby）、能力（Ability）、日常生活（Daily life）、过去发生的事（Past Events）、计划或将要发生的事情（Plan）、家庭（Family），由第一列的话题分支，还可以分散出第二列的小话题分支。例如最基本个人信息（The most basic information）可包含姓名（Name）、年纪（Age）、性别（Sex）；喜好（Hobby）可包含喜欢和不喜欢的事情，包括科目（Subject）、季节（Season）、服饰（Clothes）、运动（Sports）动物（Animal）、颜色（Colour）、饮食（Food and drinks）等；日常生活（Daily life）包括学习生活（School life）和周末生活（Weekend life）。当然第二列小话题分支还可以延伸出第三列更小的话题或者知识点。例如科目（Subject）可以想到语文（Chinese）、数学（English）、体育（PE）等科目。服饰可以想到衬衫（Shirt）、长裤（Trousers）、连衣裙（Dress）等。饮食可以想到食物（Food）和饮料（Drinks）……同样还可以鼓励学生进行拓展思维和发散思维的训练，让他们整合所学，说出第四列、第五列……的分支。例如食物（Food）包括米饭（Rice）、肉（Meat）、鱼（fish）等。饮料包括水（Water）、可乐（Cola）、果汁（Juice）等。果汁（Juice）包括橘子汁（Orange juice）、苹果汁（Apple juice）……

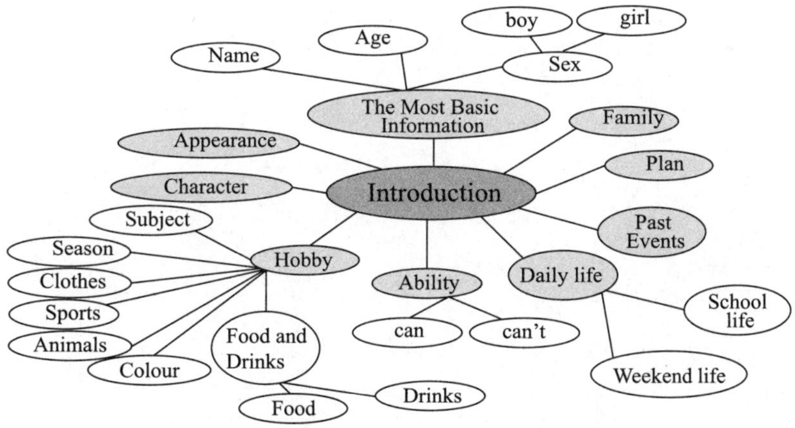

图 3-21　自我介绍的要点归纳型思维导图

一层层分支的发散和延伸，是学生思维激活和知识拓展的过程，是语言逐步融合和丰实的过程，是语言承载量逐步扩充的过程。那么学生在富含语言承载量的活动中，在知识储备充分激活的前提下，语言的输出自然如鱼得水。

通过以上四种类型的思维导图的分析，不难看出，思维导图在英语口语活动中的介入，对促进学生的学习能力、理解能力、记忆能力、逻辑思维能力等多元能力的发展；对促进学生思维的发展；对促进学生系统梳理与大容量整合所学，深化和拓宽知识；对促进学生知识的活学活用、提升口语活动的语言承载量，进而扩大语言的输出均有积极的作用。

第五节　多维评价，整合语言

评价泛指对被评价的人或物评定其所具有的价值的活动。评价是对价值的探讨，价值是人类对客观世界的认识范畴，是客观事物对主观需求的满足程度。人们对价值的判断基于自身的需求，不同的个体的需求可能不尽相同，所以对同一事物的价值判断不是完全一致的。因此要做出客观、公正的评价的前提是制定一个公平的评价标准，这个标准应该是易测量、操作性强的，这个标准应体现大多数人的主观需求，为多数人所认可。[①]教学评价是评价应用于教育教学领域的表现。教学评价不同于一般的评价，它比一般的评价有更为具体和直接的评价对象与详细而有针对性的评价标准。教学评价以教育目的与教学目标为准绳，以具体的教学要求和教学研讨主题为依据，在具体的问题情境中，通过对被评价者的行为及思想的观察、综合分析与判断，来检验教学目标的完成情况，为今后的教育教学活动提供指导。

教学评价是英语教学不可或缺的重要组成部分。英语课程标准指出小学英语教学评价应以激励学生的学习兴趣和活动自信心为主要目的，以形成性评价为主，重点评价学生平时参与各种教学活动的表现。[②]所以评价往往与激发学生的学习兴趣和激发学生的求知欲等联系到了一起。因此诸多英语课堂的评价出现了一个现象，即以评价激趣，评价维度和功能单一化。虽然有的教师设计了诸多多样的课堂评价用语，有的教师设计了自评、互评、师评、家长评等评价手段，有的教师设计了小礼物激励的评价方式，有的教师设计了学习前、学习中、学习后的分段评价内容等，但几乎大部分的评价目标都是为了激发学生的学习兴趣和学习积极性，评价功能几乎都是关注学生在学习过程中的情感发展和学习行为等的变化，以促进其知识的掌握和技能的培养，体现学生在评价中的主体地位。固然，这是英语课堂教学评价的一个非常重要的必不可少的功能，但评价的功能远不仅仅于此。英语课堂中的教学评价可以根据教学的需要，设计评价主体多元化、评价内容多样化，评价目标多维化的多维度评价，以体现评价功能的多样化。[③]

① 张校银．基于核心素养的高中地理教学评价研究 [D]. 河北．河北师范大学，2016.

② 中华人民共和国教育部．义务教育英语课程标准 [M]. 北京：北京师范大学出版社，2011.

③ 黄芸．小学英语课堂评价仅仅为了激发兴趣吗？ [J]. 中小学英语教学与研究，2016(11):6—8.

一、理论建模与分析

英语课程标准强调："英语课程评价体系要有利于促进学生综合语言运用能力的发展，要通过采用多元优化的评价方式，评价学生综合语言运用能力的发展水平，并通过评价激发学生的学习兴趣，促进学生的自主学习能力、思维能力、跨文化意识和健康人格的发展。"[①] 英语课堂教学评价要体现评价主体的多元化，评价方式和内容的多样化，评价目标的多维化。评价的维度不仅只是评价学生在学习过程中的情感态度，评价的功能不仅只是激发学生的学习兴趣和动机、增强自信心。评价的维度还可以从"体现教学主题的角度"、"突破和解决教学重难点的角度"、"创设新的教学资源的角度"、"促进教学反思的角度"等方面设计具有多元维度的评价方式，从而发挥评价的"激励学习"、"监控教学的过程"、"反馈学生学习进展"、"调整教学策略"、"反思教学行为"、"分析教学问题并及时调整教与学的方法"、"促进人文思考与人文素养"、"促进学生心智发展"等多种功能。（见图 3-22）

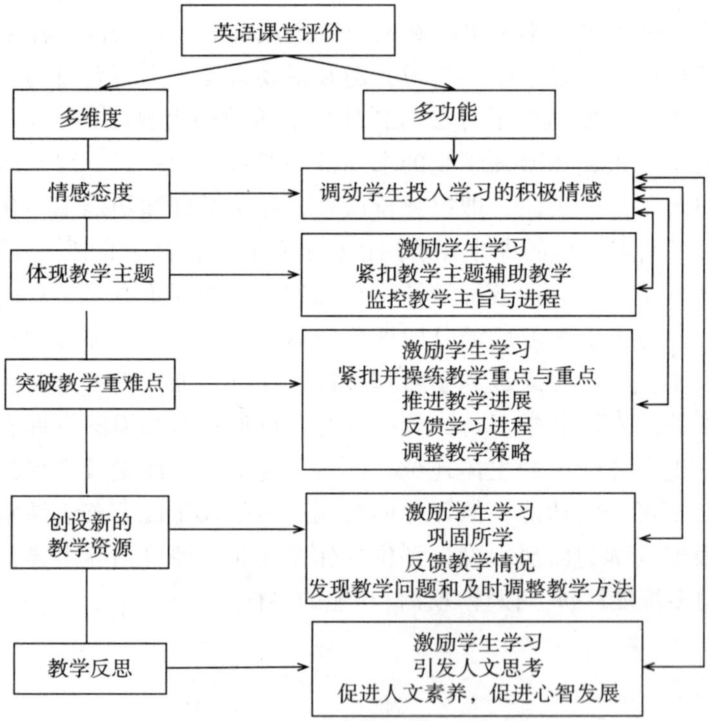

图 3-22　课堂教学评价功能表

① 中华人民共和国教育部．义务教育英语课程标准 [M]. 北京：北京师范大学出版社，2011.

二、评价方式的设计

1. 紧扣教学主题的评价

教学主题是一节课的核心和主旨。它是教师在文本分析、教材分析的基础上，研究、处理、提炼而形成的该文本的中心内容。它是一节课的主线，是一切教学活动的“主心骨”和“统帅”，所有的教学活动均要围绕该教学主题有序开展。课堂教学评价是英语课堂教学的重要组成部分，是体现教师教学理念和价值判断的教学活动(包括师生和生生交际、互动、生成等因素)。[①]因此评价也一样要围绕教学主题而开展，为教学服务。

【案例 1】教学主题：Guide dogs

文本分析：该课由 Sam 观看的电视节目（特殊犬种）导入有关导盲犬的学习内容，其主要文本内容是：导盲犬很聪明，可以帮助盲人过马路，而普通的宠物犬则只会玩耍，没有这种能力。通过两种犬能力的对比，学习 can 的句型，重点学习若干导盲犬的能力，并了解导盲犬的若干习性。

评价设计与分析：

该课的教学主题是 Guide dogs。围绕该主题，设计“导盲犬带盲人过马路”的评价（见图 3-23）：用白色的粉笔在黑板上画竖条，形成斑马线的图案，然后用卡纸制作两导盲犬，它们分别牵一个盲女和一个盲人。牵盲女的导盲犬代表女生队，牵盲人的导盲犬代表男生队，男女生队进行比赛，根据双方的比赛进程，导盲犬向“马路对面”一格、一格地前进（例如，女生队的女生答对问题，其导盲犬向前走一格，女生队的女生发言语音、语调标准，其导盲犬再向前走一格），看哪只导盲犬可以带领盲人先过马路。

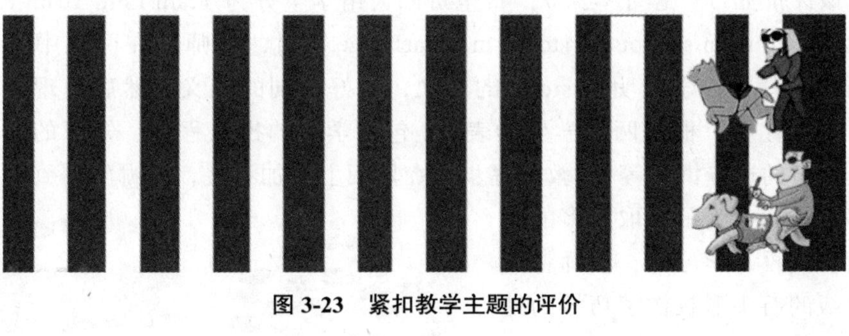

图 3-23　紧扣教学主题的评价

评价功能多元化是科学评价体系的表现之一。该评价发挥了其积极导向的作用，具有紧扣教学主题、激发学习兴趣、监控教学进程的功能。它紧扣本课

① 谢建民.“任务驱动”下的英语课堂教学评价策略 [J]. 英语教师，2015(17):17—19.

"导盲犬"的教学主题，极大激发了两个阵营的每一个学生积极参与学习活动的自主性和主动性，因为每一人的表现都将为自己的阵营加分。这样不仅调动了学生的学习热情，还监测和评价了学生在学习活动中的进展，他们对知识的掌握，如对新词的朗朗上口，对句型的灵活运用等，每一样都可以为自己的阵队加分，促使导盲犬向前进。这样紧扣教学主题的评价活动，使评价与教学融为一体，让学生在浑然天成的教学氛围中，在评价的激励下，以较高昂地学习状态投入学习，实现以评价扣主题，以评价促兴趣，以评价促学习。

2. 突破教学难点的评价

教学难点是指新授内容与学生已有的认知水平之间存在较大的落差，即学生不容易掌握的或不易理解的知识点或技能、技巧。搭建合适的平台，创设恰当的活动解决教学难点，是教学艺术性的反应。教学难点的妥善处理，是学生学习新授内容的必要环节，是学生顺利掌握新授内容的基础。科学的评价方式，能及时发现和分析学生学习中存在的具体问题，包括教学难点，并较有效地解决该问题，让学生在评价中既体验到学习的收获，又间接突破教学难点，一举两得。

【案例 2】教学主题：Stonehenge

文本分析：该课主要描述两小朋友去英国的景点"巨石阵"的所见所闻。由动词过去式描述"巨石阵"的旅游经历，从而学习有关"巨石阵"的相关知识，本课的教学重点是：学会用过去时描述两小朋友去"巨石阵"旅游的见闻。而教学难点是文本中有关巨石阵描述的两句话：Some stones are in a circle. Some stones are on top of others.

评价设计与分析：

该评价如下（见图 3-24）：将全班四大组学生分为 Team Left, Team Right。当教授"You can see lots of stones in Stonehenge."时，教师先在两队中各贴一块石头图片，让学生明白 stone 的含义，作好新词的释义。然后呈现评价方式：两队比赛，根据两队学生的表现（包括学习的投入程度、知识的掌握程度、学习的进步情况等），教师逐步地在黑板上添加石头，看哪组得到的石头更多。当学生为了争取更多的石头而积极投入学习时，教师将贴上黑板的石头形状作了巧妙的处理，Team Left 的石头是一圈圈摆放的。Team Right 的石头是由下往上叠放的。这样当难点 Some stones are in a circle. Some stones

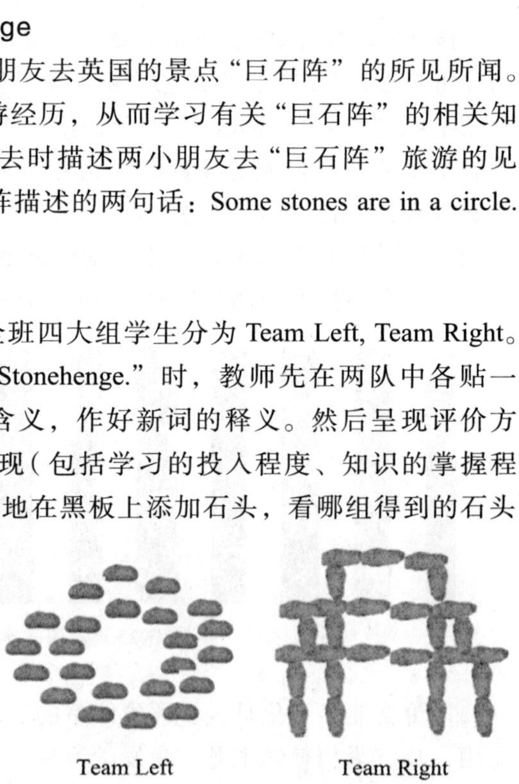

图 3-24 突破教学难点的评价

are on top of others. 出现时，教师不用生硬地用中文去解释，而是让学生观察评价图（结合教师贴石头的动作）look, Team Left. Some stones are in a circle. And look here. Some stones are on top of others. 那么该难点的释义就不攻自破了。

美国教育心理学家布卢姆认为："科学和有效的评价，是激发初学英语学生的学习兴趣，提高学生运用语言的能力，促进培养学生交际习惯的重要途径。"[①]评该评价设计，具有激励学生、突破与操练教学难点、反馈教学信息、调整教学方法的功能。当学生观察不到位的时候，教师还可以重复贴石头的动作，让学生更清晰地明了教师贴的形状，形象地解释了句型的意思。而句型操练时，也可以通过教师评价的次数和石头形状产生的次数进行多次地反复地操练。例如，在全班操练 Some stones are in a circle. 之后，当 Team Left 的石头再次围成一个圆圈时，教师可再次引导学生操练此句型，以此类推。那么难点句型操练的复现率提高，达到扎实操练的目的，实现以评价促动机，以评价促释义，以评价促操练，以评价促巩固。

3. 凸显教学重点的评价

教学重点是依据教学目标，在到位分析教材文本和具体学情的基础上，确定的最基本、最核心、最主要的教学内容。它是学生掌握该课教材的核心问题，它的妥善处理是学生顺利理解和掌握新知的关键。科学的评价可以为教学提供有益的帮助和反馈，帮助教师了解教学效果，改进教学方法。凸显教学重点的评价设计，可以利用评价这个平台，将评价作为一个教学手段和道具，在评价中教授教学重点。

【案例 3】教学主题：Location

文本分析：本课描述了 Daming 要去 Sam 的家，但却迷路了的小故事，从中学习 Turn left. Turn right. Go straight on. 的方位指示句子，从而学习方位的表达。其教学重点就是有关方位的三句话 Turn left. Turn right. Go straight on.

评价设计与分析：

该评价中，教师将学生分为 Team 1-4 四大组，用四辆小火车代表四组的学生。从最右下角的 station 出发，根据各组成员的表现，在铁轨上一格格前进，看哪组先到达终点公园。这个评价图中，教师在铁轨旁画了动物园、图书馆、超市、学校，还用箭头画了路标。当代表 Team 1-4 的小火车根据学生的表现每前进一格时，教师引导学生操练重点句型。例如当小火车直走时，学生边说 Go straight on. 教师边移动小火车。当小火车要右转时，学生边说 Turn right. 这样，在小火车逐步移动格子的评价过程中，三句重点句型得到多次的操练和运用，而且这个运用是非常直观、形象的。此外，当评价结束时，

① 卢彦杰．让有效评价成为小学英语课堂教学的助推器 [J]. 教师，2011(22):92—92.

教师还可以利用该评价，问学生 Where is the zoo/library/supermarket...? 让学生再次用重点句型巩固，一举多得（见图 3-25）。

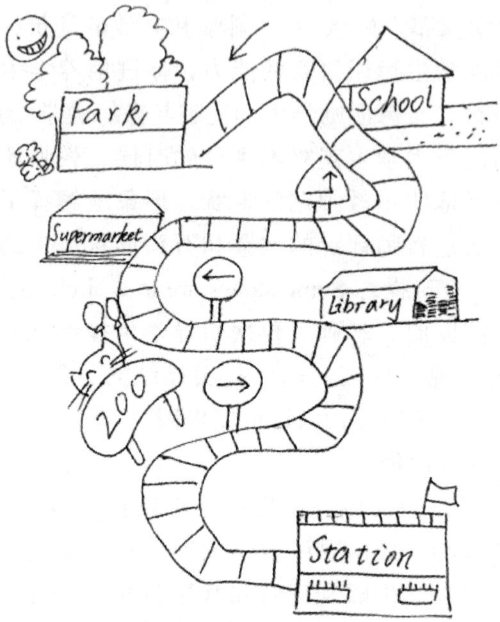

图 3-25　凸显教学重点的评价

科学而有效的评价活动是教学活动科学化的需要。该评价设计具有激发学生学习欲望，反应、操练和反馈教学重点，推进教学进度的功能。科学的评价方式要服务并融合于教学过程，对教学起到反馈和推进的作用。该评价设计不仅反馈了学生投入学习的状态，也反映了学生对重点句型的掌握和运用情况，推进教学有序而顺利开展，实现以评价促重点操练，以评价促教学进展的目的。

4. 另辟教学素材的评价

英语课程标准指出：合理开发和积极利用课程资源是有效实施英语课程的重要保证。① 教学素材是教师为解决教学重难点，为达到教学目标所制作的教学辅助材料和工具，是一种教学资源。根据教学目标和具体的学情，合理开发、科学选择、积极利用、有效管理、巧妙处理教学素材是对教师教学能力的基本要求，也是课堂教学顺利开展的必要因素。巧妙的评价方式，不仅在评价过程中能激励学生学习，帮助学生有效调控学习过程，获得学习的成

① 中华人民共和国教育部．义务教育英语课程标准 [M]. 北京：北京师范大学出版社，2011.

就感，还可以在评价过后，另辟教学素材，利用评价后的素材，帮助学生再次巩固知识或者畅谈感悟。

【案例 4】教学主题：Changes

文本分析：本课主要运用 They were…then. They are…now. She was…then. She is... now. 描述玲玲及其祖父母外表的若干变化。它是学生运用过去时和一般现在时对比描述外形变化的第一次尝试。

评价设计与分析：

首先教师各画了小男生和小女生图，分别代表男生队和女生队，两队比赛，根据双方的表现，教师在小男生图和小女生图旁一笔一笔地添画。看哪组添加的画先完成。教师根据学生的表现在图上一笔笔地添加，慢慢地，图发生了变化，最后小男生旁的图添画变成了中年男人或者是老爷爷。小女生旁的图可能添画变成个中年妇女或者老奶奶。

德国教育家第斯多惠说："教学艺术的本质不是传授，而在于激励、唤醒、鼓励。"[①]该评价具有树立学生自信心，满足学生学习成就感，另辟教学资源、巩固所学，唤醒学生人文感悟与思考的功能。在评价的过程中，当学生看到，因为自己的学习表现，教师的添画越添越多的时候，他们的学习自信心和成就感就油然而生。而且他们的好奇心被充分调动，他们渴望知道，教师添画后最后的图片是什么。因此他们会更卖力地、更积极地投入学习活动。当学习活动结束了，评价过程结束了，教师添画的结果出来了，这时这张图（见图 3-26）就是一个新的可利用的教学素材。"学起于思"，教师可以让学生围绕图，谈谈图发生了什么变化，这和本课的主题 changes 是一致的。学生们畅所欲言：He was a boy. He is a man. He was short then. He is tall now. He was cute then. He is handsome now… . 达到再次综合运用所学用英语做事的目的。此外还可以让学生谈谈对此图的感想，学生们开始会说"人的外表不随着年龄的增长会发生变化的"、"变化无处不在"等。这时学生们可能仅停留在对人的容颜从稚嫩童颜到岁月留痕的感触。此外，教师可以引导学生谈谈外表以外的变化。他们会说："他们也从小时候的幼稚变成熟了"、"他们从少不更事，变成事业有成的人"……并从中引导学生去思考，实现从幼稚到成熟的蜕变需要什么？需要为自己每个阶段制定目标和计划，需要为自己的目标不懈努力，就像图的变化也是大家努力的结果一样。从而实现了人文素养的渗透润物细无声的功效。这样以评价另辟新的教学素材，可以成为学生巩固所学的素养，也可以成为引发学生思考的素材，实现了以评价促学习自信，以评价促语言

① 吴晓威，黄薇．培养学生用英语做事情的能力——2011 版英语课程标准提出的新建议 [J]. 现代中小学教育，2012(10):15—18.

运用，以评价促发散思维，以评价促核心素养。

图 3-26　另辟教学素材的评价

科学的评价体系是实现英语课程目标的重要保障。“评价有法，但无定法。”英语课堂教学中，教师要设计多维度、多功能的评价方式，使评价不仅突出学生的主体地位，关注学生英语学习过程中的情感变化和价值观发展，使学生在评价的过程中保护自尊，树立自信，体验成就，更应该发挥评价的监测教学过程、反馈教学信息、改进教学方法、改变教学进度、调控教学策略、引发教学感悟等功能，真正发挥评价在英语教学中的积极导向作用！

第六节　增设话轮，丰富语言

话轮是日常会话中最基本的结构单位。小学英语课口语教学中，提高话轮意识，不断促进话轮保持与话轮转换，是提升学生会话交流中语言承载量和提升综合语言运用能力的关键。话轮是会话的基本单位，是与人交流必不可少的因素。话轮是指在会话过程中，说话者在任意时间内连续说出的具有和发挥某种交流功能的话。其结尾以说话者或听话者的角色互换或各方的沉默等放弃话轮信号为标志。[①] 话轮可以是单词、词组或句子。会话就是会话的参与者之间不断更迭话轮的过程。此过程中说话者和听话者的角色要不断地变换。这个角色变换的过程就是话轮转换。小学生英语能力水平有限，控制话轮的能力有限。教师只有抓住一切课堂生成的机会，引出话轮，主导和促进话轮保持与转换，丰富话轮的内容，培养学生的话轮意识，才能提高会话中的语言承载量，即提高会话中语言的广度、密度和深度，并给学生提供充分实践语言的机会，有效扩大他们语言的输出量。以下笔者结合教学实践案例，探讨教师在课堂教学中促进话轮保持与话轮转换，培养学生话轮意识，提升会话中语言承载量的方法。

一、精心化导入——增添话轮并存，提供会话支架

苏霍姆林斯基说："如果老师不想办法使学生产生情绪高昂的智力振奋的内心状态，就急于传授知识，那么这种课堂导入知识只能使人产生冷漠的态度，而给不动感情的脑力劳动带来疲劳。"可见良好的导入是课堂教学成功的关键。精心设计的课堂导入，既可以引出会话主题，又可在主题的引领下，提供多分支的话题，实现多个话轮并存，为会话提供可参考的支架。

【案例 1】主题：Favourite Animals（适合五年级学生）

T: Let's enjoy a movie.

（学生看完后）What's the movie about?

Ss: About animals.

T: Correct. It's about animals. It's about my favourite animals. And can you say sth. about it?

Ss: Yes. It's a dog . It's brown. It has short ears and short legs. It can jump with the music… .

---

① 杨连瑞．话轮转换机制与英语会话能力 [J]. 山东外语教学，2002(02)：22—24.

T: Right. It's my favourite animal. What about your friends' favourite animals? What do you want to know about them? You can ask some questions. Eg. What is it ? What colour ?

Ss:What can it do? What's its habits? What food does it like? Where does it live?...

T: So we can talk about its abilities, habits (food and drinks, place to live), ages, features (colour, figure) and... .

案例 1 中，先由视频导入，活跃课堂气氛，同时通过重复和叠加的策略，即重复和叠加了学生的话 It's about animals. It's about my favourite animals. 此策略可以使会话更连贯，起回应和再现的作用，同时引出“最喜欢的动物”这一主题，使学生有的放矢地展开会话。然后使用连接词 and。以 And can you say sth. about it? 让学生说说对教师喜欢的动物的了解，既检测了视频观看的效果，复习了相关动物的知识，同时巧妙地由学生的观后感中过渡到 What about your friends' favourite animals? What do you want to know about them? 并做了个通俗易懂的示范：What is it? What colour? 引导学生将零散的观后感梳理和整合为自己想了解的问题，从而引出了有关动物能力 Abilities(can/can't)、习性 Habits(Food and drinks, Place to live)、年龄 Age、形体特点 Feature(Colour, Figure—tall/short, fat/thin...) 这四个主要分支话题以及若干小分支的话题，实现多个话轮话题的并存，这样有利于帮助学生梳理知识脉络，为学生已有知识储备的激活、迁移和整合，为后续大容量的语言输出提供了有效的会话支架。

二、多层次提问——促进话轮转换，丰富语言承载

会话是说话者与听话者互相交流的过程。这个过程需要听话者与说话者角色的不断转换，即话轮转换。提问是推进话轮转换常用的方法。美国心理学家布鲁纳说过：“教学过程是一种提出问题和解决问题的持续不断的活动。”[①] 多样的、多层次的问题可以发散学生的思维，促使学生在问题的引导下，回忆、联想、想象、预测、复习、巩固、分析、总结等，丰富话轮的内容，促进更多地话轮转换，实现新旧知识的融会贯通，从而丰富会话的语言承载量。

【案例 2】主题：Trip Plan(适合六年级学生)

T：Where will you go this summer holiday?

S1: I will go to Changchun. What about you?

① 周建忠. 我对设问式英语教学的几点思考 [J]. 文理导航 (下旬), 2012(10):42—45.

T: I will go to Beijing. When will you go there, in July or August?

S1: In August. When will you go？

T: Maybe I will go in July. Why do you want to go there?

S1: Because it's so hot in Xiamen. It's cool in Changchun.

T: Right. How will you go there?

S1: I will go there by plane. It's so far.

T: Really. How long will you stay there?

S1: For a week.

T: Who will you go with?

S1: My parents. Does your son go with you?

T: Of course. What will you do there?

S1: I will visit Jingyuetan Park and 伪满皇宫.

T: Oh,Puppet Manchukou Relic. That's nice. You will know sth. about Pu Yi. And what will you eat there?

S1: Dumplings. I like dumplings so much.

T: That sounds great. What else?

S1: 酱排骨，凉菜……

T: Oh, you want to eat ribs sauce and cold dishes. Do you want to know your partners' trip plans?

S1: Yes. Where will you go?

S2: …

这个会话，笔者首先采用把持话轮的策略，紧扣 Trip Plan 的主题，引出了 Where？ When? How? How long? Who? What? 多个话轮话题，并引导学生在教师问题下适时反问。师生间不断的问答，实现话轮不断地转换，丰富了会话中语言的广度和密度，使会话不仅限于一问一答。此外，笔者适时补充了学生不太懂的英语词汇"伪满皇宫、酱排骨、凉菜"等，在话轮中扩展知识，提升了语言的密度。同时提出刨根式的问题 Why do you want to go there? What will you eat? What else? 让学生的回答不是点到为止，而是更进一步地讨论，有利于知识的滚动复习和话轮的延续。而 Do you want to know your partners' trip plans? 笔者放弃话轮，将话轮转给了学生，实现话轮权的重新分配。多样的不同层次的问题，可以有指向性地引导学生去思考，调节思维节奏，扩宽思维内容，充分梳理与整合所学，使学生在教师问题的引导下，感知、体验、实践、运用语言，促进大量的话轮转换，保证话轮的延续，从而实现会话中语言承载量的有效提升。

三、针对性反馈——推进话轮保持，充实语言容量

反馈话轮是指说话者起始话轮发出后，听话者对起始话轮所做出的表示不同、驳斥或赞同及应答的话轮。[①]通俗地说，反馈话轮就是听话者对说话者的话进行回应的语言。会话中如果缺少了反馈话轮，说话者就无法知道对方的想法，交流也就无法顺利进行。反馈话轮最通常用的是 Yes. I think so. Good. Well. Good job. Right. OK. No. I don't think so. Really. I know that. 等回应。这样的反馈话轮，可让说话者明白听话者对自己所说的话的意见，有一定的评价成分，但比较简单和笼统，仅停留在两个话轮的递增，不能实现更多话轮的保持、转换与延续，也限制了会话的语言承载量。

【案例 3】主题：Changes of The Person（适合四年级学生）

T：Look at the pictures. They are Lingling's grandparents. They have changes. What are they?

Ss: They were young then. They are old now.

T: Yes. But what other changes? Discuss with your partners.

Ss:（讨论后）They were short/fat/cute then. They are tall/thin/old now.

T: Right. These are the changes of their features. Besides that, anymore changes? Maybe they couldn't cook well then. They can cook well now.

Ss: Maybe they could run fast then. They can't run fast now... .

T: You are so smart. These are the changes of their abilities. And what about their ages?

Ss: She was 20 then. She's 78 now. He was 23 then. He's 81 now.

T: Good job. So we can talk about the changes of features, abilities and ages. What do you think of their changes? If you don't know how to say, you can speak in Chinese.

Ss:（中文说感想）

T: Well done. Life is full of changes. And we should love our grandparents…

案例三种，学生第一次回答爷爷奶奶的变化时，笔者的反馈话轮是 Yes。如果这时笔者的反馈话轮到此为止，会话也就到此结束了。为了提升会话的语言承载量，笔者提出了有针对性的反馈话轮 But what other changes? 鼓励学生在同伴互助和讨论下，仔细观察图片加以想象。果然学生说了有关外形变化的更多句子，有效操练了 They were…then. They are…now. 这时教师的反馈话轮"Right"给予学生的话轮以肯定。笔者不仅限于此，进一步丰富反馈话轮：

① 李明．小学英语课堂话轮的分配 [J]. 语文学刊・外语教育教学，2011(12):166—172.

These are the changes of their features. Besides that, anymore changes? 举例引导学生谈论外形变化以外的变化，引出了能力和年纪的变化，扩展了“变化”的内涵。给予学生第四次反馈话轮 So we can talk about the changes of features, abilities and ages. 之后，用 What do you think of their changes? 引导学生从“人的变化”中感悟出“生命充满变化，变化无处不在”、“我们要及时行孝”等道理。虽然大部分学生只能用中文回答该问题，但不影响学生思维的培养和人文素养的渗透。此外，教师的反馈话轮中采用了点赞策略：You are so smart. Good job. 可以促进话轮的自然延续，同时激发学生进一步扩大输出的积极性。有针对性的、层次递进的话轮反馈，实现了更多话轮的保持和话轮内容的递进与扩展，帮助学生扩宽了思考问题的维度，提供给学生充足的语言实践的机会，极大丰富了该会话的语言承载量，同时也无痕渗透了对学生人文素养的培养，实现英语教学的工具性和人文性的双重性质，一举多得。

四、艺术化纠错——助推话轮更迭，丰富会话语料

英语课堂教学中，有效纠正学生的语言表达错误是一个极富挑战性的工作。有的教师直接生硬的纠错，导致学生学习兴趣的缺失。有的教师忽略学生的语误，导致学生无法及时意识到自己的错误而习惯性犯错。有的教师课后才指出学生的语误，导致学生没有及时记住自己的失误。纠错中，教师要善于在会话中适时更正学生的错误，让学生在与教师的交流中自主意识到自己语言的失误，并及时更正。

【案例 4】主题：Abilities（适合一年级学生）

T: What can you do?

S1: I can swimming.

T: I see. You can swim. And I can sing. Can you sing?

S1: Yes, I can sing.

T: What songs can you sing ?

S1: I can sing “Do Re Mi”.

T: Can you sing it now?

S1: OK.

该案例中，对待学生的错误，教师以重复学生的话 You can swim. 让学生意会。并利用 I can sing. 再次告诉学生 can 的正确使用方法。以 Can you sing? 让学生回答，再次操练和巩固了 can 的句型，这样让学生明白 can 的正确表达方法的同时，不会让学生感到尴尬和紧张。同时教师捕捉到学生的课堂生成，学生的即兴演唱会让学生对今天的错误回味无穷，印象深刻。

【案例 5】主题：My holiday（适合四年级学生）

T: Where did you go on your holiday?

S1: I went to Hainan.

T: How did you go there?

S1: I went there by sheep.（误将 ship 都成 sheep，其他人捧腹大笑）

T:（在黑板画了一只大绵羊）Oh, can your sheep go on the sea?

S1: Oh, sorry. I didn't go by sheep. I went by ship.

该对话中，教师没有用中文告诉学生 sheep 的意思，而是利用简笔画反问 Can your sheep go on the sea？让学生立刻察觉出自己的语误，并及时修正。这样不仅起到话轮延续和促进学生思考的效果，也使师生关系更加和谐和自然。

艺术化的纠错，不仅可以缓解学生的紧张情绪，同时可以让学生在与教师自然融洽的交流中自己悟出并及时纠正自己的语误，让纠错在师生丰富的话轮中无痕进行。

五、多样化恳请——明晰话轮分配，扩大参与广度

英语课程标准强调优化课堂教学。课堂教学的优化一定程度上取决于教师课堂教学的调控与组织能力。课堂中教师对话轮的合理分配则是教师的调控与组织能力的主要表现之一。课堂话轮分配是指教师通过指定某人接替话轮或把话轮出让给全班的方式把话轮分配给学生。[①] 课堂话轮的分配决定了学生参与会话的广度。话轮分配有三种表现方式：个人恳请、全体恳请和小组恳请。个人恳请是指教师通过点名或体态语示意某个学生回答，接替话轮。全体恳请是指教师把话轮权放给全班学生，任何学生有意愿接替话轮的都可以回答。小组恳请是指教师通过学生两两合作或四人合作等小组合作方式，讨论、互助完成语言任务。

【案例 6】主题：Spring Outing（适合三年级学生）

T: Boys and girls, let's share a chant: Spring outing is coming. I'm going to visit the zoo... What's the chant about? You please.

S1:Spring outing.

T: Great. It's about the spring outing. In the chant, what is he going to do?

Ss:（举手）He is going to visit the zoo/ eat some fruits…

T: Right. What are you going to do for your spring outing? And why?Let's discuss with your partners.

---

① 史航．英语课堂教师分配话轮的技巧 [J]．教学与管理，2009(09):131—133.

Ss:（小组讨论后）I am going to climb the mountain and take some photos. Because it can be good for us… .

T: That's great. You have your own ideas. But we should choose the best one. Discuss again and choose it.

Group1: We are going to barbecue. Because we never barbecue before.

Group 2: We are going to barbecue too. It's funny…

T: OK. Let's barbecue for our spring outing.

该案例中，笔者采用了个人恳请、全班恳请、小组恳请、个人恳请和小组恳请的结合等方式。What's the chant about? 点名 S1 回答，是个人恳请，直接切入主题。In the chant, what is he going to do for a spring outing? 将话轮权放给全班的学生，是全体恳请，鼓励每个学生参与话轮。What are you going to do for your spring outing? 将话轮权放给小组，实现小组恳请。讨论结束后，个别提问，实施个人恳请，及时反馈学生的想法。针对学生的想法，笔者以 Why? 引导学生谈谈原因，为再次的小组讨论打下伏笔。接着，学生继续小组讨论，选择一个最佳的方案。学生的反馈话轮不是个人意见，而是小组讨论的结果，这也是小组恳请的方式之一。多样化的恳请方式，点面结合的多样的话轮分配，特别是小组恳请和小组恳请与其他恳请方式的结合，让全体学生都能参与会话，把握话轮权，体现了关注全体学生的理念，扩大了话轮参与的广度，从而丰实了会话的语言面和语言量。

以上导入、提问、反馈、纠错和恳请的五种方法，能有效促进学生在会话中更多话轮的保持和转换，促进会话中语言的广度、密度和深度的挖掘，提高会话的语言承载量，从而有效扩大语言的输出量。

会话是言语之间最自然的行为。话轮是会话最基本的单位。语言承载量是会话的基本要素。教师只有努力提高学生的话轮意识，抓住一切课堂生成，不断促进更多话轮的保持、转换和递增，才能实现会话中语言承载量的提升。

第四章

延展：多方拓展，丰富语言，聚焦主题巧用语言

英语课程标准指出：学生通过英语学习和语言实践活动，要逐步掌握英语知识和技能，培养和提高语言综合运用能力。教师要为学生提供具有生活性、时代性和文化性的课程内容，要为学生营造良好的英语课程实施环境[①]。要培养学生学以致用的能力，就必须在新知识掌握的基础上，设计语言拓展活动，为学生提供适当的辅助手段，充分激活学生已有的大量的知识储备、生活储备、经验储备、兴趣储备等，达到新旧知识的有机梳理整合和有序融通，并适当拓展学生语言习得的时空，培养学生运用英语思维和大容量语言输出的交际能力。而建构主义在学生的语言拓展活动中起积极的促进作用。它为学生新旧知识的融会贯通搭建了平台。建构主义认为，学习是学生主动建构的过程。知识是学生在自身原有认知结构的基础上，整合和运用新知识，新信息建构而来的。[②]因此教师要为学生信息的建构提供有效的支架和帮助，使学生在适当支架和辅助工具的帮助下，建构语言，实践语言和运用语言。

第一节　切适视角，准确着眼

建构主义视角下的小学英语语言拓展活动是指基于小学英语课程标准，针对该课教材文本的教学内容，教学重点和难点，紧密结合学生的具体学情（包括学生已有的知识储备、已有的生活经验、兴趣爱好、年龄特点等），设定该活动适切的教学目标，在课堂上或增加语言量，或整合同类或高一层次要求的教学内容，以支架和策略为扶手，引导和辅助学生在支架的帮助下，

① 中华人民共和国教育部．义务教育英语课程标准 [M]. 北京：北京师范大学出版社，2011.

② 常宏．建构主义英语教学观的解读 [J]. 黑龙江高教研究，2011（07）：182—184.

有机梳理新旧知识，大容量整合所学，根据主题有目的地进行大容量的语言输出，真正实现学以致用。建构主义包括支架式教学和抛锚式教学，无论哪种教学方式，都强调教师要为学生语言的拓展提供适当的帮助和扶梯，这样能更有效培养学生的语言梳理、语言整合和语言建构能力，培养学生的自主学习能力，从而达到学以致用的目的。

一、建构主义切入小学英语语言拓展活动的适切性

建构主义（constructivism）是学习理论从行为主义到认知主义以后的进一步发展。建构主义的基本观点大体概括如下：第一，学生的认识具有较强的主动性，认识是由学生主动构建的，而不是外界被动给予的。学习是学生主动获取知识的过程，是学生在一定的语言情境中，借助其他人（教师、学习伙伴等）的协助，借助必要的学习资源，通过意义建构的方式而获得的。第二，学生的认识具有讲究性。学生在认识和学习知识的过程中，不是去发现对立与他们头脑之外的知识世界，而是通过先前个人的经验世界，重新组合且建构一个新的认知结构。① 以建构主义为视角切入小学英语语言拓展活动，可以激发学生的内在学习动机，使学生能在教师的引导下，自主地、主动地梳理语言、整合语言、使用语言、拓展语言，使学生不仅能够体验学习英语的快乐与成功，还可以培养他们自主学习能力、创新能力、发散思维能力和合作学习能力。

二、建构主义视角下的小学英语语言拓展活动原则

英语教学是门艺术，需要在教师教学经验的基础上进行个性化的调整。而有效开展小学英语语言拓展活动，不仅需要教师的教学经验和教学智慧，还需要遵循以下原则：

1. 适切性原则

英语教学的最终目的是为了学生的成长和发展。教学目标是一切教学活动的出发点和最终归宿，是教学活动的核心和灵魂，是整个英语课堂教学行为的导向。英语语言拓展活动要以教学目标为准绳，要从学生的具体学情出发，所设计拓展中内容、拓展的难度、拓展的范围、拓展的容量、拓展的深度均要考虑到学生已有的相关话题的知识储备、能力储备、生活经验、兴趣动向等，不能盲目地拓展和拔高。拓展活动的设计要着眼于学生的最近发展区，要在学生知识、见识和能力都可接受的范围之内，适当、适度整合相关

① 袁丽娟．建构主义视野下幼师英语课堂教学改革探索 [D]. 山东：山东师范大学，2013.

内容，以达到“跳一跳、摘苹果”的效果，否则将挫伤学生学习自信心和学习积极性，增加学生学习的焦虑度。

2. 整合性原则

系统论认为，整体大于部分之和，英语教学是否有效，和教学的整合容量与整合程度有密切的关系。英语拓展活动富含多元要素，例如拓展的教学目标、拓展的讨论话题、拓展的交流线索、拓展的顺序条理、拓展的旧知储备、拓展的新知内容、拓展的文化渗透、拓展的方式方法、拓展的支架准备、拓展的度的把握、拓展中的思维训练、拓展的互动方式等，这些要素相互联系、相互影响，相互制约。教师必须要重视这些多元元素之间的有机梳理和有机整合，要将这些多元元素以话题为中心，以教学目标为目标，以学生现有的储备为基础，以学生可达到的预测目标为愿景，以新旧知识的大容量有效整合和有机融通为手段，以文化品格和思维品质的培养为结合点，进行适当的知识方面、见识方面、能力方面的纵向和横向的拓展整合。

3. 工具性原则

建构主义强调要设置与学生学习和生活经验背景相关联的整体问题情境，让学生围绕基本概念和中心话题，自主选择解决问题的途径，开展学习活动。支架式教学强调教师要为学生提供相应的支架给予学习的支持。抛锚式教学强调教师要为学生提供思考和解决问题的机会和平台，要把问题抛锚于有意义的问题情境中，以帮助学生发展有效解决问题的能力。因此教师是否为学生的语言拓展活动提供相应的文本解读、知识帮助、线索提供、框架梳理、脉络诊断、策略辅导、解惑帮助等必备的支架支撑和帮助，至关重要。只有这些必要的支架工具和手段支持，才能减轻小学英语语言的拓展的难度，才能为学生提供方法，实现授人以渔。

4. 达成性原则

英语语言拓展活动要体现适用、实用、灵活、可达成。语言拓展活动要着眼学生的最近发展区，立足学生的现有发展区，以紧扣教学目标，以话题为切入点和中心，对新旧知识进行有条理的梳理和分类，并依据话题和线索进行有目的地删选和有机地融合。提供学生较为真实的情境，使语言知识、语言技能、情感态度、文化意识、思维品质等相互影响和渗透，最终实现预设的教学目标。

第二节　依托导图，理性拓展

英语课程标准强调培养学生学以致用的综合语言运用能力。语言的综合运用与语言操练、语言实践、语言巩固、语言拓展等环节息息相关。语言拓展环节更是新旧知识融会贯通的桥梁，是培养学生综合语言运用能力的要素之一。英语学习具有明显的整体性、渐进性和持续性。英语课程应按照学生的语言水平及相应的等级要求组织教学。① 建构主义强调教师要依据学生的具体情况提供适时、适当的帮助、支持、指导或信息输入，以学习支架促进学生语言的学习。建构主义理论强调以学生为中心，强调学生的主动探索、主动发现和对所学知识意义的主动建构。② 因此建构主义视角下的小学英语语言拓展活动设计要通过为学生最近发展区搭建平台和扶梯，帮助学生有机梳理话题语言，有序整合语言和教学内容，从而极大丰富和拓展语言输出，实现学用结合。

教学是学生在教师的引导下，主动、科学、有序、高效地开展学习活动，从而促使其身心获得相应发展的过程。③ 即教学是师生与生生之间的一种良性互动关系。这离不开学生积极、主动的参与。思维导图是一种以可视化的图形手段来激发思维和整理思维的工具，是人们将某一领域内的知识元素按其内在关联建立起来的一种可视化语义网络。④ 它按照人的自然思维习惯，将放射性思考图形化，是对人的思维过程的记录，能帮助学生对特定主题建构的知识结构进行视觉化表征。⑤ 思维导图是不仅仅是学习和教学的工具，更为师生间与学生间的互动提供了桥梁，它包括双方外部的生理活动和内部的心理活动。思维导图能为教学提供快速、便捷、有效的途径，能形成良好的教学氛围、构建和谐的师生关系，思维导图在语言拓展活动中的巧妙运用，为学生的知识梳理和逻辑梳理搭建知识框架，有利于学生语言输出时语言承载量的提升，从而促进学生的健康成长。

【案例 1】教学主题：An Unforgettable Experience

教学内容：Amy 上周末在儿童剧场的所见所闻。She went to the children's theatre last week. In the theatre, the men wore women's clothes. The women wore men's

---

① 中华人民共和国教育部．义务教育英语课程标准 [M]. 北京：北京师范大学出版社，2011.

② 肖玲．大学英语拓展课程理论与实践 [J]. 高教探索，2012(04):84—86.

③ Buzan B. The Mind Map Book[M]. BBC Books, 1995.

④ 尚卫平，赵国庆．关于“概念图”与“思维导图”的调查研究 [J]. 信息技术教育，2005(10):48—50.

⑤ 东尼·博赞．思维导图——大脑使用说明书 [M]. 北京：外语教学与研究出版社，2005.

clothes. The actors told lots of jokes...[①].

拓展设计：根据课文文本内容，首先教师通过 Where did Amy go last week? What did she see? When did she go to the restaurant? What did she eat? 等问题先引出思维导图（见图 4-1）的虚线 1 部分。该部分导图是内容梳理型思维导图，它是指根据教材的具体内容和教学重点与难点，梳理出几个知识块，然后根据每个知识块，找出相应的知识点，帮助学生理解教材的一种思维导图。[②] 该导图对课文文本内容的线性梳理，有利于学生对教材内容和教材重难点的理解和把握。其次设计活动"谈论 Amy 难忘的经历"，让学生根据虚线部分的导图复述教材文本内容，扎实巩固文本知识，为后续的拓展做铺垫。接着引导学生梳理出"谈论 Amy 难忘的经历"中涉及了 Who?（Person）、When?（Time）、Where?（Place）、What?（Events）？五个维度。然后继续引导学生根据自己的经历，谈谈一件经历还可以涉及什么内容，引出了服饰、交通工具、花费时间、感觉等更多的维度，这时再让学生谈论自己的一件难忘的经历，学生就可以条理清晰地，逻辑严谨地从八个或者更多的维度里有机整合语言。这样的拓展，让学生更理性地分析语言，更有逻辑性地梳理语言，更有侧重性地整合语言，更有梯度性地实践语言，从而实现语言的综合运用和拓展。

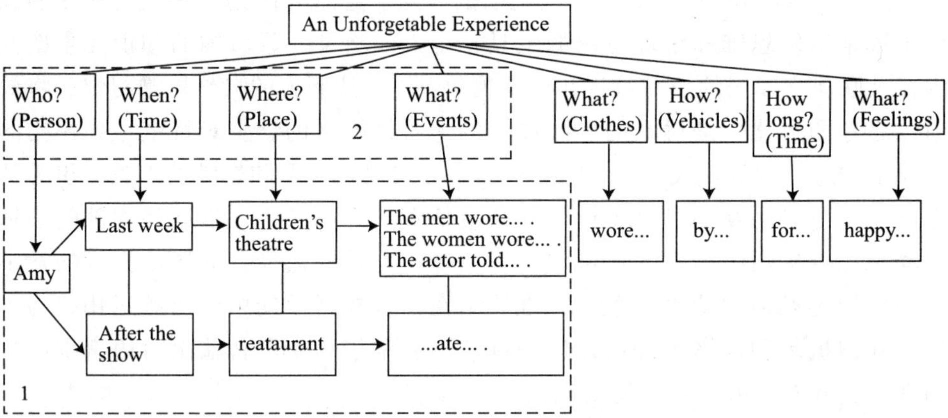

图 4-1　内容梳理型思维导图

【案例 2】教学主题：Give Suggestions For Keeping Healthy.

教学内容：小朋友们为 How to keep healthy? 提建议。

① 陈琳．英语义务教育教科书 [M]. 北京：外语教学与研究出版社，2013.

② 黄芸．思维导图在提升"小学英语口语活动的语言承载量"中的运用 [J]. 科技资讯，2014(36): 143−145.

拓展设计：根据文本内容，让学生先将课文中四个小朋友的建议梳理出来 Eat some... .Drink some... . Do some exercises... . Wash your hands before you eat... 然后先引导学生自主归纳出这些建议是有关 Eating, Drinking, Sports, Living habits 的，从而引出导图的虚线部分。然后让学生按这四个小话题同伴合作补充拓展，提更多的建议，形成结构分层型思维导图（见图 4-2）。[①] 其特点是：图形上下层之间由整体到分块，再到细节，隶属关系层次分明。这样的拓展活动，可以帮助学生这种将之前所学的零散知识点梳理并有序归纳到与“保持健康”这一话题相关的知识块中，从而形成系统的知识体系。这样借助导图的帮助，不仅锻炼学生的发散思维能力和归纳思维能力，同时充分激活学生已有的相关话题的知识储备，使学生有理性地综合运用语言，更理性地提出科学的、合理的建议，实现“用英语做事”的目的。

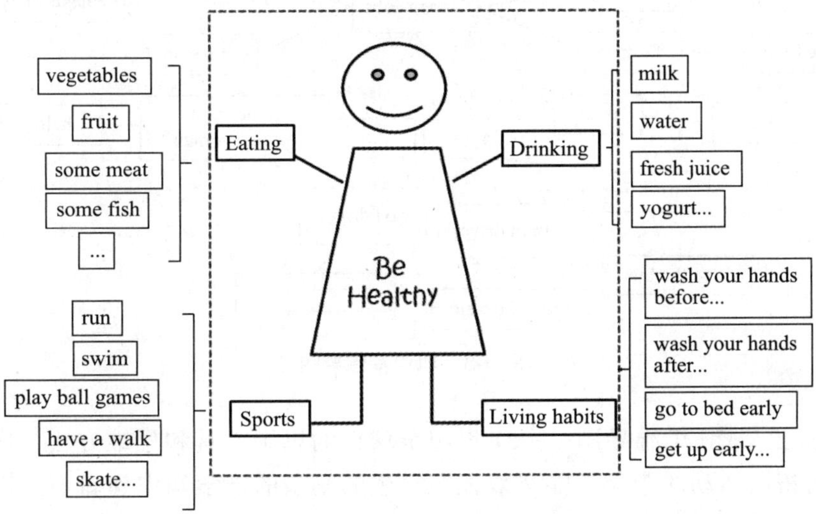

图 **4-2**　结构分层型思维导图

【案例 3】教学主题：Dream Jobs

教学内容：运用 What are you going to be? I’m going to be a... . 谈论自己的职业梦想。

拓展设计：教师让学生进行头脑风暴，对已学过的有关职业的名词进行发散复习，引出了 teacher, doctor, nurse, pilot 等诸多职业名词的复习。然后先运用句型 What are you going to be? I’m going to be a... . 谈谈自己的职业梦想，让学生将句型和职业词结合起来进行交流，有效巩固该课的句型和拓展了诸多

① 黄芸．思维导图在提升“小学英语口语活动的语言承载量”中的运用 [J]. 科技资讯，2014(36): 143—145.

的职业名称。同时，鉴于学生已学过大量的动词词组，因此，笔者将职业动作与职业名称再次进行了关联。即不仅要用 What are you going to be? I'm going to be a... . 谈论自己的职业梦想，还要用 What are you going to do? I'm going to... . 谈论自己这一职业即将要做的事情。这样的拓展，利用导图（见图 4-3）的三个维度，学生可以清晰地梳理出职业与相关动词，这样的拓展，有利于将职业词与相关动词大容量的整合，实现语言的有机整合和理性拓展。

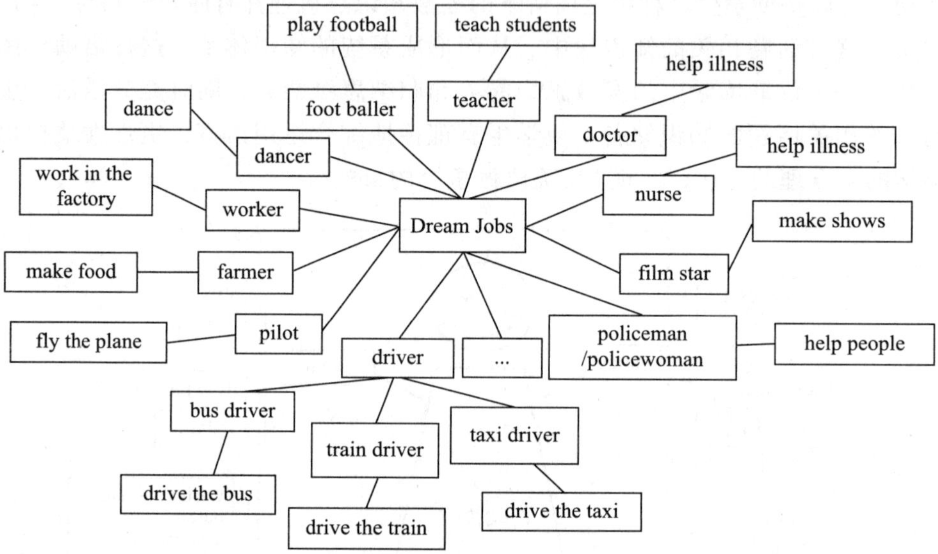

图 4-3 职业梦想导图

总之，依托思维导图——21 世纪全球性的思维工具和思维方法，作为小学英语拓展活动的支架，能有效地在学生的繁杂的已学知识和新旧知识有机融合之间搭建桥梁，为学生更客观地分析文本，更理性地选择语言，更有序地整合语言，更有逻辑地梳理语言，更大密度地丰富语言打好基础，同时还促进了学生的学习能力、理解能力、记忆能力、逻辑思维能力等多元能力的协同发展。对全面提高和发展人的思维能力有着重要的价值和意义。

第三节　依靠兴趣，感性拓展

英语课程标准指出，教学中教师要坚持以学生为本，面向全体学生，关注个体差异，优化课堂教学，教师要充分调动学生的积极性，使学生保持学习英语的信心，体验学习英语的乐趣。[①]建构主义理念下设计的小学英语语言拓展活动，对学生语言的拓展起积极的辅助和推动作用。抛锚式教学是建构主义理念的一种形式，是20世纪90年代研发的教学模式。对于抛锚式教学的定义，国外的专家给出的内涵不同。学习框架说认为：抛锚式教学是一种框架，学生在技术整合的环境里学会接触许多真实的学习内容与过程，他们大多会举一反三,十分重视学习的迁移，在这样的学习框架里，学生的学习往往都是高效率的。教学模式说认为：抛锚式教学是一种教学模式，在这种模式里，师生以真实的问题情境为基础，采取镶嵌式教学及合作式学习，让学生亲自体验到整个问题解决的全过程。[②]教学策略说中以 John D. Bransford,

Robert D.sherwood 为代表的人认为抛锚式教学是一种策略。它可以帮助学生产生学习兴趣，克服惰性。而一篇名为 Enhanced Anchored Instruction（EAI）的文章则认为抛锚式教学极具个性，它突出地强调了抛锚式教学在学生概念性知识及记忆策略方面发挥的作用。[③]还有一位 Mclarty 的学者认为抛锚式教学有利于师生实现经验共享，从而帮助他们更好地展开合作。而本文中，结合国内外学者的观点，笔者认为，抛锚式教学的主要理念是把学习抛锚于有意义的问题情景中进行，以帮助学生发展有效解决问题的思维技能和态度。[④]抛锚式教学强调一切教学活动要围绕学生感兴趣的真实案例或真实情景展开。正所谓兴趣是最好的老师。建构主义视角下的小学英语语言拓展活动可以从学生真实的兴趣点，真实的好奇点，真实的热衷点出发，在教师支架的帮扶下，学生感性拓展语言，有感而发。

【案例 1】教学主题：Kangaroos

教学内容：有关生活习性的文章：Kangaroos live in Austraila. They eat grass and leaves... .

拓展设计：教材文本只涉及袋鼠的居住地，若干饮食情况，和若干外形

① 中华人民共和国教育部．义务教育英语课程标准 [M]. 北京：北京师范大学出版社，2011.
② 施良方．学习论 [M]. 北京：人民教育出版社，1994.
③ 福禄贝尔．人的教育 [M]. 孙祖复译．北京：人民教育出版社，1991.
④ 鲁子问．英语教学论 [M]. 北京：华东师范大学出版社，2012.

特点。学习对袋鼠的知识都只是初步粗浅的感知。但学生对袋鼠这一动物的兴趣却很浓。因此根据学生的兴趣点，先让他们自己上网查询更多有关袋鼠的知识，学生根据自己感兴趣的方面，梳理了有关袋鼠外形特点、不同区域的袋鼠颜色大小、袋鼠在澳大利亚的不同居住地、袋鼠保育袋的特点和作用、袋鼠如何跳、袋鼠妈妈如何喂奶、袋鼠爸爸和袋鼠妈妈的区别、小袋鼠的生活习性、不同区域袋鼠的身高体重、生活习性、饮食特点等等（见图 4-4），然后教师再让学生观看一两段有关袋鼠拓展内容的视频，让学生有更直观的视觉冲击。接着让学生根据自己的兴趣点谈论袋鼠，看谁说得越多越好。教师给予的支架就是视频的提供、教师的示范和若干关键句式如 They eat... . They drink... . Its hobby is... . They can... . 的给予。乍一看，这个拓展活动没有太多的语言框架的限制，支架似乎没啥作用，但支架式教学不仅要求教师给予学生提供辅助的教学支架，还要帮助学生拆除支架，使学生在语言的实践和运用中，不永远依靠和依赖支架。该拓展活动是比较发散的活动，视频的给予只是给予学生更多的感官刺激，同时教师所提供的视频会更切中主题和要点，比学生泛泛而谈的网上材料而言，会更直接和有针对性。教师的示范是为学生的语言输出提供学习模板，让学生适当模仿和借鉴。教师提供的若干关键词是考虑到中小学生的学习需求，因此给予适当的关键词提示和帮助。该拓展活动没有太多的语言框架的限制，所拓展的内容均由学生的兴趣点而设，即即兴而发、即兴而说。学生的兴趣点广泛，学生所查询的资料丰富，学生的语言的整合和梳理密度就非常高，学生的语言输出量自然而然就非常大，该活动有效锻炼了学生自主学习能力、自主组织语言的能力、大密度整合语言的能力、逻辑思维能力等。

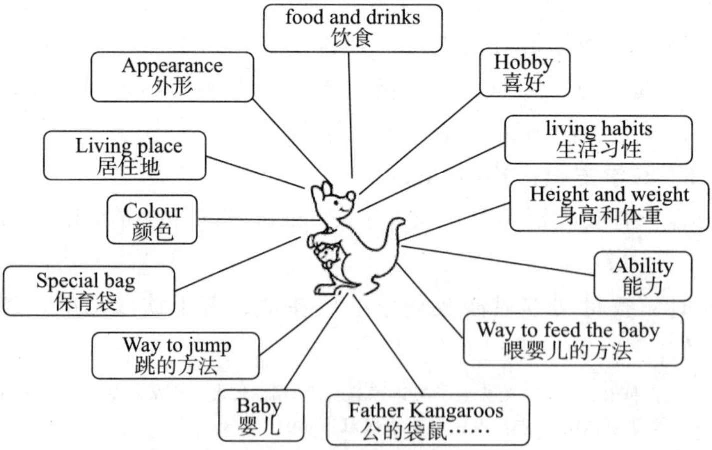

图 4-4　袋鼠

【案例 2】教学主题：Australia

教学内容：有关澳大利亚动物的若干知识。

拓展设计：教材文本非常简单地描述了主人公喜欢的动物是考拉和袋鼠，因为他们非常的可爱，涉及的句子仅是 I love Australia, because I love kangaroos and koalas. They are very cute. 如果一节 40 分钟的英语课后学生的语言输出仅仅还是这么两句话，那么 40 分钟的课堂教学内容就显得太过于单薄和简单了。因此笔者从学生感兴趣的点出发，问问学生想了解澳大利亚什么方面的内容？学生感兴趣的方面很多，如澳大利亚的动物中考拉和袋鼠的生活习性、外形特点、能力、饮食等情况等，澳大利亚的其他动物鸸鹋、绵羊等的特点是什么？澳大利亚被称之为羊背上的国家，是何寓意？澳大利亚的国徽？澳大利亚人民的语言是什么？澳大利亚有什么美味佳肴？澳大利亚有何著名的景点？澳大利亚的首都是哪？澳大利亚人喜欢的运动有哪些？……学生的兴趣点如此之多，知识的内容已远远超过课文文本中所涉及的内容，所涉及的语言知识点也远远不只 I love... . Because... . 这一句型。经过学生大量的上网查询资料和自主筛选和重组资料，自主梳理信息和语言知识，极大丰富了学生语言输出的语言承载量，促进学生综合运用语言、学以致用的能力。

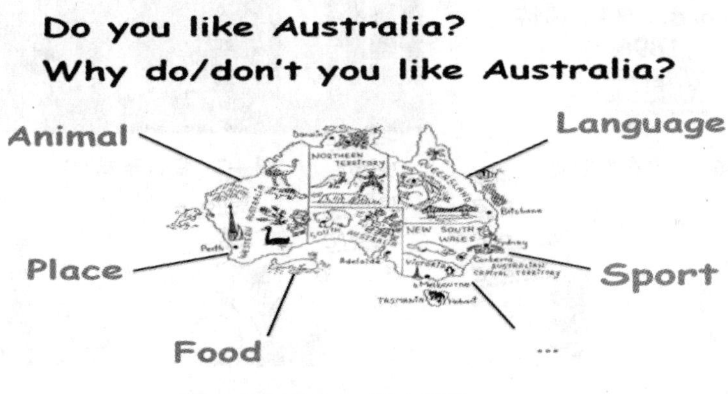

图 4-5　澳大利亚

【案例 3】教学主题：Inventions

教学内容：中国造纸和印刷的发明，西方小汽车和自行车的发明

拓展设计：由课文文本小汽车和自行车的发明者的介绍中，学生对发明创造这一主题非常感兴趣，于是根据学生的兴趣点，自主选择小汽车发明史（见图 4-6）或自行车发明史（见图 4-7）的视频，自主观看，拓展其文化背景和文化知识，拓宽学生的视野，同时让学生对该发明的历史背景也有更多的了解。在此基础上，让学生尝试运用 Look at the man beside the car. He invented this car. He was born in1896. He was from the U. S.... . 描述发明史中不同的发明者的资料，适度拓展语言。接着当学生熟练地运用句型描述这些发明史中不同的发明者的资料后，笔者不满足于课文中小汽车和自行车这两个发明的拓展，而是将中方发明和西方发明以绘本的方式（见图 4-8）呈现给学生，学生可选择至少一样自己感兴趣的发明，阅读该发明的内容，然后综合运用所学交流和讨论自己喜欢的发明及介绍其发明者。该拓展活动以学生的兴趣为出发点，自主选择的空间很大，学生可任意选择自己喜欢的内容阅读和交流，同时还可以在之前环节的句型内容中再适度增加语量。例如 Look at the man beside the kite. He was Mo Zi. He was from China.He invented this kite. It was great... . 这样的语言拓展，学生乐意参与，积极参与，主动参与，学生也非常愿意将自己所感兴趣的内容与他人分享，极大提高学生语言拓展和语言交流与互动的主动性和有效性。

图 4-6　小汽车发明史

图 4-7　自行车发明史

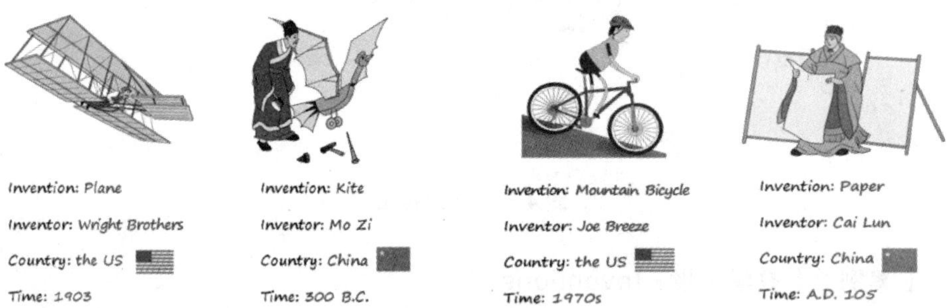

图 4-8　绘本

【案例 4】教学主题：Changes

教学内容：运用 There were... then. They are... now. She/he was... then. She/He is... now. 描述 Lingling 及其主父母外形的变化

拓展设计：笔者提供笔者自己、笔者的儿子、姚明、TF boys 四个人物的若干图片（见图 4-9），或者学生自己提供喜欢的人的照片，让学生根据自己感兴趣的程度和已有的知识储备，选择其中一个人物，根据图片和关键词提示，运用句型描述人的变化。同时教师对变化的内涵进行了分层，不仅可以讨论外表的变化（基本要求），还鼓励学生在小组讨论互助下，发挥想象，谈谈能力和年纪等变化。该活动体现了“扬长”和“尊重”。在图片的选择上，充分考虑到学生的兴趣，尊重了学生的个性选择。关键词的提供和变化内涵的分层，充分考虑到学生的学习能力和学习程度，特别对潜能生而言，关键词的提供和分层教学，对他们的语言输出起到极大的辅助作用，有助于他们扬长避短。此拓展活动尊重了学生真实的个体需求和个性选择，促进不同学习程度的学生不同程度地“扬长避短”，同时使句型和形容词得到及时的运用，也拓展了更多的人的变化，让学生学以致用。

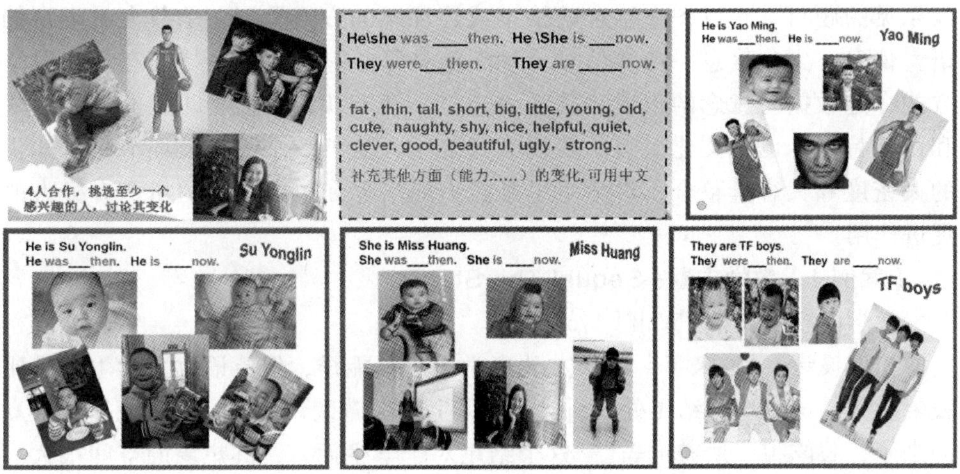

图 4-9　变化

鲁迅说过：没有兴趣的学习，无异于一种苦役；没有兴趣的地方，就没有智慧和灵感。有了兴趣，学生的学习就能变“苦学”为“乐学”，变“怕学”为“好学”，变“厌学”为“爱学”。以学生的兴趣点为拓展的落脚点，正是立足于“抛锚式教学中一切教学活动要围绕学生感兴趣的真实案例或真实情景展开”为理论依据，将学生的兴趣点和学生的语言知识、语言技能、思维训练、文化拓展等整合在一起，极大激发学生参与该拓展活动的内驱力，不仅使学生的综合语言运用能力和自主学习能力得到有效的训练和提升，也极大丰富了学生的见识，拓宽了他们的眼界，丰富了他们的文化内涵。

第四节 依借想象，随性拓展

支架式教学强调教师要为学生提供支架，桥接新旧知识和认识，要基于学生的经验背景提供相应的教学内容情境，帮助学生通过改写、改编、表演等多样的形式重组课文，发展元认知学习策略。①故事教学是根植于学生的生活情境，培养学生的想象能力的重要一环。《现代汉语词典》对故事的定义："真实的或虚构的用作讲述对象的事情，有连贯性，富吸引力，能感染人。②"而英语故事教学则是让学生以图文结合的方式接触有较完整意义的英语故事素材，从中理解故事内容，感悟故事寓意的教学方式。故事本身就是学生喜闻乐见的题材，它以图文结合的绘本或连环画的方式呈现，承载大量丰富的语言信息、文化信息、情感信息、生活信息等。它是一种独特而有趣的思维方式，是数据与意念的组成。其话语连贯，情节跌宕，合乎儿童的学习方式和认知特点，也是文化灵魂的表现方式之一，故事教学的拓展环节，对知识的大密度和大容量整合，对学生思维能力的培养和想象空间的拓宽有极大的促进作用。

【案例 1】教学主题：Sequel The Story

教学内容：故事"Wolf！Wolf！"

拓展设计：《狼来了》的中文故事学生耳熟能详，但英语故事学生还是比较陌生的。该故事的结尾处只讲到"小男生屡次撒谎，最后一次撒谎后，狼真的来了，狼吃掉了所有的羊。"这个结尾对于学生而言，其想象的空间很大。教师可以让学生尽情发挥想象，续编故事，并表演故事。有的学生会按大家熟悉的《狼来了》的故事往下说，这样的故事当然比较没有新意。但更多的学生是奇思妙想。有的说这个看羊的小男孩仍不改撒谎的坏毛病，结果像匹诺曹一样长出长鼻子了；有的说狼把这看羊的孩子也吃了，它刚吃了这孩子，人们就急忙把狼的肚子剖开来，把小男孩给救了，从此以后这男孩变得懂事，再也不撒谎了，而且还特别乐于助人……学生天马行空的故事结局，只要言之有物，且能自圆其说，都是一个不错的故事结局。续编故事的语言拓展活动，为学生提供了充足的想象与联想的空间，为学生提供了展示与表演的舞台，展示了学生天真灿漫的童真，也让整节课意犹未尽，而此时学生的综合整合语言、组织语言、表现语言、利用语言表演等能力得到有效的提升。

① 鲁子问．英语教学论 [M]．北京．华东师范大学出版社，2012.

② 贾冠杰，马寅初，姜宁．中学英语教学心理研究 [M]．长沙：湖南师范大学出版社，1999.

【案例 2】教学主题：Making The Story

教学内容：看图编故事

拓展设计：教师提供四幅图（图 4-10），该图片中均有一个关键词。学生根据图的内容展开想象，看图编故事。这个对学生的想象力有极大的挑战，学生可以天马行空地编故事，只要故事的前后逻辑顺序合理，语言运用恰当、准确，语言表述自然、生动就可以，越是奇思妙想，越是精彩纷呈。该拓展活动不仅让学生编故事，还得表演故事，这样学生的综合语言运用能力，表演能力，逻辑思维能力，想象力，联想力等均得到不同程度的训练和提高。

图 4-10①

【案例 3】教学主题：Guess the animals

教学内容：通过手影学习若干动物名称

拓展设计：教材的主体文本是通过手影用 What's this? It's a... . 句式学习一些新的动物名称。但实际上在此之前，学生已经学习了不少动物名称，也学习了若干形容词和身体部位的名词。因此笔者利用双关图（见图 4-11），让学生充分发挥想象的空间，尽情联想和猜测。例如：

T: What can you see?

S: I can see an elephant.

T: What has it got?

S: It has got a long nose and two big ears.
What can you see?

T: Oh, I can see a horse. It's strong and white. It can run fast. Do you like horses?

S: Yes, I do.

① 陈琳，鲁子问．英语（新标准）（一年级起点）义务教育教科书 [M]. 北京：外语教学与研究出版社．2013.

双关图是指一个图形可以同时解读为两种不同的物形，并通过这两种物形之间的联系产生意义，传递高度简化的视觉信息。双关意味着图形牵涉到双重解释，一重是表面上的意思，一重是暗含的意思，画册设计而暗含的意思往往是图形的主要含义所在，言在此而意在彼。双关图可以有效锻炼学生的视力和辨别能力。这个活动在有限的时间内找出动物，非常有挑战性，也相对有趣，激发学生主动参与活动积极性和挑战心。在发现动物的过程中，教师有意识地将以往所学的知识融入其中，引导学生观察动物的特点，并进行表述，达到丰富话轮，丰富语言承载量的目的，从而培养了学生的综合整合语言的能力。

图 4-11　双关图

爱因斯坦说过：想象力比知识更重要，因为知识是有限的，而想象力概括着世界的一切，推动着进步，并且是知识进化的源泉。严格地说，想象力是科学研究中的实在因素。利用故事教学中的语言拓展活动，让学生依借想象，随性而谈，可以让学生感悟故事所得，可以让学生改编故事内容，可以让学生续编故事，可以让学生补充故事结尾，可以让学生创编新故事……只要学生所谈言之有物，言之凿凿，自圆其说，条理清晰即可，这样的拓展活动，教师给予的支架也许只是若干的图片，若干的关键信息，若干的引导，但只要教师善于引导，充分激发学生的想象空间，学生就可以得到大量的语言实践的机会和平台，学生的综合语言运用也随之得以提升。

第五节　作业延伸，迁移拓展

英语课程标准指出：科学的评价体系是实现课程目标的重要保障。[①] 课后作业是指教师给学生布置的课外完成的功课，是教学工作不可缺少的一个基本环节，是形成性评价的方式之一。优化的课后作业具有巩固与延伸的功能，培养与发展的功能，以及反馈与交流的功能。它是课堂教学的有效延伸、补充、拓展与深化，是教师衡量课堂教学效果的一种重要手段，也是学生巩固课内所学的一种有效方法，能促进学生智力与非智力因素的协调发展，有效反馈学生课内掌握情况，促使教师及时查缺补漏，调整教学方法，提高教学质量，又能为师生提供交流与沟通的平台。

然而目前英语课后作业的布置存在诸多弊端，如作业量多、作业难度一刀切、作业形式单一、机械、作业缺乏促进学生心智的发展和人文素养的提高等弊端，导致学生作业负担过重，学生做作业主动性弱，作业应付了事等问题。笔者就现阶段小学英语课后作业的特点和弊端进行分析，以探寻优化作业设计的原则和方法。

一、课后作业设计中的问题

目前小学英语课后作业设计存在以下几种弊端：

（一）作业量过大

很多教师为了让学生能切实掌握课上所学的内容，布置很多作业。例如：每天抄写单词、词组和句子 10 遍（甚至更多），听读课文每天至少 5 遍，每天布置一张 A4 或 8 开正反面量的练习等。教师们总认为多听、多读、多背、多写、多练，熟能生巧。即使明知作业多了，学生完成的质量欠佳，也总自我安慰："多读、多做总比不读、不做强。""英语是文科，靠的就是多读、多背。"因为教师们生怕作业布置少了，起不到巩固的效果。

（二）作业难度统一

目前，教师在布置英语课后作业时，往往在难度上"统一"，即无论学生学习程度如何，无论学生是否接受得了，所有作业难度"一刀切"，布置相同的作业。例如：所有学生都要求流利背诵课文，默写词句 8 遍，完成相同的练习等。

① 中华人民共和国教育部．义务教育英语课程标准 [M]. 北京：北京师范大学出版社，2011.

这样布置作业的确易于教师操作，简单了事。但学生存在个体差异。作业难度过低，学优生觉得太容易，没挑战性，不爱做。作业难度过高，程度不好的学生觉得难度过大，不会做，因此也不爱做。这样的作业设计不能满足不同学习程度学生的不同需求，也不利于培养学生的学习兴趣。

（三）作业形式单调

小学英语教师普遍都会布置这样的课后作业：复习课文，抄写单词和句子各 6 遍，预习新课，听读 5 遍，完成练习（例如：翻译词句，正确抄写句子，连词成句，选择填空）……日复一日，作业形式始终“专一”和“单一”。

这样重复而机械的抄写，忽略了评价方式的多样性，没有语言运用的情境，不能达到学以致用的效果；而且内容枯燥，形式单一、容易扼杀学生的学习热情。

（四）作业的设计缺乏创造性

小学英语教师布置的大部分课后作业似乎都能轻易地从课文中找出答案，如：She _______(was, is) a driver before. 学生只要一对照书，就可以找出答案的。大部分教师认为作业既然要巩固，就要抓基础，课文内容熟悉了，基础知识就掌握了。而学生也认为只要课文读熟了，单词会背了，句子会写了，就算“我会了”。

诚然，基本知识需要适度地巩固，重点词句需要必要地操练，课文内容需要适当地重复，但语言学习不是仅仅为了机械重复课文内容或重复重点词句，而是要促进学生语言运用能力的培养、促进其心智发展和综合人文素养的提高。这种完全忠实于原文，而没有任何延伸和发挥的课后作业，显然不能有效提高学生的语言运用能力。

鉴于对于以上弊端的思考，笔者认为，优化课后作业设计对于小学阶段的英语教学至关重要。

二、课后作业设计的原则与优化

爱因斯坦说过“教育应该让学生将提供的东西作为一种宝贵的礼物来享受，而不是作为一种艰巨的任务来承担。”。课后作业也应如此。什么样的课后作业设计才能减轻学生的学业负担，提高作业的质量和效率，让学生体验到学习的乐趣呢?

（一）精选课后作业，减少作业量

英语课程标准指出：教师应根据实际课堂教学的目标，设计合理有效的评价活动，及时把握课堂教学目标的落实。评价要服务教学、反馈教学、促进教学[①]。课后作业设计要避免题海战术，不能以量取胜，而要进行精选。

【案例 1】(适合中低年级)：

1. 教材内容：学习 Job 相关词汇和 What are you going to be? I'm going to be a... 的句型。

2. 课后作业设计：

英语课程标准“一级”语言技能要求：能在图片和动作的提示下听懂简单的小故事并做出反应；能根据录音模仿说话；能相互交流简单的个人信息，表达简单的情感和感觉；能看图识字；能正确书写字母和单词[②]。因此可设计以下课后作业：

（1）我是小老师：听读、模仿课文，将模仿得最棒的课文读给爸爸、妈妈听，教教他们。

（2）运用 What are you going to be? I'm going to be a... 的句型，调查了解同学们的职业梦想，在表格中做记录，寻找与你自己志同道合的朋友，下节课汇报。

Name	S1	S2	S3	……
Job	teacher			

（3）选词填空（见图 4-12），完成 Mind-map（分发该练习，以下凡有图表的，均印发该练习）

（nurse　writer　doctor　teacher　driver）

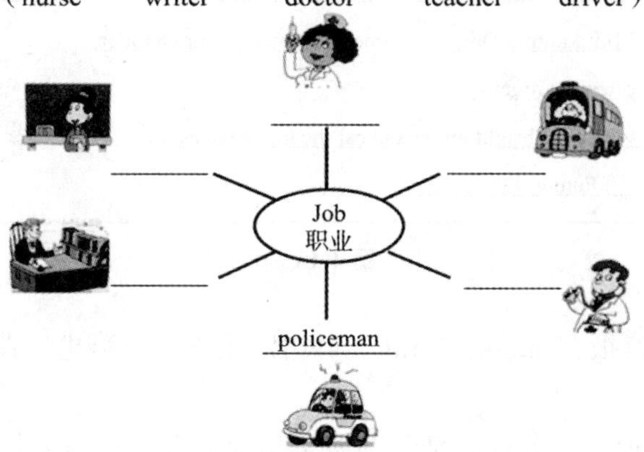

你还会其他的吗？ ______________________

图 4-12

作业（1）增强听读作业的趣味性，激发中低年级孩子强烈的自我表现欲和

①② 中华人民共和国教育部．义务教育英语课程标准 [M]. 北京：北京师范大学出版社，2011.

自豪感；作业（2）让学生在合作中使重点句型得以操练和运用，学用结合；作业（3）改变了机械抄写单词的形式，“图文结合”增强了趣味性，“思维导图”训练了发散思维能力，“你还会其他的吗？”满足了学有余力的学生的需求。

【案例 2】（适合高年级）：

1. 教材内容：学习 Thanksgiving 相关常识（之前学过了若干中英国家的节日）。

2. 课后作业设计：

英语课程标准“二级”语言技能要求：能听懂简单的配图小故事；能在口头表达中做到发音清楚，基本达意；能就日常生活话题作简短叙述；能根据图片、词语或例句的提示，写出简短的语句。英语课程标准“二级”文化意识的要求也提出：要了解英语国家中重要的节假日[①]。鉴于以上的要求，教师可设计课后作业如下：

（1）小小播音员：将自己模仿跟读，或者流利朗读，或者流利背诵（根据学习程度选择）的美好声音录制成磁带，评选最棒的播音员。

（2）模仿 Thanksgiving，介绍 Mid-Autumn Day（见图 4-13），写下来并于下节课交流。（分发该练习）

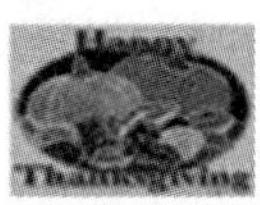

Thanksgiving is in November.
Families are together.
We watch the football game and have the turkey dinner.
We have a lot of fun.

Festival: Mid-Autumn Day　　Time: September or October

Families: often get together

Activities: watch the bright moon and eat the moon cakes

Feeling: Funny

图 4-13

（3）制作小海报：Thanksgiving。可用贴图方式，可电脑制作，可自己动手画，图文并茂。

作业（1）将趣味、分层、动手与鉴赏功能整合，一举多得；作业（2）综合了听、说、读、写的技能。学生须在理解所学的基础上，通过阅读、思考、书写、交流完成此项作业，考查学生综合语言运用能力；作业（3）鼓励学生上网查询大量的材料，增进对感恩节的了解，增强文化意识，培养动手能力。

① 中华人民共和国教育部．义务教育英语课程标准 [M]. 北京：北京师范大学出版社，2011.

课后作业的设计应基于英语课程标准要求，做到“精选”、“实在”，吻合教材内容，紧扣教学目标，才能体现课后作业这一形成性评价的巩固与反馈的功能。

（二）合理设计课后作业的难度

英语课程标准强调：评价应反映以人为本的教育理念，突出学生的主体地位。“各种水平的学生在遇到对自己有意义的、恰当的问题时，必然会进行自我主动地学习”。[①]课后作业的设计，应树立“弹性”意识，考虑每类学生最近发展区的差异，设计难度适宜的自主型、分层型作业。所谓自主型作业，即学生可以自主选择作业的类型和完成作业的方式。分层型作业，即根据学生的差异，分若干难易程度的作业供学生自主选择。

【例 1】（适合中低年级）：

教材内容：学习有关 long, short, big, little 等形容词，并学习用形容词描述人或物。

课后作业设计：

1．必做题：

（1）听音、跟读、模仿课文每天至少 2 遍，如果能听音模仿则得一个星号；能流利朗读得两个星号；能流利背诵得三个星号（可根据自己的程度，选择听音跟读的次数）。

（2）预习新课，听读、模仿至少 2 遍，了解大意。

（以上作业中画线部分和画星号部分均为分层作业，学生可根据自己的学习水平选择听音跟读的次数，以及跟读后要达到的要求。）

（3）看图阅读判断，在相应的括号内√（见图 4-14)，描述其区别（分发该练习）。

		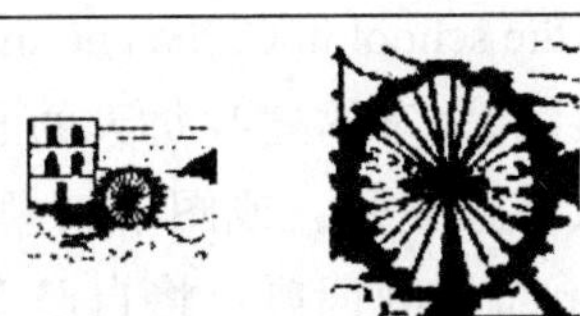			
( ) He is tall. ( ) He is short. ( ) He is thin. ( ) He is fat.	( ) He is tall. ( ) He is short. ( ) He is thin. ( ) He is fat.	( ) It's big. ( ) It's small. ( ) It's round. ( ) It isn't round.	( ) It's big. ( ) It's small. ( ) It's round. ( ) It isn't round.	( ) It's new. ( ) It's old. ( ) It's short. ( ) It's high.	( ) It's new. ( ) It's old. ( ) It's short. ( ) It's high.

图 4-14

① 王才仁. 英语教学交际论 [M]. 南宁：广西教育出版社，1999.

2. 选做题（见图 4-15）：

Golden Eyes（眼力大比拼）：看图找区别，下节课汇报。（Eg. In Picture 1, the clock is tall. In Picture 2, the clock is short… .）（分发该练习）

Picture 1　　Picture 2

图 4-15

必做题是每个学生必须要完成的作业，是紧扣教学内容的最基本的作业。而对于学有余力的学生，可以继续完成难度更高的选做题，满足他们的学习需求。

【例 2】（适合高年级）：

五年级的暑假作业可设计：My Own English Book（内容涉及该年级所学的所有话题）：

1. This is Me.（照片、姓名、年龄、爱好、能力、职业梦想、暑假计划等）

2. My Favourite Festival.（节日的时间、特点、节日里的活动、节日的图片等）

3. Changes.（学校、家或城市等的变化，图文并茂）

4. These are mine.（介绍自己的物品，配上颜色、形状、大小等描述物品特征）

5. Animal show.（介绍各种动物的外形、颜色、能力等）

6. Differences between the school in China and in England.（中英学校差异）

7. My Feeling.（用图片和文字描述我每天的心情变化）

8. Rules.（谈谈班规或交通规则，或图书馆规则，或校规等）

9. 200 Words Dictionary.（自制词典：将自己喜欢的或觉得难的 200 词编制成词典）

以上话题，学生可像超市购物一样自由选择一个完成。制作形式也可自主决定：可画、可写、可贴图、可贴照片、可电脑制作，形式不限，但须图文并茂，内容丰富。制作人数可单独完成，也可 2—4 人合作完成，制作时间两个月。

基于课程标准的课后作业的设计要充分考虑学生不同的学习需求、学习特点、认知方式、认知水平、心理特点和个体差异，最大限度满足个体需求，使学生不断体验英语学习的进步与成功，实现课后作业设计效益的最大化。

（三）灵活设计课后作业的形式

英语课程标准强调：形成性评价应坚持激励原则，充分考虑学生的年龄、心理特征及认知水平，选用合理、多样的评价方式。[①] 因此课后作业的设计要体现趣味性和多样性。

1．趣味型作业

教学是情知过程。兴趣是点燃智慧的火花，是提升能力的前提。课后作业设计要体现“趣”。

【例 1】（适合中低年级）：你能在右图（见图 4-16) 圈出左边方框内的动物单词吗？圈完后写在横线上，并在方框中用画表示它的意思。并运用这些词说一段话。

动词单词：
duck monkey horse
panda, pig, cow, bear

m	d	u	c	k	p
h	o	r	s	e	a
l	g	n	m	r	n
p	l	g	k	a	d
z	c	o	w	e	a
y	q	p	n	b	y

dog  ______ ______ ……

图 4-16

【例 2】（适合高年级）

阅读，为 Three Little Pigs 的连环画故事排序

The three little pigs are making houses. The first one is making the house with leaves. The second one is Making it with sticks. The third one is making it with bricks. A big bad wolf wants to eat the pigs. He goes to the house of leaves and blows it down. He goes to the house of sticks and blows it down, too. Then he goes to the house of bricks. He blows and blows. But he doesn’t blow it down. Then the wolf comes down from the chimney. He is burned with the fire and runs away.

① 中华人民共和国教育部．义务教育英语课程标准 [M]. 北京：北京师范大学出版社，2011.

图 4-17

以上作业，以趣激情，吸引学生眼球，使学生乐于完成作业，并使他们的眼力，画画能力，阅读理解能力，记忆能力，书写能力等得到训练。

2. 实践型作业

英语课程标准强调要通过创设接近实际生活的各种语境，采用循序渐进的语言实践活动，培养学生用英语做事情的能力。[①] 语言来源于生活，语言运用于生活。实践型作业要与生活紧密联系，通过体验、实践、参与、合作等方式，学以致用。

【例 1】我是手工高手（适合中低年级）

教材内容：学习不同主题的词汇，如动作、动物等

课后作业设计：制作主题词汇卡或制作主题面具（可 2-4 人合作完成，也可单独完成），并用英语介绍自己做的手工物品。

【例 2】寻找身边的英语（适合高年级）

教材内容：学习诸多的英语缩写形式

课后作业设计：做摘抄本（1）寻找身边的英语缩写：如 CCTV（中央电视台），KFC（肯得基），M（卖当劳）P（停车场）……（2）寻找身边的英语：如 SINA（新浪）、Safe Guard（舒服佳）、No Smoking（禁止吸烟）、Bank of China（中国银行）、Iphone（苹果手机）、“Live”（直播）、Nike（耐克）、Mickey Mouse（米老鼠）……一个月交流一次。

以上作业，提高学生动手、动眼、动脑、合作的能力，培养他们从生活入手，留心观察的能力。

① 中华人民共和国教育部．义务教育英语课程标准 [M]. 北京：北京师范大学出版社，2011.

3. 运用型作业

英语课程标准指出，英语学习强调学习过程，强调语言学习的实践性和应用性，强调培养学生用英语做事情的能力。[①] 课后作业的设计也要遵循 Learning by doing 的理念。

【例 1】（适合中低年级）

教材内容：学习 nice, good, not bad, work hard… 有关评价的词汇

课后作业设计：根据表格自评，同伴互评，并于下节课用 I'm good at English. I'm not good at Chinese... . 进行自评的反馈。用 Sam is good at English. He works hard at Chinese.... 进行互评的反馈。

（good, not good, bad, try hard, not work hard, loud, naughty, run fast, shy…）

学科	自评	互评
English	Good	Very good
Chinese	Not good	Work hard
Maths		
PE		
ME…		

此作业将英语知识与学科评价很好地整合为一体，既巩固了语言，又对获得不同评价等级的学生有不同的促动作用。

【例 2】（适合高年级）

教材内容：学习周末活动安排

课后作业设计：调查同学的周末安排，看谁的周末丰富多彩，下节课反馈。

此作业不仅巩固所学，同时培养了学生合作意识和客观判断的能力，下节课上的交流更是为他们展示提供了舞台，实现学用结合，学以致用。

4. 探究型作业

萨其曼认为，人生来具有一种好奇的倾向，这种自发的倾向会促使人们在面对陌生的现象时尽力找出其发生的原因。教师可布置给学生发现事物变化规律的探究作业，培养学生运用探究的方法，善于收集建议的态度，留心观察的习惯去合作完成作业。

【例 1】（适合高年级）

教材内容：若干中英学校差异

① 中华人民共和国教育部．义务教育英语课程标准 [M]. 北京：北京师范大学出版社，2011.

课后作业设计：辩论会，谈谈我喜欢的中国学校或英国学校——收集更多关于中英学校差异的信息，以图表或图文的形式呈现，分组讨论“你喜欢中国学校还是英国学校？”并谈谈其原因（根据对不同学校喜爱的分类，选择2-4人一组合作完成）。

此项作业需要学生去合作分工，上网收集诸多的资料和图片，并对材料进行整理、归类、加工、重组；对版面进行排版；对自己小组的观点进行梳理和总结；并通过辩论的方式锻炼口头表达能力。

【例2】（适合高年级）

教材内容：学习形近、音近词

课后作业设计：（合作完成或单独完成）寻找音近、形近词，如 cat, cap; bat, hat; sheep, ship... 寻找同音词 meet, meat; too, two, to... 此项作业，让学生通过自己的寻找、归类、对比，总结，发现其规律或异同，减少他们“犯错”的机率。

基于课程标准的课后作业设计，只有体现“趣味性”和“多样性”，将课后作业与生活，与实践，与学生的手、脑、口、眼紧密结合，才会发挥课后作业这一形成性评价的多元优化的功能。

四、结语

课后作业是课堂教学不可或缺的有益的延伸部分。基于新课程标准下的课后作业设计，应以“课标”为依据，以“减负”、“提质”、“提效”为原则，以兴趣为前提，以任务为中心、以语言为载体，以巩固为手段，促进学生综合语言运用能力的培养和综合人文素养的提升；使学生在完成作业的过程中意识到自己智慧的力量，感受到自己创造的欢乐，体验到自己学习的收获。

第五章

硕果：基于语言运用的小学英语口语活动设计的成果

第一节　口语活动库

一、话题“发明”：基于语言运用的小学英语口语活动案例

（该案例由厦门市观音山音乐学校蔡王莹琪老师提供）

1. 基于语言运用的口语导入活动

【活动 1】

活动名称：Talk about Chinese inventions.

适用年级：四年级

活动准备：

（1）准备歌曲 Chinese people invented paper for us.

（2）学生对已学过的中国发明及其他重要发明的词汇有一定的掌握。

活动目标：

（1）热身复习，活跃气氛。

（2）复习已学过的中国发明及其发明者，为新课文学习西方发明做铺垫。

活动过程：

（1）全班欣赏歌曲 Chinese people invented paper for us.

（2）教师提问：What is the song about? 学生回答：Chinese inventions.

（3）学生两人一组自由讨论：What did Chinese people invent? 教师引导学生从更多方面来进行深入讨论某个发明物：Who invented it? When did he invent?

（4）教师呈现中国四大发明图片及发明的人物、时间等，让学生自编

chant 来描述四大发明。如“Look at the man，look at the man. He invented paper. He was from China.”等，并以此进行课文导入。

活动意义：该活动利用歌曲激发学生的学习兴趣，通过歌曲中造纸术及印刷术的相关信息，引起学生对此话题的兴趣，在此基础上提供更多资料让孩子自主讨论并编创韵律诗，在韵律诗中复习旧句型“He invented... ”，渗透新句型“Look at…”及“He was from…”，引导学生在歌曲及韵律诗中进行学习，为新课学习描述西方发明物及发明者做铺垫。

2. 基于语言运用的口语巩固活动

【活动 2】

活动名称：Introduce the inventors of bicycles.

适用年级：四年级

活动准备：

（1）学生在课文中已了解一款自行车的发明者，已学过“Look at the man… He invented... He was from…”的句型。

（2）学生比较熟练地掌握重要国家及方位词的表达。

活动目标：能运用 Look at the man… He invented... He was from… 来介绍不同自行车的发明者。

活动过程：

（1）观看一段关于自行车发展演变史的视频。

T: The man invented this bicycle. What about other bicycle? Do you want to know? Let’s watch a video.

Ss：Watch the video.

T: So it’s the evolution of bicycle. Do you like these bicycles? Let’s talk about them.

（2）在师生示范后，学生两人合作，每人选择至少一幅图（图 5-1），向同桌介绍喜欢的自行车。教师注意引导学生使用提供的句型：Look at the man _____ the bicycle.He invented this bicycle.He was from ______. 并配合使用方位词：on，beside，in front of…

Eg.（Pic1）Look at the man beside the bicycle. He invented this bicycle. He was from Germany.

（3）请小组起来反馈，介绍不同款式自行车的发明者。

活动意义：此活动通过“介绍不同自行车的发明者”，让学生综合运用课文中所学语言，巩固所学。教师在此环节呈现更多的方位介词及不同的国家，鼓励学生多说。教师通过此活动，学生不仅会介绍课本上的自行车的发明者，还会介绍更多自行车的发明者及其国家方位，更大程度扩充了语言量，学以致用，并在活动中关注个体差异。

图 5-1　自行车发展史

3. 基于语言运用的口语拓展活动

【活动 3】

活动名称：Introduce an inventor and his invention

适用年级：四年级

活动准备：

（1）学生对“Look at the man… He invented... He was from…”的句型已经进行较全面的操练，对方位词的掌握较好。

（2）四人小组一本发明博物馆的宣传册（the brochure of invention museum）

活动目标：学生能够运用所学句型谈论自己喜欢的发明及其发明者。

活动过程：

（1）四人小组共同阅读一本发明博物馆的宣传册（见图 5-2）。

其中有中西方重要发明及其发明者简单介绍，如：

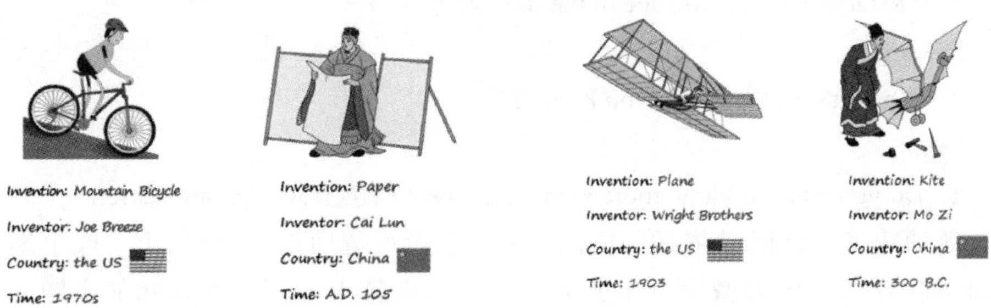

图 5-2

（2）阅读后每人选择至少一个自己喜欢的发明在组内介绍。教师引导学生使用提供的句型，并结合方位词介绍：in，between，beside，in front of，on…

Eg. Look at the man beside the kite.

He was Mo Zi. He was from China.

He invented this kite. It was great.

请学生起来介绍自己喜欢的发明。运用网络，示范如何上网查询自己喜欢的发明及其发明者信息。

活动意义：教师在此环节，通过引入发明博物馆的宣传本这一契机，让学生了解更多的发明者及其发明，引导学生综合运用语言，并满足不同层次学生的需求，实现学以致用。最后将学习延伸至课外，让学生上网查询更多自己想要了解的发明。

二、话题“动物”：基于语言运用的小学英语口语活动案例

（一）话题：辨别动物（该案例由厦门市瑞景小学黄芸老师提供）

1. 基于语言运用的口语导入活动

【活动 1】

活动名称：Know animals.

适用年级：三年级

活动准备：学生对动物词汇有一定的积累。

活动目标：复习相关动物词汇，导入新课。

活动过程：

（1）观看一段有关动物的手影视频，引出主题。

T: Let’s see the movie . What’s the movie about ?

Ss: About animals.

T: Right. It’s about the handshadows of animals.

（2）复习动物名称。

T: What animals can you see in the movie?

Ss: dog... .

T: What other animals do you know ?

Ss:...

T: Do you want to know more about animals ? Let’s learn the new lesson.

活动意义：该活动依托课文的背景“手影戏猜动物”，引出由一段手影视频猜动物导入，极大激发学生的兴趣。由该视频引出了本课动物的主题，也

引出了手影的背景，同时还引出了动物词汇的大量的复习，为新知的学习打下极好的铺垫，一举三得。

2. 基于语言运用的口语巩固活动

【活动 2】

活动名称：Do the handshows of animals and guess.

适用年级：三年级

活动准备：学生对动物词汇有一定的积累。

活动目标：巩固相关动物词汇和句型。

活动过程：

（1）两两合作，一个做手影比动作，一个猜动物，看谁做的手影最像，看谁猜的动物最多（图 5-3）。

（2）小组反馈。

图 5-3　手影

活动意义：手影戏是一种独特的艺术形式，它的表演全部靠手部动作投影的改变，幻化形成各种不同的形象（影像），而不靠任何另外的附加东西去修饰它。手影游戏是学生喜闻乐见也非常感兴趣的游戏，以游戏的方式进行知识的巩固，有利于学生在游戏中巩固新知，寓教于乐。同时锻炼了学生的动手能力和快速反应能力。

3. 基于语言运用的口语拓展活动

【活动 3】

活动名称：看双关图辨识动物

适用年级：四年级

活动目标：通过双关图，运用句型辨识并适当描述动物。

活动准备：学生两人一组，拿到一张图片，先观察 10 秒钟

活动过程：每人说一个动物，然后换下一个人，说得多的同学获胜。

T: What can you see?

S: I can see an elephant.

T: What has it got?

S: It has got a long nose and two big ears.
What can you see?

T: Oh, I can see a horse. It’s strong and white. It can run fast. Do you like horses?

S: Yes, I do.

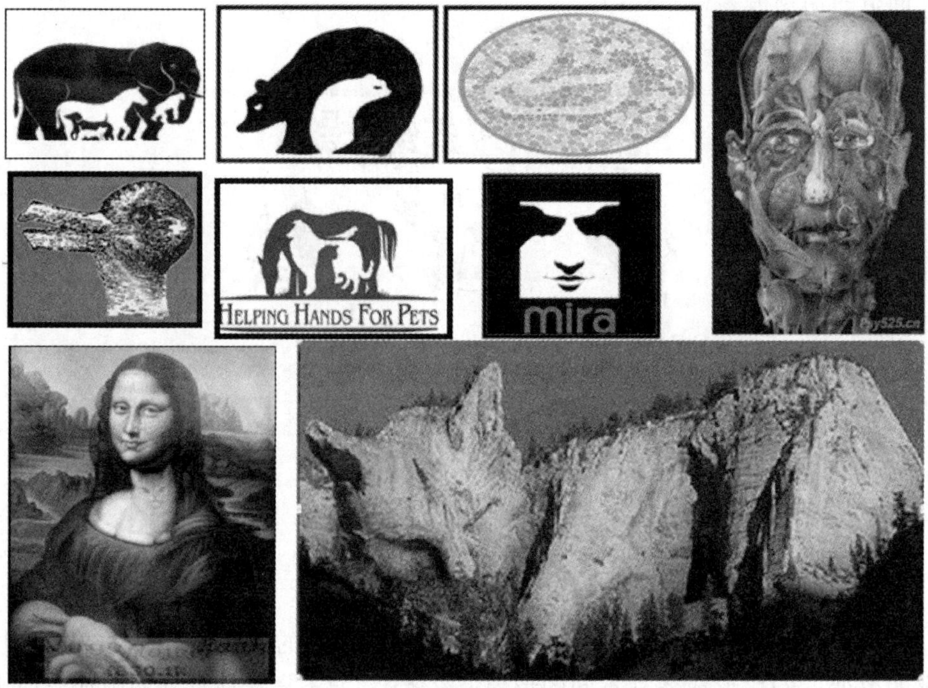

图 5-4 双关图

活动意义：双关图是指一个图形可以同时解读为两种不同的物形，并通过这两种物形之间的联系产生意义，传递高度简化的视觉信息。双关意味着图形牵涉到双重解释，一重是表面上的意思，一重是暗含的意思，画册设计而暗含的意思往往是图形的主要含义所在，言在此而意在彼。双关图可以有效锻炼学生的视力和辨别能力。这个活动在有限的时间内找出动物，非常有

挑战性，也相对有趣，激发学生主动参与活动积极性和挑战心。在发现动物的过程中，教师有意识地将以往所学的知识融入其中，引导学生观察动物的特点，并进行表述，达到丰富话轮，丰富语言承载量的目的，从而培养了学生的综合整合语言的能力。

（二）话题：澳大利亚动物（该案例由厦门市观音山音乐学校蔡王莹琪老师提供）

1. 基于语言运用的口语导入活动

【活动 1】

活动名称：Talk about the reasons why you like/don’t like Australia.

适用年级：四年级

活动准备：该活动前学生对澳大利亚的动物、建筑、城市、饮食等各方面的文化有一定的了解。

活动目标：

（1）热身复习，活跃气氛，导入新知。

（2）通过讨论，了解同伴喜欢或不喜欢澳大利亚的原因。

活动过程：

（1）学生欣赏 kangaroo 及 koala 相关的歌曲。

（2）教师根据歌曲内容引导孩子总结：They are Australian animals.

（3）教师导入：Our friend Amy likes Australia. Because she likes Australian animals. What about you? Do you like Australia? Why or why not?

（4）教师呈现思维导图（见图 5-5），让孩子两人进行讨论分享喜欢及不喜欢澳大利亚的原因，并引导孩子进行更多的话轮。

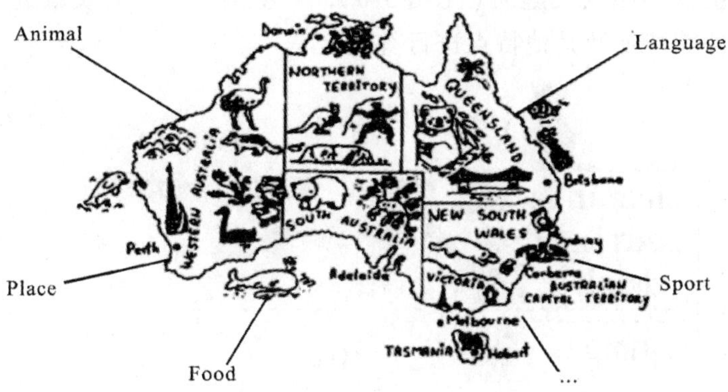

图 5-5

Eg. A: Do you like Australia?

B: Yes.

A: Why do you like Australia?

B: Because I like Australian food.

A: Why do you like Australian food？

B: Because they are yummy.

活动意义：该活动从歌曲引入，利用歌曲中出现的澳大利亚动物，引出上节课的课文内容，让孩子在课文基础上进行拓展讨论喜欢及不喜欢澳大利亚的原因，引导孩子能够通过学习来分享自己的喜好并能够谈论原因，也促使孩子对澳大利亚进行更深入的了解，才能够做到在谈论分享中有话可说。

2. 基于语言运用的口语巩固活动

【活动 2】

活动名称：Talk about kangaroos.

适用年级：四年级

活动准备：

（1）学生在课文学习中已经掌握袋鼠的生活习性及重要特征。

（2）学生对袋鼠的各方面都感兴趣。

活动目标：能够通过导图及关键词的提示，较为完整地介绍课本中所学习的袋鼠的习性及特点。

活动过程：

（1）教师总结出生活习性及特征两个方面。

T: We've talked about their living habits. And these are about their feature. Let's talk about it.

（2）教师提供导图及关键词(见图 5-6)，学生两人一组对袋鼠进行描述，也可适当对其外貌特征及其他特点进行补充。

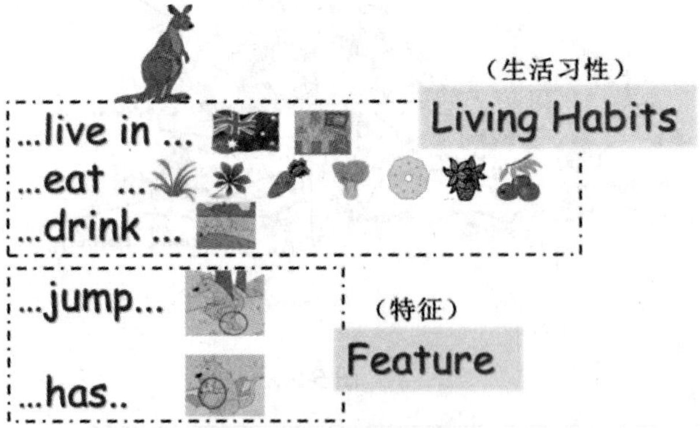

图 5-6

（3）请学生进行描述。

活动意义：教师在文本学习后，通过总结归纳导图及关键词帮助学生梳理文本，让孩子在操练巩固活动中能够更好地对袋鼠进行描述。教师在此还进行了分层，引导学生尽量谈论更多课本中没有涉及的袋鼠知识，增加语言的输出量，同时为最后的运用任务做铺垫。

3. 基于语言运用的口语拓展活动

【活动 3】

活动名称：Be a little guide to introduce kangaroos in the zoo

适用年级：四年级

活动准备：

（1）学生在文本中已经充分掌握袋鼠的基本生活习性及特征，并对关于袋鼠外貌特征的相关词汇有一定的知识储备。

（2）一段关于袋鼠能力的视频。

活动目标：能够使用句式 Kangaroos live in…They drink/eat… They can… 等句式，从 Living habits，feature，ability 三个方面来描述 kangaroo 的特点。

活动过程：

（1）教师播放关于袋鼠的课外视频（关于能力方面）。

（2）学生讨论并反馈，用“They can... ”的句型来描述袋鼠能做的事情，并在教师的引导下，在已经总结出的导图基础上，增加 Ability。

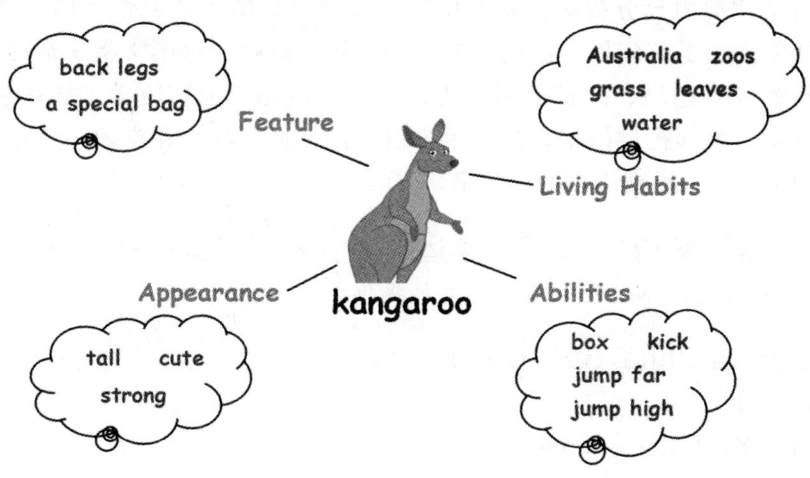

图 5-7

（3）学生根据导图及板书（见图 5-7）的引导，四人一组，尽量全方位地介绍袋鼠，争做合格的动物园袋鼠区小导游。T: Please talk about kangaroos from these aspects. Try to say as more as you can.（可以补充更多你了解的袋鼠知识）And use the sentence and the key words. And ask for help if you need. Let's see who can be the best guide in our class! Now, please talk in groups of four.（教师引导学生使用所学句型，并相互补充）（见图 5-8）

图 5-8

（4）请小导游来介绍袋鼠，并评选班级最佳小导游。

活动意义：该活动通过导图，引导学生将国家与居住地，饮食习惯，颜色及外貌特征形容词相融合，进行知识的归纳与梳理，学生视野得到拓展，综合语言运用能力充分提高。课文中只涉及到袋鼠的生活习性和两个特征，为了能让学生更了解袋鼠，做更合格的小导游，教师通过图文将生活习性和特征进行扩充和拓展，并扩展到能力，让学生能综合运用所学，描述袋鼠。在此活动中，教师提供框架，让学生学以致用，促使学生在学习过程中，具备学习的主动性，提高语言的承载量。

二、话题“食物”：基于语言运用的小学英语口语活动案例

（该案例由厦门市瑞景小学黄芸老师提供）

1. 基于语言运用的口语导入活动

【活动 1】

活动名称：Brainstorming

适用年级：二年级

活动准备：学生已掌握若干食物词汇

活动目标：复习食物词汇，激发学习兴趣，导入新课。

活动过程：

（1）Say the chant。（见图 5-9）

图 5-9

（2）引出主题，复习食物词。

T: What's the chant about ?

Ss: About food.

T: What food do you know?

Ss: Egg, fish, cake, milk, bread, water...

T: Good, now let's read them together.（见图 5-10）

图 5-10

T: Where can we find the food?

Ss: In the supermarket/ shop/ restaurant... .

T: Today we'll learn more food in the supermarket.

活动意义：儿歌的诵读，朗朗上口，愉悦气氛，同时复习若干食物名词。由儿歌引出该课的主题，点题，画龙点睛，明确本课学习的重点，有的放矢。让学生谈论已学过的食物名词，激活他们的旧知，有效复习食物名称。教师问哪里可以找到食物，更是将食物名词与生活场景相联系，让学生真实地体会到生活中在哪可以买到食物，也为课文的引出做铺垫。

2. 基于语言运用的口语巩固活动

【活动 2】

活动名称：Guessing game

适用年级：二年级

活动准备：学生已掌握若干食物词汇和新知 pear, apple, watermelon, grape, banana, 以及句型 Do you like...? Yes, I do . No, I don't.

活动目标：巩固食物词汇和 Do you like...? Yes, I do . No, I don't. 的句型。

活动过程：

（1）猜猜老师喜欢什么水果。

T: Guess, what food do I like?

Ss: Do you like apples...?

（2）猜猜同伴喜欢什么水果。

Sa: Do you like apples...?

Sb: No, I don't. / Yes, I do.

（3）儿歌诵读（图 5-11）

图 5-11

活动意义：该活动分两个层次巩固新知 pear, apple, watermelon, grape, banana, 以及句型 Do you like...? Yes, I do . No, I don't. 首先是学生问教师，这时巩固的是问句 Do you like...? 因为问句更难，还涉及名词的复数 s。在学生熟练掌握该句型之后，才放手让同伴两两对话询问，层次递进，使新知在滚动的活动中得到反复的训练和提升。最后的儿歌朗读，既活跃了气氛，同时再次巩固了新知中的五个水果词汇，一举两得。

3. 基于语言运用的口语拓展活动

【活动 3】

活动名称：Make the survey for our spring outing.

适用年级：二年级

活动准备：学生已掌握若干食物词汇和新知 pear, apple, watermelon, grape, banana，以及句型 Do you like...? Yes, I do . No, I don't.

活动目标：综合运用食物名词和句型 Do you like...? Yes, I do . No, I don't. 询问，找出春游大家更喜欢带的食物，学以致用。

活动过程：四人小组讨论，运用句型 Do you like…? 询问喜欢的食物，并回答。在喜欢的食物下打钩，不喜欢的食物下打叉。鼓励学生说更多的食物（见图 5-12）。

食物 / 姓名	orange	apple	pear	banana	grape	juice	milk	water	bread	fish	egg	cake	ice cream	其他
黄芸	×	√	×	√	√									

图 5-12

（1）列出该小组春游所带食物的清单（含食物及数量）（见图 5-13）。并用 We like... . We don't like... . 反馈汇报。

Shopping list

Food 食物	√	Numbers 数量
orange		
apple		
pear		
banana		
grape		
juice		
milk		
water		
bread		
fish		
egg		
cake		
ice cream		
其他：		

图 5-13

（3）课后带着清单去超市购物，买食物。

活动意义：该活动将该课中的五个水果词汇与之前学过的食物的词汇综合梳理和整合，扩大了活动的语言承载量。同时教师鼓励学生询问更多的食物，学生可以将他们课外所学的食物词汇在小组内分享学习。同时教师还将 We like... . We don't like... . 的句型融合进来，学生的小组汇报不再用 Do you like...? Yes, I do . No, I don't.，而用 We like... . We don't like... .，这样的汇报更切合生活实际。而为春游选食物，这个话题是学生真实生活的话题，实现语言的情境性和学以致用。

三、话题"人物"：基于语言运用的小学英语口语活动案例

（一）话题：人的变化（该案例由厦门市瑞景小学黄芸老师提供）

1. 基于语言运用的口语导入活动

【活动 1】

活动名称：Talk about animals' feature.

适用年级：五年级

活动准备：学生已掌握 nice, good, bad, fat, thin, tall, short, long, short, young, old, big, small 等形容词和若干动物名称。学生已学了运用若干形容词描述动物。

活动目标：学习新授句型：It's a bear. It's strong. It's a monkey. It's weak.

活动过程：（1）诵读儿歌。（2）根据儿歌回答儿歌的主题。（3）看图描述动物的特点。

Eg：

T— Hello, boys and girls. Let's say a chant.

Ss—Chant: Lions and tigers at the zoo. Monkeys and elephants are there too. Big and little, tall and short. fat and thin, long and short. So many animals at the zoo.

T— What's the chant about?

A. It's about animals.

B. It's about school things.

Ss—A.

T— Right. It's about animals. It's about the feature of the animals. Can you describe the features of them? Please use :It's a pig. It's fat... .（见图 5-14）Discuss with your partners.

图 5-14 描述动物外形

Ss—It's a pig. It's fat. It's a monkey. It's thin... .

T——How about this bear and the monkey?（见图 5-15）What are they like? Let's learn more about the features.

图 5-15　熊与猴子

活动意义：歌谣的导入，歌谣的诵读，伴着动画的视频、轻快的韵律、丰富的内容、地道的语音，使学生得到视听感官的享受，激发学习兴趣，同时导出了 Features of animals 这个主题，并将这一主题一步步细化。先展开与主题有关的动物名称和动物外形的讨论和复习，然后引出熊和猴子对比的图片，引入新课的学习，为新单词 strong，weak 的学习提供了上位的大范围的知识铺垫，有利于学生有系统地整合旧知，促进知识的迁移和整合，同时调动了学生学习新知的求知欲和好奇心。

2. 基于语言运用的口语巩固活动

【活动 2】

活动名称：Talk about changes of Lingling's grandparents.

适用年级：五年级

活动准备：学生已懂得运用形容词等描述动物和人。

活动目标：巩固 There were... then. They are... now. She/he was... then. She/He is... now.

活动过程：（1）看图同伴合作，运用句型描述更多有关玲玲主父母的外形变化。小组反馈。（见图 5-16）

图 5-16

（2）看图同伴合作，运用句型描述更多的有关玲玲的外形变化。小组反馈（见图 5-17）。

图 5-17

活动意义："众人是智慧的摇篮。莫学蜘蛛各结网，要学蜜蜂共酿蜜。"合作学习是课标倡导的学习方式之一。本课中教师两个环节均采用合作学习，分别有序地巩固了 They were…then. They are... now. 和 She was… then. She is…now. 条理清晰有序，学生在有条不紊的设计中分类巩固了复数和单数主语的 be 动词过去式与现在时的表达，同时有效复习了描述人的形容词。

3. 基于语言运用的口语拓展活动

【活动 3】

活动名称：Talk about changes of the person you like.

适用年级：五年级

活动准备：学生已懂得运用形容词等描述人的变化。

活动目标：

（1）巩固 There were...then. They are... now. She/he was... then. She/He is... now.

（2）运用句型和相应的形容词，描述人的变化（不仅是外貌的变化）。

活动过程：

（1）提供教师自己、教师的儿子、姚明、TF boys 四个人物的若干图片，或者学生自己提供喜欢的人的照片，让学生根据自己感兴趣的程度和已有的知识储备，选择其中一个人物，根据图片和关键词提示，运用句型描述人的变化。同时教师对变化的内涵进行了分层，不仅可以讨论外表的变化（基本要求），还鼓励学生在小组讨论互助下，发挥想象，谈谈能力和年纪等变化。

（2）学生发言反馈，进行德育渗透。

T：From the pictures, we enjoy the changes in our life. What do you think of their changes of life?

Ss:...

T: From the pictures of my son, we know with my love, he will change better and better. From the pictures of TF boys, they have ideals. so they work hard for their dream. So they change.From the pictures of me, I put my heart in teaching. So I changes well too.From the pictures of Yaoming, we know he has has faith of basketball, so he try hard .So life is full of changes.(L—love,I-Ideal, F—Faith, E-Effort)

活动意义：该活动的设体现了“扬长”和“尊重”。在图片的选择上，充分考虑到学生的兴趣，尊重了学生的个性选择。关键词的提供和变化内涵的分层，充分考虑到学生的学习能力和学习程度，特别对潜能生而言，关键词的提供和分层教学，对他们的语言输出起到极大的辅助作用，有助于他们扬长避短。扬长是差点教育的核心，尊重是差点教育的前提。扬长就是取人之长而避人之短，扬长就是成人之长而去人之短。此任务设计尊重了学生真实的个体需求和个性选择，促进不同学习程度的学生不同程度地“扬长避短”，同时使句型和形容词得到及时的运用，也拓展了更多的人的变化，让学生学以致用。

该活动的结束，教师巧妙地在四个人中渗透四种理念。在描述笔者儿子的变化后，引导学生明白：正因为有了妈妈的爱（Love)，他才能一步步长大，越来越棒。描述 TF boys 的变化中，引导学生明白：正因为他们有成为歌唱家的理想（Ideal），他们的歌才能唱得越来越好，越来越受青少年的喜欢。描述姚明的变化时，引导学生明白：正因为姚明有成为出色的篮球运动员的信念（Faith），并为他的信念努力，才有他今天的成就。描述教师自己的变化时，教师告诉学生：因为不懈努力（Effort），才能由之前稚气的新教师成长为现在的专家。通过四个人的变化的描述，渗透了 Love, Ideal, Faith, Effort，这四个词的首字母引出了 LIFE，生活就是充满了 L—love, I-Ideal, F—Faith, E-Effort 的变化。从而引发学生自己感悟出：Life is full of changes. Changes makes us change（生活充满变化，变化使我们改变）. 使人文素养的渗透润物细无声。

（二）话题：朋友（该案例由厦门市演武第二小学刘莹老师提供）

1. 基于语言运用的口语导入活动

【活动 1】

活动名称：How to describe the animal.

适用年级：三年级

活动目标：学生能运用已学的描述性形容词进行描述。

活动准备：

（1）关于动物的歌谣。

（2）学生能根据图片来描述所见到的动物。

活动规则：

（1）根据图片描述所见到的动物。

Eg.

（1）Say a chant.（见图 5-18）

（2）Introduce the picture of animals.

T—Look at this picture. This is a bear. It's fat. Can you introduce like this?

Ss—….

图 5-18[①]

活动意义：Chant 朗朗上口，容易激发学生的兴趣，同时又让学生巩固了关于描述性形容词的旧知，为接下来新知的学习做铺垫，也为最后大任务的完成做铺垫。同时从描述动物的特征过渡到描述人的特征，学生比较容易迁移。

2. 基于语言运用的口语巩固活动

【活动 2】

活动名称：Talk about their character

适用年级：三年级

活动目标：学生能熟练地描述出人物的性格特征。

活动准备：

（1）学生对描述人物性格特征的词汇有一定的积累，对新授词汇“nice, shy, quiet”有一定的操练和积累。

① 陈琳，鲁子问．英语（新标准）（一年级起点）义务教育教科书 [M]. 北京：外语教学与研究出版社．2013.

（2）学生能较熟练地运用 She is... /He is… 来描述人物的特征，并能尝试说出原因。

活动规则：

（1）教师准备部分人物的图片（见图 5-19）。

（2）学生根据图片进行描述。

图 5-19

Eg.

T: Look at this picture. Could you try to use "She is... /He is..." to introduce them?

S: ...

T: Why she is shy ?

S: ...

活动意义：通过看图说话的形式，不仅巩固操练了所写的新授单词，也巩固了描述人物特征的句型。同时让学生尝试描述原因，也注重了学生思维能力的培养。看图说话也注重锻炼学生观察能力的培养。

3. 基于语言运用的口语拓展活动

【活动 3】

活动名称：Introduce your friend.

适用年级：三年级

活动目标：运用 "This is... .She's/He's nice/ clever... . But she's/ he's a bit... She/ He likes... ." 来介绍自己的朋友。

活动准备：

（1）每个同学准备一张朋友的照片。

（2）该活动前对句型 She's/He's nice/ clever... . But she's/ he's a bit... 有一定的操练活动规则：两人一组，小组内互相介绍自己的朋友。

Eg.

A—This is Xiao Hong. She's very nice and clever. She always helps me. But she's a bit shy.She likes reading books and drawing a picture.

活动意义：该活动中，学生通过所学的语言来介绍自己的一位朋友，既能提高学生表达的兴趣，又能提升学生的综合语言运用能力。此外，教师鼓励学生用更多的句型来介绍自己的朋友，如朋友的喜好等，既丰富了语言内容，又符合真实情境。

（二）话题：名人（该案例由厦门市演武小学——赵惠兰老师提供）

1. 基于语言运用的口语导入活动

【活动 1】

活动名称：Talk about Yang Liwei

适用年级：五年级

活动准备：学生已学过杨利伟的相关知识

活动目标：

（1）热身复习，活跃气氛。

（2）复习如何谈论名人杨利伟。

活动过程：

（1）Talk about Yang Liwei. Talk as more as you can.

（2）Sum up the key points of talking about a famous people?（见图 5-20）

How to talk about a famous person?

Name	Yang Liwei
Age	52 / 1965
Birth place	Liaoning
Job	taikonaut
Things ... did (Reason)	flew into space China's first man into space
...	...
Result(结果)	famous

图 5-20

T: What do you know about Yang Liwei ?

Ss: He worked hard for his dream... .

T: Yes, so Where there is a will, there is a way. No pains, no gains. Do you know the meaning?

Ss:“有志者事竟成”，“不劳无获”。

T: What other persons tried hard and succeeded? Can you give me examples, such as Beethoven?

Ss: Yang Liwei, Yao Ming, Lang Lang…

T: What about this person?（PPT 呈现《假如给我三天光明》一书）Who wrote it?

Ss: 海伦·凯勒

T: Do you want to know her? Let's learn the new lesson Helen Keller.

活动意义：复习描述杨利伟的旧知，为本课的教学内容做铺垫。学生归纳描述名人的框架，为本课的任务完成做铺垫，做到新基础教育研究理论中的“还工具权”。名言“有志者事竟成”和“不劳无获”这两句名言只是海伦·凯勒精神的大致概括。教师引导学生从杨利伟的事迹中体会其蕴含的人文思想。从学生的举例中，可以检测到学生对名言的理解程度，启发学生的思维。在学生发散思维之后，教师将学生的思维收拢，以《假如给我三天光明》一书自然地引出了该课主人公海伦·凯勒，导出新课，环环相扣。

2. 基于语言运用的口语巩固活动

【活动 2】

活动名称：Talk about Helen Keller.

适用年级：六年级

活动准备：

（1）学生通过课文学习了解有关 Helen Keller 的生平事迹，已学过“born, illness, round, all over the world”等新词。

（2）学生梳理出的介绍个人信息的基本框架和相关的图片。

活动目标：能根据黑板上归纳的有关个人信息的框架和关键词，并借助图片介绍 Helen Keller。

活动过程：

（1）学生在同桌之间先进行讨论。

（2）请个别学生看图说话介绍 Helen Keller 的生平事迹。

活动意义：此活动通过介绍 Helen Keller 的生平事迹，让学生综合运用课文中所学语言，巩固所学。教师通过此活动，学生不仅复习巩固本节课所学的有关 Helen Keller 的生平事迹，同时进一步了解了该从哪几个方面介绍个人信息。

3. 基于语言运用的口语拓展活动

【活动 3】

活动名称：Talk more about Helen Keller.

适用年级：六年级

活动准备：

（1）学生初步了解了有关 Helen Keller 的个人信息。

（2）一段关于 Helen Keller 的视频。

活动目标：学生能够在观看完视频后运用所学句型谈论更多关于 Helen Keller 的事迹。

活动过程：

（1）学生观看一段关于 Helen Keller 的视频。

（2）看完后教师出示一组图片（见图 5-21），让学生根据图片的提示在四人小组中先讨论，鼓励学生介绍更多关于 Helen Keller 的个人信息和生平事迹。

图 5-21

（3）请个别同学进行介绍。

活动意义：教师在此环节，通过一段关于 Helen Keller 的视频，让学生了解更多有关 Helen Keller 的信息，并通过介绍更多关于 Helen Keller 的事迹，引导学生综合运用语言，并满足不同层次学生的需求，实现学以致用。

（四）话题：人的身体部位

1. 基于语言运用的口语导入活动

【活动 1】

活动名称：Simon says

适用年级：一年级

活动准备：学生已初步掌握一些简单的身体部位单词。

活动目标：游戏导入，复习热身，活动激趣。

活动过程：

（1）头脑风暴：让学生说一说已学的身体部位单词，唤醒旧知。

（2）老师发号施令，当带有“Simon says... ”时，学生按指令做出相对动作；当老师说出的指令里没有“Simon says... ”时，则全体不做动作。做错动作的学生被淘汰。

Eg.

T: Simon says point to the eyes. (Students point to the eyes.)

T: Point to the head. (Students do nothing.)

（3）小组活动，轮流发号施令，失误最少的同学活动优胜奖。

活动意义：首先通过头脑风暴唤醒学生旧知，之后进行 Simon says 的活动，TPR 活动深受学生的喜爱，节奏和动作能刺激大脑皮层，激活记忆，从对各指令的反映中自然学习语言，巩固了身体部分的单词。之后将活动放到每个小组完成，扩大参与度，组员轮流发号施令，让每个孩子都有开口的机会，为后面教学的输出做铺垫。

2. 基于语言运用的口语巩固活动

【活动 2】

活动名称：The body song

适用年级：一年级

活动准备：

（1）准备歌曲视频 Head, shoulder, knees and toes

（2）学生已掌握一些简单的身体部位单词。

活动目标：歌曲创编，巩固旧知，活动激趣。

活动过程：

（1）学生说出身体部位单词，教师画，最后画出歌曲的主角人物。

（2）教师带领学生一起学唱歌曲 Head, shoulder, knees and toes. 要求学生边唱边做动作，用手指指向相应的身体部位。

（3）分组练习，可以根据旋律将更多的身体部位创编到歌曲中，加入动作表演。

（4）分组进行表演，看看那一组创编的歌曲最棒。评分标准：a. 能把其他身体部位创编到歌词中；b. 动作和歌词一致；c. 组员配合默契。

（5）根据表现评选优胜奖。

活动意义：由学生说身体部位老师画人物，自然过渡到歌曲的学习。利用 TPR 进行儿歌的学习，通过动作加强记忆，学生在歌曲学习中逐步记住身体部分的单词。利用学生触手可及的身体部位进行儿歌创编活动，除了激活旧知，达到巩固复习和单词操练的目的，还发挥了学生的创造性。通过小组比赛，培养了学生的协作能力。

3. 基于语言运用的口语拓展活动

【活动 3 】

活动名称：Know my body

适用年级：一年级

活动准备：（1）该活动前学生已掌握了 head, eye, ear 等身体部位词汇和句型“This is my... ”（2）准备好画纸、彩笔等绘画工具（也可提前在家中画好自画像）。

活动目标：学习和巩固身体部位名称，能用 This is my... 的句型介绍自己的身体。

活动过程：

（1）教师示范，用简笔画画出自己的模样，在身体部位的旁边标出对应的身体部位名称，并进行介绍讲解“This is my head/ eye/ mouth... ”

（2）学生自己画自画像（可提前在家里完成）。

（3）画完后与同桌交流，介绍画中自己身体各个部位的名称。

（4）上台向同学和老师们展示自己的自画像并进行介绍。

（5）评选最佳创意奖、最佳绘画奖和最佳口语奖。

（6）展示优秀作品，贴到墙上。

Eg. This is my head. This is my eye. This is my ear.

可鼓励学生适当补充：This is my head. It’s big. This is my eye. It’s small. 或者将更多的身体部位。These are my knees. These are my legs... .

活动意义：该活动不仅仅让学生记住了身体部位的英文名称，还让学生能在实际生活中学会运用，学会对自己的身体部位进行介绍。让学生自己设计自己的形象，符合了学生“愿学、乐学”的原则。同时在完成这个活动的过程中，给每一个学生创造了一个充分展示自己才华的机会，有利于学生自信心的增强。同时鼓励学生加以补充和拓展，可以拓展更多的身体部位，可以用形容词描述自己的身体部位等，这样的拓展，让中上生有了更广阔的空间，同时使知识的融通度更高。活动最后由全班学生评选出最佳创意奖、最佳绘画奖和最佳口语奖等奖项，激励了学生的创作、绘画和展示的积极性。将学生优秀作品贴到墙上也是帮助学生获得学习成就感的一种有效方式。

（五）话题：人的情绪（该案例由厦门市故宫小学黄莹老师提供）

1. 基于语言运用的口语导入活动

【活动 1】

活动名称：Brainstorm

适用年级：五年级

活动准备：学生已学过常用的情绪感受词，已唱过与情绪感受有关的热身歌曲

活动目标：

（1）复习情绪感受词。

（2）分类梳理情绪感受词。

（3）引入本课话题。

活动过程：

T: We all have feelings. We have good feelings and bad feelings. What good feelings or bad feelings do you know? Please share in group of four.

Students share in groups. Then let one group present.

活动意义：

有向开放，激活已知的生成。教师运用 Brainstorm 活动，通过小组讨论的形式，充分调动每个学生的思维，激活学生的已学并分类归纳，复习已学的情绪感受词，为后续的话题学习做好铺垫。

2. 基于语言运用的口语巩固活动

【活动 2】

活动名称：Know about Daming's feeling

适用年级：五年级

活动准备：

（1）学生已学过常用的情绪感受词。

（2）学生已学重点词句 Are you... ? Yes, I am./ No, I'm not.

（3）学生已掌握拓展句型 Do you want to... ?

（4）学生已了解用英文询问了解他人的感受，并会提出简单的转换心情的建议。

活动目标：

（1）巩固用英文安慰他人的方法，进一步巩固安慰他人时所用的语言。

（2）拓展句型 Let's... . 用于提建议转化他人情绪。

活动过程（见图 5-22）：

T: Look, Daming is not happy. This is Maomao and this is Lanlan. What's the matter with Daming? Do Maomao and Lanlan comfort Daming? Please read, write, underline and think.

Ss: do the reading.

T: What's the matter with Daming?

S1: He is bored.

T: Maomao and Lanlan wants to know his feeling, what do they ask?

Ss: What's matter? / Are you sad?/ Are you bored?

T: They make Daming happy again, what's their suggestion?

S2: Let's play hide-and-seek.

图 5-22

活动意义：教师通过阅读，进一步巩固询问了解他人感受的方法和语言，梳理安慰他人的步骤“了解情绪——提出建议”，拓展句型 Let's... 可用于帮助他人转换情绪感受提建议，为后续的口语拓展输出活动打好基础。

3. 基于语言运用的口语拓展活动

【活动 3】

活动名称：Mini play: comfort Tom

适用年级：五年级

活动准备：

（1）同桌中一人扮演 Tom，拿 Tom 的角色卡。

（2）学生已掌握了句型 Are you... ? Yes, I am./ No, I'm not. Do you want to... . Let's... .

活动目标：自如运用句型 Are you... ? Yes, I am./ No, I'm not.Do you want to... . Let's... 了解他人的情绪并帮助他人转换情绪感受。

活动过程：

（1）Set an example（见图 5-23）。

T: Now it's time to do the mini play! Please do the mini play with your partner. One of you is Tom, one of you is Amy or Sam. Tom can read the card and act. Amy and

Sam ask questions, try to find out what the matter is and comfort Tom.

Set an example: Invite one student to be Amy, teacher plays Tom's part.

Students do the mini play.

（2）Invite several pairs to present.

Tom's Card	
1. Feeling: sad	Matter: I broke my toys.
2. Feeling: bored	Matter: No one is playing with me.
3. Feeling: worried	Matter: I made a mess.
4. Feeling: angry	Matter: I want to eat some sweets. But Mum says, "No, you can't."

图 5-23

活动意义：

以"安慰 Tom"这一目标驱动，赋予学生参与对话表演的目的，角色扮演增加趣味性和情境感。利用"Tom 角色卡"创设信息差，借助对话支架及语料的提供，为多话轮输出提供帮助，达到语言综合运用的目的。

（六）话题：笔友（该案例由厦门市瑞景小学黄芸老师提供）

1. 基于语言运用的口语导入活动

【活动 1】

活动名称：Introduction

适用年级：六年级

活动准备：学生对自我介绍有一定的知识积累和储备。

活动目标：激活旧知，导入新课。

活动过程：

（1）教师让学生提问，问问想知道关于老师的哪方面的事情。

T: What do you want to know me ? You can ask me some questions.

Ss: How old are you ? What colour do you like ? What's your favourite animals?...

（2）教师将学生的问题进行梳理，引出导图，即介绍一个人可以从以下方面进行：Name, Age, Hobby, Nationality, Ability, Address...

（3）根据导图，教师逐一回答学生提出的问题。

（4）学生同伴合作，自我介绍，鼓励介绍得更丰富、更全面、更有条理。

（5）教师自我介绍后，提出想交笔友的想法。从而导入新课。

活动意义：该活动以学生想知道教师的什么基本情况入手，引出了有关自我介绍中个人描述的基本信息的表达。教师的回答是为学生做了示范。然后教师引导学生自主归纳出从 Name, Age, Hobby, Nationality, Ability, Address... 等多个方面引入的自我介绍，为学生的自我介绍理清了条理，搭建了框架。接着学生模仿教师的介绍，自己与同伴做自我介绍，看谁介绍得更有条理，更有逻辑，内容更丰富、更全面，有效激活与该活体相关的所有旧知，为后面结交笔友垫下坚实的基础。

2. 基于语言运用的口语巩固活动

【活动 2】

活动名称：Best speech

适用年级：六年级

活动准备：学生对自我介绍有一定的知识积累和储备，对用第三人称描述他人已较熟练掌握。

活动目标：巩固自我介绍的句子，巩固新知内容 She's from the US. She comes form the US. She is American.He/She wants a... pen friend. He /She wants a pen friend from... .

活动过程：

（1）同伴讨论，至少介绍一个人，鼓励讲越多越好。可以就一个人做深入的介绍，也可以讲多个人（图 5-24）。

（2）小组反馈。

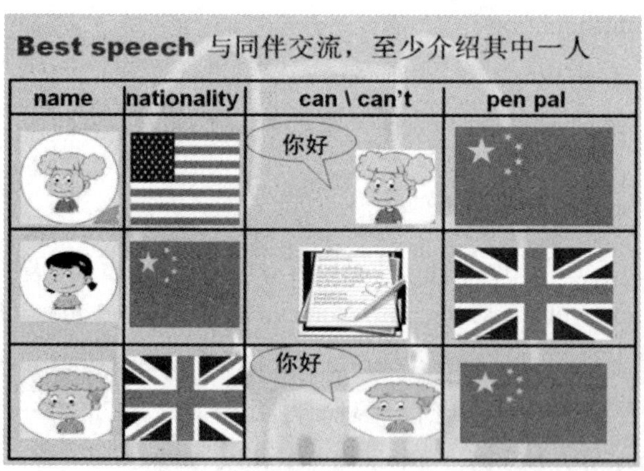

图 5-24

活动意义：由第一人称的自我介绍过渡到第三人称单数介绍他人，层次递进。国籍的介绍中涉及 She's from the US. She comes form the US. She is American. 三种说法，教师鼓励学生百花齐放。笔友的表述中也涉及的国家的不同表达。该表格只是给予学生一个关键信息的参考和借鉴，学生可根据课文的内容和自己对三个人物的了解，对每个人物加以丰富和补充，实现语言的运用和新知的巩固。

3. 基于语言运用的口语拓展活动

【活动 3】

活动名称：Make pen friends.

适用年级：六年级

活动准备：学生对自我介绍有一定的知识积累和储备，对用第三人称描述他人已较熟练掌握。

活动目标：

综合运用语言进行充分的自我介绍，并描述结交笔友的需求（2）通过书信，结交笔友。

活动过程：

（1）菲律宾某地发生地震，写信慰问当地的儿童，并与他们成为笔友。信有四种难易程度格：letter A/B/C/D，学生可根据自己的能力水平选择一种格式，先写信。四人小组中交流（口头交流）（见图 5-25）

Letter A:
Dear friends,
I'm ______. I'm a ______(boy\girl) . I'm from China.
I can ______. I can______.(sing, dance, jump, run, play football, write, do hmework, play basketball, swim, draw, read ...)
I've got books. I've got_____.(books, money, pencils, pens, computers, bags, TVs, shirts, coats, dresses, shoes, caps...)
I will send them to you. Wish you have a better life.
I want a pen pal in Philippines. Do you want to be my pen pal?
Love from,
____

Letter B
Dear friends,
I'm ________. I'm a ______(boy\girl).
I'm from China.
I can _______. I can__________. (sing...)
I've got money. I've got______.(shoes...)
I will send them to you.Wish you have a better life.
I want a pen pal in Philippines.
Do you want to be my pen pal?
Love from,
____

Letter C
Dear friends,
I'm ______________. I'm a ______. I'm from China.
I can ______________. I can_______________.
I've got coats. I've got_________________.
I will send them to you. Wish you have a better life.
My good friend wants a pen pal ,too.
He can ______________and______________.
Do you want to be our pen pal?
Love from,
____

Letter D
Dear friends,
____
____
____
____
____
____
____
____
Love from,
____

图 5-25

（2）引导学生感悟：赠人玫瑰、手留余香的道理。

活动意义：该活动落实到写信，既能锻炼学生综合运用语言进行表达的能力，也锻炼了学生动笔的能力，使知识的运用更加灵活，更加综合。分层设计满足了不同层次学生的需求。活动与具体的时事挂钩，让学生了解到了不同地区间儿童的困难，激发了他们乐于助人之心，并适时渗透人文素养。

（七）话题：人的能力（该案例由厦门市人民小学阮纯纯老师提供）

1. 基于语言运用的口语导入活动

【活动 1】

活动名称：Guess what event the teacher will be in.

适用年级：五年级

活动准备：

（1）学生已学过一些运动相关词汇。

（2）学生已学过“Can you... ?”及其回答和“I can…”

活动目标：

（1）热身复习，活跃气氛。

（2）复习重点句型“Can you... ?”及运动词汇。

活动过程：（1）猜猜老师会参加教工运动会的哪个项目。

Eg: T：There will be a Faculty meeting after your sports meeting. Can you guess what event I will be in?

Ss：Can you run fast / jump high/ do the long jump... ?

T：I can’t run fast, but I can run far. So I want to run a race.

（2）运用重点句型了解身边同学的运动能力，并记住。

（3）汇报小组组员的运动能力，为参加运动会报名做准备。

Eg. S1：He can run fast and play football. She can swim but she can’t run fast….

活动意义：通过猜测教师参加教工运动会的项目，激发学生兴趣，唤醒旧知。再通过询问身边同学的运动能力，加深记忆。在汇组员运动能力时，提示可以使用连接词 and 和 but，使学生的语言更加严谨和完整，同时也为新知运动会报名的教学做铺垫。

2. 基于语言运用的口语巩固活动

【活动 2】

活动名称：Give reasonable advice to Lily.

适用年级：五年级

活动准备：

（1）学生已学过“You/I can... ”等句式，能用简单的句式来描述人的能力。

（2）录制录像。

（3）情境创设，Lily 和 Lucy 都想报名参加学校运动会，但是每个项目只剩一个名额，看一看，给她们提出合理建议。

活动目标：学生在描述人物能力的时候能够注意到动词与副词搭配的正确性。

活动过程：

（1）观看视频（可以做笔记）。描述视频中人物擅长的体育运动和不擅长的体育运动，提出参赛的合理建议。

（2）小组派代表上台提出建议。

Eg. Lucy can run fast, and she can run far. Maybe she can run a race.

Lily can't run fast, but she can jump high. Maybe she can play basketball.

活动意义：通过视频进行情景创设，通过视频中两个人物能力的对比，让学生更直观的理解 fast、far 和 well 等副词。通过小组活动，有效巩固所学，培养学生细心观察、合作学习的能力。通过连接词的使用，使话轮更具体和完善。

3. 基于语言运用的口语拓展活动

【活动 3】

活动名称：Sigh up for the sports meeting.

适用年级：五年级

活动准备：

（1）两个学生一组。

（2）该活动前学生在已掌握大量与运动相关词汇，并能用简单的句式描述自己或者他人能做的事情。

活动目标：

运用“I /He/ She/ You can…”句式评价自己或者他人擅长的活动，并正确搭配和使用程度副词。

活动过程：

（1）学生找到自己有兴趣的运动项目。

（2）对照“报名须知”，查看自己是否达到报名要求。

（3）选择适合自己的项目参加，并向大家介绍选择的原因。（反馈方式也可以换成：介绍自己搭档的报名项目。）

Eg. I can't run fast but I can run far. I think I can run a race well. So I want to run a race.

Tips：

1. 达到其中一点要求就可报名。

2. 正确搭配程度词。

3. 请用上连接词 and, but, so 等。

4. 遇到问题可以举手。

活动意义：该活动利用了学校即将召开运动会的契机，创设了一个与学生息息相关的运动会报名情境。学生选择自己有兴趣参加的运动项目，根据“报名须知”，查看自己是否符合参赛要求，对自身的能力进行评价，最后选择最适合自己的项目报名。报名须知是根据实际设计的，避免了学生脱离实际回答的情况。同时报名表上的要求明细也无形中强化了程度副词的正确搭配。在完成任务过程中，由于任务的设置基于学生们的日常生活，是学生们非常熟悉的，在语言方面，老师前期帮助学生们做了充分的准备，由此使学生产生了交流的动机，在完成任务的过程中学生在使用需所学语言做事情，在完成任务过程中，语言的工具性得以体现，他们体会到了所学语言的真实性和其价值。

五、话题：“个人生活”：基于语言运用的小学英语口语活动案例

（一）话题：日常生活作息

（该案例由厦门外国语学校附属小学谢一新老师提供）

1. 基于语言运用的口语导入活动

【活动 1】

活动名称：Action Songs

适用年级：二年级

活动准备：学生已经学习过数字 1-12 的英文表达，并且已经学习过相应的日常生活活动

活动目标：学生通过歌曲复习相应的动作类单词和英文数字表达，为接下来作息的表达做准备。

活动过程：

（1）诵读儿歌。

One, two, put on your shoes. Three, four, open the door... .

（2）根据时钟提示，复习相应的 1-12 数字。

T: Everyday, we do lots of things. Look at the clock. There are many numbers here. Can you say the number together?

Ss: 1, 2, 3,...

（3）归纳生活日常作息活动词组。

T: At different times, we do different things. Look at the clock. It's 6 o'clock. What do you do?

Ss: I...

活动意义：该活动从歌曲入手，引导学生通过时钟复习 1-12 个数字的英文表达，为接下来作息表达做准备。同时，教师呈现不同的时间，引导学生思考在不同的时间，归纳在相应的时间我们常做的日常活动，建立不同时间和不同活动之间的联系。

2. 基于语言运用的口语巩固活动

【活动 2】

活动名称：Panpan's routines

适用年级：二年级

活动准备：

（1）学生已学完该课时间作息的表达 "I get up at 7." "At 7, I get up."

（2）学生每人一张练习单（见图 5-26）。

活动目标：熟练运用 "I get up at 7. " "At 7, I get up." 这两种方式表达日常作息。

活动过程：

（1）学生每人一张练习单，独立听音完成。（Listen and match）

T: Look! Panpan is coming. Let's help Panpan to make his routine table. 我们来帮 panpan 整理他的作息安排。

（2）反馈

T: Now, you are Panpan. Let's introduce the routines together.（见图 5-27）

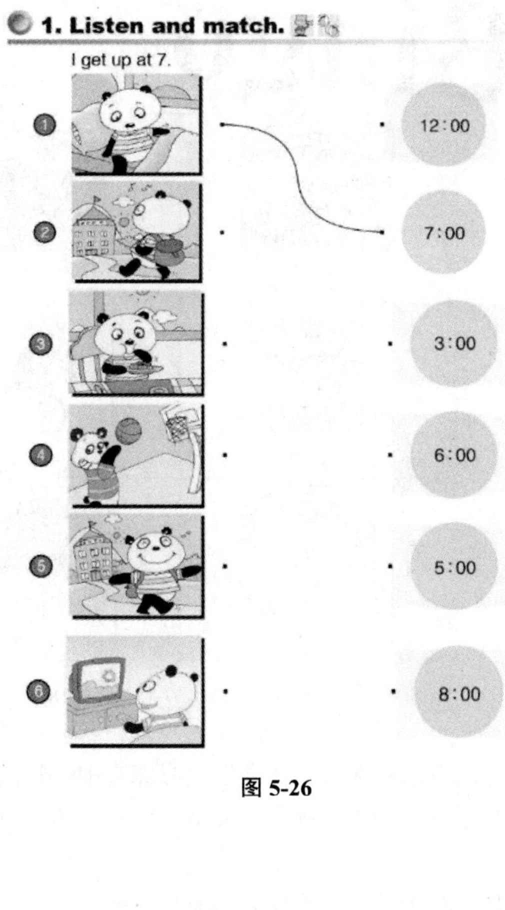

图 5-26

图 5-27

Ss: I get up at 7. I go to school at 8. At 12, I...

（3）学生两人一组，一人指图，另一人扮演 Panpan.

S1 指图 5-28.

S2: I get up at 7./ At 7, I get up.

图 5-28

活动意义：本活动在学生学习课文中人物的日常作息基础上，利用 Panpan 的日常作息引导学生理解“I get up at 7. ”“At 7, I get up.”这两种表达日常作息的方式。通过听音连线整理将时间和活动配对，进一步巩固常见的日常作息活动单词与时间的表达。在此基础上，教师利用 PPT 呈现时钟，通过作息活动和时间的出现顺序，引导学生巩固使用两种不同的作息表达方式，最后通过同桌合作的方式，让学生在图片的提醒下自如选择所要使用的作息表达，为接下来的口语拓展活动打下基础。

3. 基于语言运用的口语拓展活动

【活动 3】

活动名称：Bingo

适用年级：二年级

活动准备：

（1）两个学生一组，每人一张表格。

（2）该活动前学生对日常活动类单词和“I have lunch at... / At... , I have lunch.”的句式有一定的操练和知识储备。

活动目标：使用目标语句“I have lunch at... / At... , I have lunch.”描述自己日常作息。

活动过程：教师为学生提供一张作息时间图，每位学生根据自己的作息填写完成图片上所有活动的时间。接着，请学生拿着填写好的作息活动单寻找自己的好朋友，运用目标语句“I have lunch at... / At... , I have lunch.”交流作息。若两人在相同的时间做同一种活动，则将该活动打钩；若不同，则画叉。如果三张打钩过的图片能连成一条直线，则两人击掌，齐说 Bingo! 最后，全班来比一比谁得到的 Bingo 最多。

活动意义：这个口语活动采用九宫格（Bingo）的游戏形式，吸引学生的注意力，激发了学生的学习兴趣，实现了从玩中学，学中玩的学习过程。在游戏中，用打钩的方式凸显同学间相同的作息，同时，引导学生关注不同的作息，增进学生间的了解。

（二）话题：日常服饰（该案例由厦门市故宫小学黄莹老师提供）

1. 基于语言运用的口语导入活动

【活动 1】

活动名称：Sing and say

适用年级：一年级

活动准备：

（1）学生已学过服装词“hat”。

（2）学生认得常见服饰 .

活动目标：

（1）歌曲导入本课主题，活跃气氛。

（2）复习已学过的服装词“hat”。

（3）鼓励优生资源的生成，进入新词“shirt, shorts, shoes, socks”的新授环节

活动过程：

（1）Listen and sing the song “I get dressed every day”.

（2）Invite Students to share the words they know about clothes.

T: What’s the song about? Yes, it’s about clothes. What clothes do you know? Can you say them in English?

Students share the clothes they know.

Teacher draws the clothes on the blackboard and write down the words.

Teach the words “shirt, shorts, shoes, socks”.

活动意义：通过歌曲引入本课主题“服饰”，并复习之前学习过的 hat，激活学生旧知，引导优生资源，顺势进行“shirt, shorts, shoes, socks”的教学。

2. 基于语言运用的口语巩固活动

【活动 2】

活动名称：描述两条晾衣绳上的衣物

适用年级：一年级

活动准备：

（1）学生已学过 “There is a shirt.” “There is a pair of shorts.” “There is a pair of shoes.” “There is a pair of socks.”

（2）学生已掌握本课四个重点服装词。

活动目标：区分 There is a... / There is a pair of... 在描述衣物时的不同用法

活动过程：

（1）给出两幅图片，请学生用 There is a... ./ There is a pair of... . 描述。

T: Look, there are 2 strings and there are some clothes on them. Look and say in pairs（见图 5-29）.

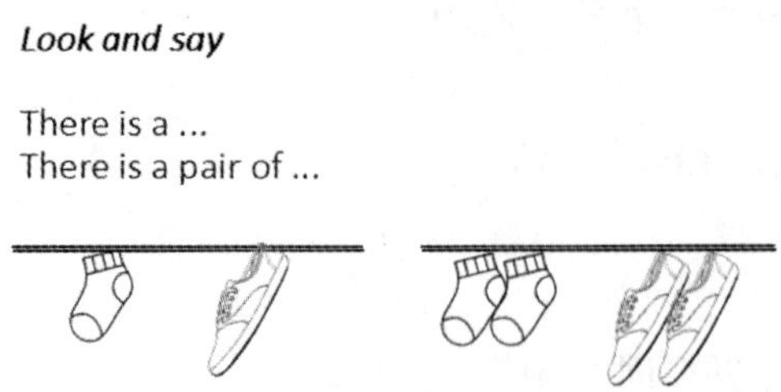

图 5-29

Ss discuss in pairs, then present.

Ss1: There is a sock.

Ss2: There is a shoe.

Ss3: There is a pair of socks.

Ss4: There is a pair of shoes.

（2）板书归类，引导学生发现规律，进一步明晰 a pair of 的意义。

T: 我们什么时候用 There is a... 来描述衣物，什么时候用 There is a pair of... 来描述？

S1: 只有一件的时候用 There is a...

S2: 有两件，表示一双的时候用 There is a pair of... .

（3）再次归类，让学生晾衣服（见图 5-30）。

T: Can you put the “shirt” and the “shorts” on the correct string? Discuss in pairs.

Ss: discuss and present.

S1：There is a shirt.

S2: There is a pair of shorts.

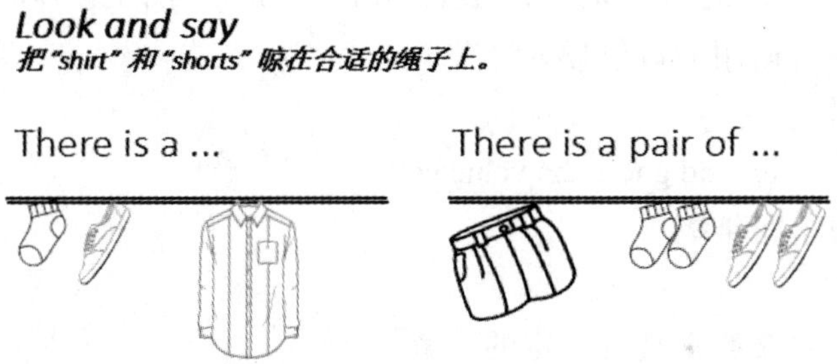

图 5-30

T: 那在描述一条短裤时，为什么用 a pair of shorts 来描述呢？

S1: 也许是因为有两条裤管，一对裤管。

（4）再次描述衣架上的所有衣服。

活动意义：通过“晾衣服”看图说话的形式，让学生通过对比 There is a... / There is a pair of... 的用法，区分并巩固所学，让学生思考并归纳在描述衣物时应注意的方面，教师在利用课件移动衣物，非常直观。使语言更准确，有利于学生后续活动的真实交际。

3. 基于语言运用的口语拓展活动

【活动 3】

活动名称：Talk about your clothes.

适用年级：一年级

活动准备：

1. 学生已学完该课的内容，能运用 “There is a... ” “There is a pair of... ” 描述 shirt, shoes, shorts, socks 等衣物。

2. 学生带自己的夏装照片。

活动目标：能运用 “There is a... ”“There is a pair of... ” 自己身上的衣物。

活动过程：

（1）学生与同桌分享自己的一套夏装。

S1: Look,there is a... / There is a pair of... .

S2: Cool. Look,there is a... / There is a pair of... .

S1: Good.

（2）上台展示。

活动意义：教师合理利用学生已有资源，利用照片，创设较为真实的分享情境，进行语言的巩固和拓展活动。学生照片中涉及的服装，教师能引导学生用正确的词句进行描述，适时拓展学生所学，达到真正地学以致用。

（三）话题：交通工具（该案例由何厝小学连滔老师提供）

1. 基于语言运用的口语导入环节

【活动 1】

活动名称：Act and guess the vehicles

适用年级：四年级

活动准备：

（1）学生对交通工具有一定的了解。

（2）学生看了关于交通工具的视频，唤起对熟悉单词的回忆。

活动目标：学生通过猜测同伴的肢体动作，说出相应的交通工具名称。

活动过程：

（1）教师呈现几张交通工具的图片，为学生做示范。

T: I live in Jinshang. How do I go to school? Can you guess?（Teacher acts）

Ss: Bus/ taxi/ car

T: Yes, I go to school by car. Can you show your partner how you go to school, park, zoo, shopping mall?

（2）学生根据教师呈现的图片，做出相应的动作，由同伴来猜测，猜不出来的话则由自己来告诉。

（3）教师将听到的学生不懂的单词收集起来，在黑板上呈现相应图片，请会的同学来教。

活动意义：本活动让学生通过形体展示，互相猜测来进行口语交际，符合低年级孩子爱动、爱模仿但是单词量有限、口语能力还比较低的特点。同时，挖掘学生已有的知识储备，让班级内的“小先生”能够将课外所学迁移到课内，同伴互助学习一些常见单词，为接下来的课文学习做好铺垫。

2. 基于语言运用的口语巩固环节

【活动 2】

活动名称：Definition lists

适用年级：四年级

活动目标：

（1）学生能够用所学句型描述交通工具

（2）学生能够听懂描述，并猜测相应的交通工具

活动准备：学生学习了本课文本，理解句型的意义和使用场合，看着范例，能够比较流利地读出句子；能够看着交通工具的图片，说出相应单词。

活动过程：教师给出交通工具的卡片，学生选择单词写在卡片上。教师给出 3 分钟时间，让学生根据选好的交通工具准备 definition。教师明确本活动的规则：1. 猜测一方不能直接猜测交通工具名称。2. 回答一方要尽量完整，不能只是 Yes 或 No。同桌两人一组互相猜测。

S1: Is it big?

S2: Yes, it is.

S1: Can it fly?

S2: No, it can't.

S1: Did you take it yesterday?

S2: Yes, I went to school by it.

S1: It's a bus.

S2: Yes, you're right.

活动意义：学生运用已有词汇，描述不同交通工具的特点、适用场合、适用人群等，让参与活动的学生在描述、猜测的过程中，使用所学句型，加深对所学单词的理解，提高口语表达能力。

3. 基于语言运用的口语拓展环节

【活动 3】

活动名称：Design the best route

适用年级：五年级

活动准备：

（1）学生掌握了乘坐交通工具的表达方式。

（2）学生了解 bike/ bus/foot/boat/ 等交通工具的速度。

（3）四人小组有一份描绘了 Lucy、Tom 家附近环境的地图。有山、公路、河流等。

活动目标：学生能够根据自己的经验，结合 Lucy 的实际情况，设计一份最合理的上学线。

活动过程：

（1）学生各自观察图片，思考 1 分钟。

（2）学生各自发表意见，假如自己是图中的人物，会如何选择路线，并解释原因。

S: I will go to... by bus/ bike/ car/ on foot…

（3）四人小组推选一个代表上台交流。

活动意义：现在共享经济发达，学生有很多出行选择，他们可以根据生活中的实际情况，灵活选择多种出行组合。这个活动让学生面对一个陌生的环境，综合考虑各种因素，做出符合实际情况的最优选择。学生在使用英语表达的同时，对他们的空间思维、逻辑推理、计算能力也有了综合提升。

（四）话题：通讯（该案例由厦门外国语学校附属小学谢一新老师提供）

1. 基于语言运用的口语导入活动

【活动 1】

活动名称：Play Statue

适用年级：二年级

活动准备：

（1）四个学生一组。

（2）该活动前学生对日常活动类单词和“Are you... ? Yes, I am./ No, I am not.What are you doing? I'm... .”的句式有一定的操练和知识储备。

活动目标：复习日常活动类单词和句型“Are you... ? Yes, I am./ No, I am not. What are you doing? I'm... .”

活动规则：学生四人一组进行活动，学生 B 扮演艾莎，背对其余组员（学生 A、学生 C 和学生 D，下同），用英文从一数到三，同组其余组员要在此期间重复做不同的动作。当学生 B 数到三时，转身面向组员施展魔法：“Freeze！”其余组员在瞬间被冻住，保持被冻住时在做的活动。学生 B 使用目标语句“Are you doing your homework?”猜测组员是否在做某活动，组员根据实际情况做出回答。以学生 B 和学生 A 的对话为例，若学生 B 猜对了学生 A 在做的活动，则学生 A 可以立即解冻获救；若学生 B 猜不到学生 A 正在做什么，则需使用“What are you doing?”来询问，学生 A 正确回答出自己在做的动作，则自救成功，顺利解冻。

活动意义：教师结合了学生喜爱的电影角色和学生生活中常玩的游戏，贴近学生生活，学习学习语言的热情被成功调动，活动设计符合学生年龄特点，富有童趣。同时，该游戏还能帮助学生理解“现在进行时”的语言功能表达。

2. 基于语言运用的口语巩固活动

【活动 2】

活动名称：Role Play

适用年级：二年级

活动准备：学生已经充分学习课文 What are you doing? 课文文本的内容。

活动目标：引导学生熟悉英文通讯中常用的语言，能够扮演角色表演。

活动过程：

（1）学生四人小组内进行角色分工。（Lingling/Amy/Tom）

（2）学生根据角色分工，熟悉角色台词，并进行串词和动作设计。

（3）小组内试演，Tom 的角色、台词小组内商定。

Lingling: Hi, Amy.

Amy: Hi, Lingling.

Lingling: What’s that noise? Are you drinking?

Amy: No, I’m not.

Lingling: Are you eating?

Amy: No, I’m not eating.

Lingling: So, what are you doing?

Amy: I’m talking to you!

Lingling: And what’s that noise?

Amy: Oh, that noise! It’s Tom.

Lingling: What’s he doing?

Amy: He’s playing with his train. Listen!

Tom:...

（4）上台展示

活动意义：在学生充分学习课文文本的基础上，老师引导学生进行角色分工，再引导学生小组内商议 Tom 的台词，发散学生思维。在课文表演中巩固英语打电话的常用语言，并借机渗透打电话的结束语“Bye! / Goodbye!”等，为接下来的口语拓展活动做准备。

3. 基于语言运用的口语拓展活动

【活动 3】

活动名称：Make a call with your friend

适用年级：二年级

活动准备：

（1）两个学生一组。

（2）该活动前学生对日常活动类单词和“Are you... ? Yes, I am./ No, I am not.What are you doing? I'm... .”以及谈论喜爱事物的句式有一定的操练和知识储备。

活动目标：使用目标语句“Are you... ? Yes, I am./ No, I am not.What are you doing? I'm... .”和他人进行电话沟通并邀请对方一起外出。

活动过程：教师引导学生通过打电话的方式约同学出去玩，从问候—询问正在做的活动—寻找共同爱好—约定地点、时间—告别几方面逐步推进，在交流中穿插学过的语句。

学生 1 和学生 2 对话支架如下：

S1: Hello! This is...

S2: Hi,... ! This is...

S1: Are you dancing?

S2: Yes, I am. / No, I'm not.

S1: What are you doing?

S2: I'm... .

S1: Do you like... ?

S2: Yes, I do. / No, I don't.

S1: What do you like doing?

S2: I like... .

S1: I like... , too. Let's go to the park at 4!

S2: Good idea!

S1: Goodbye!

S2: Bye!

活动意义：依据课文文本情境，结合学生日常生活，创设与课文类似的生活情境，引导学生用英文打电话约同学外出，有真实的交流目的和真正的交流意义。在会话的过程中，又唤醒学生旧知，引导学生串零为整，整合第四册前几模块所学的内容，提高学生的综合语言运用能力。

五、话题“节日”：基于语言运用的小学英语口语活动案例

（该案例由厦门市人民小学黄晓燕老师提供）

（一）话题：母亲节

1. 基于语言运用的口语导入活动

【活动 1】

活动名称：Mum is busy

适用年级：四年级

活动准备：学生已学过了大量的动词及动词短语，如 cook, clean the room, go shopping, read a book, play with... .

活动目标：（1）热身复习，活跃气氛。（2）复习动词及动词短语。（3）进行感恩母亲的情感渲染。

活动过程：（1）观看一段关于感恩母亲的视频。

（2）Look and say what mum's doing.（见图 5-31）

图 5-31

活动意义：热身复习，活跃气氛，渲染感恩母亲的情感氛围。借由图片，复习已学的动词及动词短语，并复习现在进行时，唤醒学生对已学旧知的记忆，为下面的新知学习做好铺垫。

2. 基于语言运用的口语巩固活动

【活动 2】

活动名称：Watch and talk

适用年级：四年级

活动准备：（1）学生已学过了大量的动词及动词短语，如 clean the room, wash the trousers, help his mother 等。（2）学生已学新知，能用 be doing 的结构来描述一件正在发生的事情。

活动目标：能够自如运用 be doing 的结构来描述一件正在发生的事情。

活动过程：看一段 Daming 为妈妈庆祝母亲节快乐的视频，记下 Daming 正在做的事，比比看哪组记得最多。

T: What's Daming doing now?

Ss: He's cleaning the room. He's is helping his mother.

活动意义：

教师通过让学生观看 Daming 为妈妈庆祝母亲节的视频，让学生知道自己的事情自己做、帮助妈妈做力所能及的家务等，也是感恩母亲的方式，同时巩固新知，再次操练句型 He's doing... . 和已学的动词短语，同时能为最后任务做示范。

3. 基于语言运用的口语拓展活动

【活动 3】

活动名称：Who is the best reporter

适用年级：四年级

活动准备：

（1）学生已学过了大量的动词及动词短语。

（2）学生已学新知，能用 be doing 的结构来描述一件正在发生的事情。

活动过程：

（1）四人小组，轮流当小记者，来报道其他组员为庆祝母亲节正在做的事情，最好小组内选出最好的小记者与其他小组进行 PK。

（2）Feedback.

活动意义：

通过角色扮演，让学生在一定的情境下（庆祝母亲节），自己设计情节来表演，激发学生的表现欲，并且通过轮流当小记者的体验，让学生更加深刻的理解现在进行时的时态及用法。活动设计贴近生活实际，能有效巩固所学，运用语言。

（二）话题：父亲节（该案例由厦门市瑞景小学黄芸老师提供）

1. 基于语言运用的口语导入活动

【活动 1】

活动名称：Know sth. about Father's Day.

适用年级：四年级

活动目标：让学生更多地了解父亲节的由来等相关信息。

活动准备：

（1）准备父亲节由来的视频。

（2）学生对父亲节有一定的了解。

活动过程：

（1）唱有关父亲节的歌，引出主题。

T: Let's enjoy the song and tell me what's the song about.

Ss: It's about Father's Day.

（2）父亲节知多少？问答。

T: When is Father's Day? What do we do on Father's Day?

Ss:... .

T: Let's enjoy the movie known more about Father's Day.

（视频里的文字内容：The first father's Day was in America in 1910 .It's on the third Sunday of June in China. But in Taiwan, it's on the eighth of Aug. Dendrobium is the flowers for fathers. It means braveness and strong will. On father's day, we always do sth. for fathers.）

T：I like Father's Day. Our friends Sam likes it too. What is he doing on Father's Day? Let's have a look.

活动意义：该活动以一首父亲节的歌导入，活跃课堂气氛的同时，引出父亲节这个主题，有的放矢。Talk about Father's Day you know. 让学生“有话想说”，让学生畅所欲言讲自己对父亲节的了解，为父亲节文化背景的渗透奠定基础。父亲节背景视频的播放，更是在学生知识储备的基础上做了更大的提升和扩展，扩展学生的视野，引发他们对父亲节浓厚的兴趣。

2. 基于语言运用的口语巩固活动

【活动 2】

活动名称：

适用年级：四年级

活动目标：巩固父亲节 Daming 为父亲做的事的几句话。

活动准备：学生已较充分操练了 He's making a card. He's writing a message. He's drawing books and birds.

活动过程：

（1）Talk about what Daming is doing for his father on Father's Day. 鼓励自己补充句子，将一段话讲得更丰富（见图 5-32）。

（2）Talk about what Daming writes.

Eg：Today is Father's Day.It's a special day. Daming is making a card for his father. He wants to write and draw sth. on it . Look. He is drawing books and birds. These are his father's favourite things. The birds are yellow. The books are green. His father likes yellow and green. He's writing a message. He writes... .

图 5-32

（2）适当拓展

T: We know what Daming want to say to his father. What do you want to say to your father on Father's Day.

Ss: You are so sepcial. I love you . Dad, you work hard. You should have a rest. Happy Father's Day... .

活动意义：该活动不是纯粹的语言巩固操练，不是简单机械操练 He's making a card. He's writing a message. He's drawing books and birds. 而是以看图说话的方式，教师提供了话题的开始 Today is Father's Day.It's a special day. 鼓励学生往下补充语言，丰富语言，充实语言。不仅操练了 He's making a card. He's writing a message. He's drawing books and birds. 同时鼓励学生更多地拓展与之相关的语言，如画的颜色，父亲喜爱的东西等，使语言在巩固环节就得到不断地综合运用。同时通过 Daming 短信的内容，启发学生想想自己想对父亲说的话，更加放手地让学生运用语言，实现巩固阶段语言的大容量整合和运用。

3. 基于语言运用的口语拓展活动

【活动 2】

活动名称：

适用年级：四年级

活动目标：综合运用所学，谈谈父亲节，孩子们正在为父亲做的事。

活动准备：学生已较充分操练了 He's making a card. He's writing a message. He's drawing books and birds. 学生们能较自如运用现在进行时描述正在发生的事。

活动过程：

（1）描述父亲节，孩子们正在为父亲做的事。四人小组为单位，至少选择三幅图，每幅图至少说 3 句话（见图 5-33）。

图 5-33

（2）小组反馈，看谁说的又多又棒。

（3）观看沙画视频"感恩父亲节"，谈谈从中感悟到什么。

活动意义：该活动学生可以横向和纵向拓展语言。横向拓展语言即讨论更多的图片，纵向拓展语言即每幅图描述更多的句子，也可以将二者结合。这样对学生的语言综合运用能力、语言有机组织和整合能力都有极大的挑战性。不仅整合了现在进行时的句子，还整合了孩子们对父亲说话的表达方式，使语言的融通性更宽裕，语言的灵活运用也更高。

（三）话题：中西方节日（该案例由厦门市观音山音乐学校蔡王莹琪老师提供）

1. 基于语言运用的口语导入活动

【活动 1】

活动名称：Brainstorm

适用年级：六年级

活动准备：

（1）准备圣诞歌曲 We wish you a Merry Christmas.

（2）学生对学过的中西方节日有一定的知识储备。

活动目标：活跃气氛，复习学过的节日，并对节日进行分类，便于后续复习。

活动过程：

（1）师生共同欣赏圣诞歌曲 We wish you a Merry Christmas.

T: Let's enjoy a video about Christmas!

Students listen to the song: We wish you a Merry Christmas!

T：What's the song about?

Ss：Christmas!

（2）头脑风暴：让学生自由发言，谈论自己知道的中西方节日。

T：Tell me, what other festivals do you know?

Students say festivals they know. Then Teacher gives responses to Students.

Eg.

S1：Thanksgiving.

T：It's a very important festival in the US. What do people say?

S1：They say "thank you" for the food, family and friends.

S2：Mid-Autumn Festival.

T：What do you eat at Mid Autumn Festival?

S2：I eat mooncakes.

T：Do you like it?

S2：Yes. It's delicious.

S3：Children's Day.

T：Every child likes Children's Day. And is it a Chinese festival?

Ss：No.

T：It's an international festival.

…

T：You know lots of festivals. We can divide them into: western festival, Chinese festival and international festival.

活动意义：教师在歌曲热身后，设计了头脑风暴，激发学生对节日话题的兴趣。通过头脑风暴，师生间的问答，进一步活跃课堂气氛。教师在对话中有意追问，使得话轮更加丰富。同时教师将孩子们说出的节日分成三大部分：Chinese festivals, Western festivals and international festivals。从而自然地引出下一个环节，即呈现本课谈论的主题。

2. 基于语言运用的口语巩固活动

【活动 2】

活动名称：Help Daming finish the Christmas poster

适用年级：六年级

活动准备：

（1）每个学生发一张活动单。

（2）学生对介绍圣诞节的主要句型有一定的操练。

活动目标：培养学生运用所学节日相关句型来介绍圣诞节的能力。

活动过程：

（1）教师向学生展示 Daming 制作的关于圣诞节的海报

（海报未完成，只有图片，未配英文介绍文字）

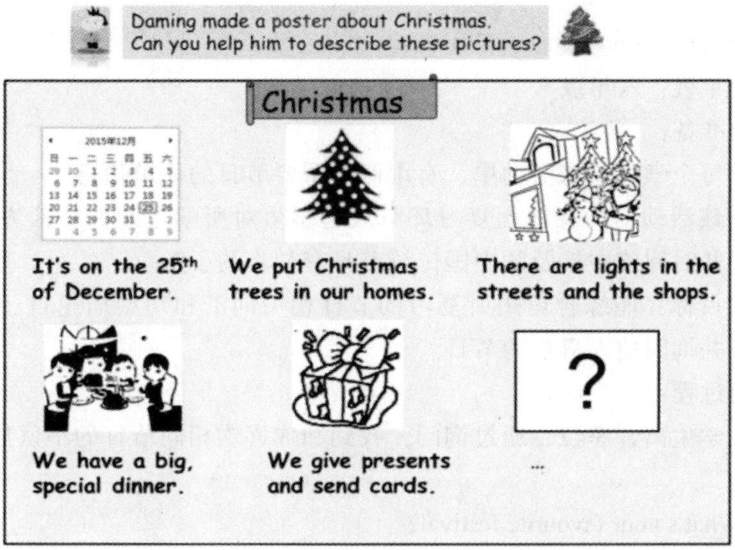

图 5-34

（2）和同伴一起讨论图片内容，为 Daming 未完成的海报的每张图片配上相应的文字；

（3）最后设置的空白图片，要求学生自己想象：圣诞节除了 Daming 设计的海报中涉及的事情，还能做其他什么事情。

Eg.

S1: I wear Christmas hat.

S2: I sing Christmas songs.

S3: I decorate my house with my parents.

S4: My family have a Christmas party. We say "Merry Christmas" to each other... .

活动意义：教师设置帮助 Daming 完成圣诞海报的情境来复习圣诞节，让学生与同伴共同讨论，为图片配上恰当的英文介绍，在两人合作中一定程度提高了学生的语言能力。并在完成关于圣诞节基础的介绍后，教师在海报的最后一幅图留空，让孩子们结合实际并充分想象：圣诞节除了 Daming 设计的海报中涉及的事情，还能做其他什么事情？旨在让孩子在复习课文内容的基础上，延伸拓展，扩充知识量，也让孩子们知道每个人都有不同的过节方式。同时，教师在活动后通过示范如何上网搜索圣诞节的信息，让孩子在课后可以借助网络了解更多关于圣诞节的文化，并与同伴分享，适当进行课外延伸，对学生的语言能力进行拓展。

3. 基于语言运用的口语拓展活动

【活动 3】

活动名称：Find the same festivals we like

适用年级：六年级

活动准备：

（1）每个学生一张活动单，有中西方重要节日的简单信息。

（2）该活动前，在前面复习环节激起学生对所学过的四个西方节日的知识储备，并对阅读中涉及的中国传统节日有初步的了解。

活动目标：能综合运用所复习的节日相关词汇和句型描述自己喜欢的中西方节日并询问他人喜欢的节日。

活动过程：

（1）学生离开座位，通过询问，找到和你喜欢相同节日的小伙伴。

Eg.

A：What's your favourite festival?

B：My favourite festival is…

（2）问问他们是怎样过这个节日的。

Eg.

A— What do you eat/wear/say/do…?

（3）邀请他 / 她下次一起过节。

Eg.

A：Can I have... with you?/Do you want to have… with me?

B：Of course!/ Good idea!/OK.

活动意义：该活动通过任务“寻找喜欢相同节日的小伙伴并邀请其共同过节”的驱动下激发学生的英语学习动机，从而体现 Learning by doing 的原则。旨在让学生把本节复习课的知识运用到实际当中，提高学生的综合语言运用能力。在任务完成的过程中，教师有意分步引导，示范学生在任务过程中进行更多的对话交流，完成更多的话轮。

六、话题“职业”：基于语言运用的小学英语口语活动案例

（一）话题：职业梦想（该案例由厦门市瑞景小学黄芸老师提供）

1. 基于语言运用的口语导入活动

【活动 1】

活动名称：Talk about the dream jobs.

适用年级：三年级

活动准备：

（1）准备视频：厦门各行各业为九月金砖会议进行充分准备。

（2）学生对职业相关词汇有一定的掌握。

活动目标：复习相关职业名词，有效激活旧知，导入课文。

活动过程：

（1）诵读自编的儿歌（见图 5-35）

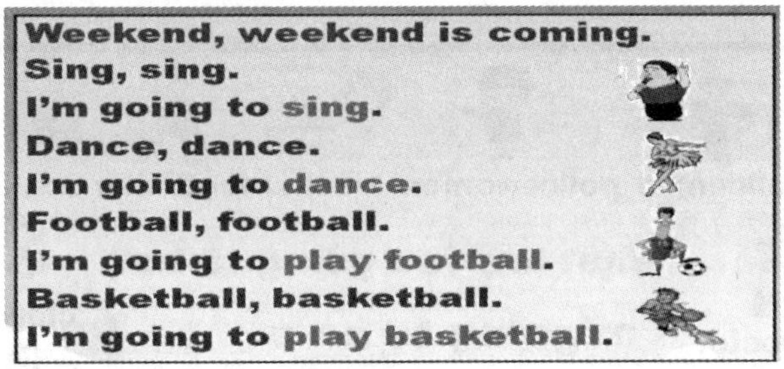

图 5-35

（2）学生观看视频，视频内容为各行各业人们为九月金砖会议进行各种准备。

（3）教师提问学生，视频中都涉及哪些职业？（policeman, worker, student, driver, nurse...）学生两人一组进行讨论，自己想要从事什么职业，简单谈论原因。

Eg. A：I like the doctor. It's helpful.

B：I like the policeman. It's important....

（4）教师导入本课主题 Dream jobs，带领学生进一步学习文本。

活动意义：朗读儿歌，有效复习 be going to 的句型，为新课 I'm going to be a... . 做铺垫。视频观看，利用当下热点时事，即厦门举行的金砖会议为背景视频，呈现本课主题 jobs，通过视频来激发孩子对职业的追求，让孩子进行自主谈论后，通过文本进一步学习职业理想，让孩子带着主动性及积极性进

入学习。

2. 基于语言运用的口语巩固活动

【活动 2】

活动名称：Invitation

适用年级：三年级

活动准备：

（1）学生在新课中熟练掌握 What are you going to be? I'm going to be a.... 的句型。

（2）学生对职业相关词汇有一定的掌握。

活动目标：巩固 What are you going to be? I'm going to be a.... 的句型，巩固职业名词。

活动过程：

（1）在全班范围内，自由调查同学们的职业梦想，看 5 分钟内谁调查的多提供关键信息（见图 5-36）。

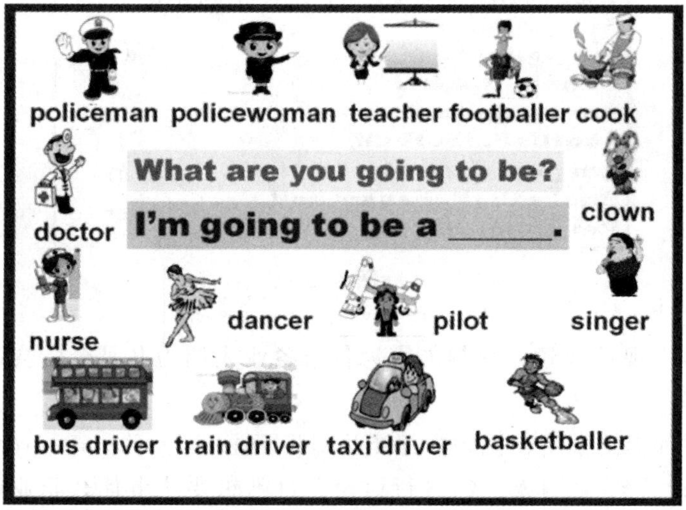

图 5-36

（2）小组反馈

活动意义：

在全班范围内，自由调查同学们的职业梦想，那么学生在有限的时间内，不断去重复练习 What are you going to be ? I'm going to be a.... 使句型的操练与巩固得以强化。同时反馈时学生的输出是 She's going to be a.... XX is going to be a.... 达到人称的转化，使句型的材料得到提升。

3. 基于语言运用的口语拓展活动

【活动 3】

活动名称：Find the like minded friends.

适用年级：三年级

活动准备：

（1）学生在新课中熟练掌握 What are you going to be ? I'm going to be a... 的句型。

（2）学生对职业相关词汇有一定的掌握。

活动目标：巩固 What are you going to be ? I'm going to be a... 的句型，巩固并拓展职业名词和相关的职业行为。

活动过程：

（1）学习歌曲（见图 5-37）：

图 5-37

（3）根据歌曲内容讨论，连线，并用 He/She's going to be a... He/She is going to... . 描述

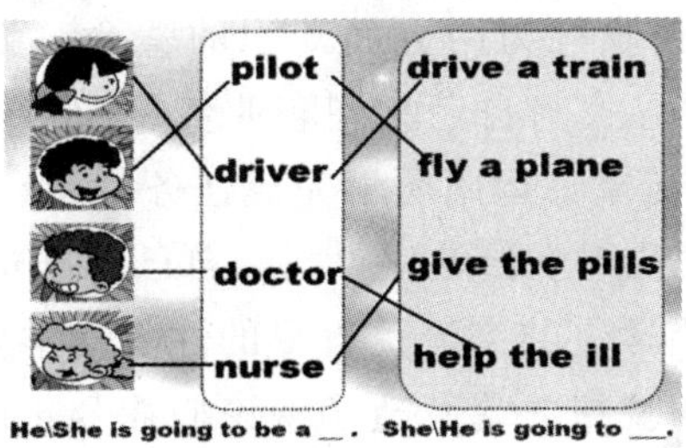

图 5-38

（3）全班范围内调查同学们的职业梦想及相关的职业行为，寻找与自己相同职业梦想和职业行为的志同道合的朋友（见图 5-39）。

图 5-39

（4）插上职业梦想的翅膀

（5）德育渗透：Every job is important. Work hard for our dream jobs. One day, it will turn true.

活动意义：学习歌曲，将歌曲整合到教学中，提升对歌曲的要求。不仅仅是说说唱唱而已，还要理解歌曲完成连线练习，并且会运用 He/She is going to be a... . He/She is going to… . 描述歌谣中的人物的职业梦想和职业行为，这样有利于职业梦想和职业行为两方面知识的整合，为学生最后的任务输出做铺垫。任务的设计“寻找与自己相同职业梦想和职业行为的志同道合的朋友”，让学生学会合作交流，运用所学完成任务，有利于学生全员参与活动，并综合运用所学，学以致用。让学生寻找与自己志同道合的人，增强了学生询问交流的驱动力，让学生的交流更有目的性。让学生将自己的名字写在梦想之翼之上，用音乐和梦想之翼营造了谈论职业梦想的环境。让有共同职业梦想的学生合作运用 We are going to be a... . We are going to... . 谈论他们共同的职业梦想，适当扩展了句型。而人称的转换，更是检验了学生语言的理解和掌握程度。最后德育渗透，提升人文素养。

（二）话题：职业介绍（该案例由开禾小学——吴艳虹老师提供）

1. 基于语言运用的口语导入活动

【活动 1】

活动名称：Talk about my family

适用年级：一年级

活动准备：

（1）准备韵律诗：Family.

（2）学生已学过的家庭成员及有关职业 - 教师。

活动目标：

（1）热身复习，活跃气氛。

（2）复习已学过的家庭成员及教师一词，为新课学习职业做铺垫。

活动过程：

（1）教师出示自己的家庭照片并进行介绍“This is my father. He’s a... .”。

（2）学生展示自己家庭照片，运用已学的知识进行介绍。

活动意义：该活动利用韵律诗复习上学期学过的有关家庭成员的单词，为本课的课文教学做铺垫，同时也活跃课堂气氛，激发学生的学习兴趣。通过老师介绍自己家庭成员和学生的介绍自然地引出本课的教学内容和任务。

2. 基于语言运用的口语巩固活动

【活动 2】

活动名称：Help Lingling introduce her family members and their jobs.

适用年级：一年级

活动准备：

（1）学生在课文中已学了有关职业的单词“nurse, policeman, pupil, driver, teacher”。

（2）学生能初步运用句型“This is my.... He’s / She’s a... .”。

活动目标：能运用“This is my.... He’s / She’s a....”和有关职业的单词“nurse, policeman, pupil, driver，teacher”来介绍玲玲的家庭成员。

活动过程：

（1）出示 lingling’s father 的图片，让学生猜他的职业。

T: This is Lingling’s father. Guess, what’s he?

Students guess.

T: He’s a driver. This is Lingling’s family. Can you help her introduce them?

（2）在老师示范后，学生两人合作，扮演 lingling 向同桌介绍介绍自己的家庭成员以及他们的职业。教师注意引导学生使用提供的句型：Hello! I'm Lingling.

This is my…. He's / She's a... .

This is me. I'm a... .（见图 5-40）

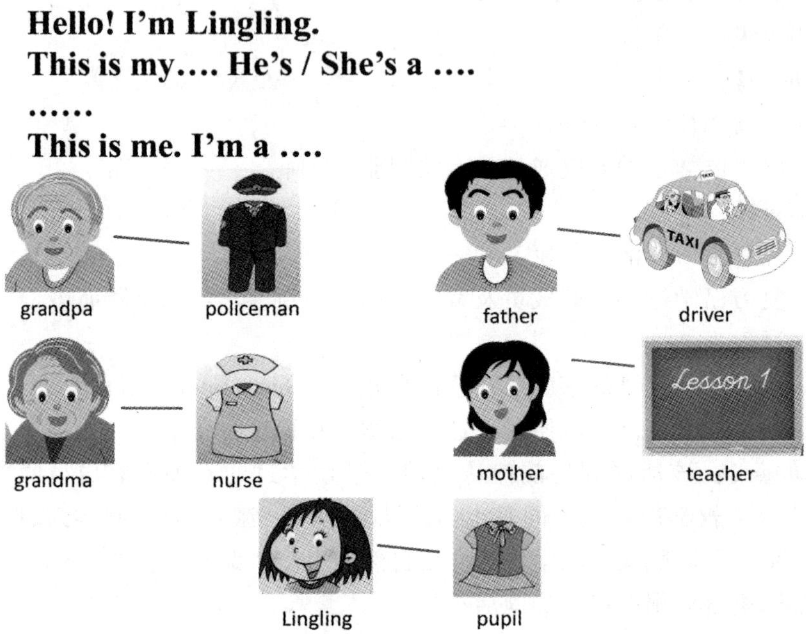

图 5-40

（3）请个别学生起来扮演 Lingling 向全班介绍她的家庭成员和他们的职业。

活动意义：此活动通过“帮助 Lingling 介绍她的家庭成员以及他们的职业”，让学生综合运用课文中所学语言，巩固所学。教师在此环节呈现更多的有关职业的单词及家庭成员，鼓励学生多说。

3. 基于语言运用的口语拓展活动

【活动 3】

活动名称：Introduce your family members and their jobs.

适用年级：一年级

活动准备：

（1）学生对“This is my... . He's / She's a... .”的句型已经进行较全面的操练，对有关职业的几个单词掌握较好。

（2）学生自备自己家庭的全家福照片。

活动目标：学生能够运用所学句型谈论。

活动过程：

（1）学生通过四人小组活动介绍自己的家庭成员和他们的职业。

教师引导学生使用提供的句型进行介绍：

Eg.

Hello! I’m... .

This is my…. He’s / She’s a... .

This is me. I’m a... .

（2）请学生起来介绍自己的家庭成员和他们的职业。

活动意义：教师在此环节，通过介绍自己的家庭成员和他们的职业，引导学生综合运用语言，并鼓励学生介绍更多家庭成员的职业，满足不同层次学生的需求，实现学以致用。

七、话题“计划与准备”：基于语言运用的小学英语口语活动案例

（一）话题：外出准备（该案例由厦门市演武第二小学刘莹老师提供）

1. 基于语言运用的口语导入活动

【活动 1】

活动名称：Chant and Free talk

适用年级：三年级

活动目标：

（1）自编 chant 热身激趣，同时复习旧知为新知教学做铺垫。

（2）师生自由交谈，复习旧知，为新知学习做铺垫，引导学生之间两两自由交谈，形成话

轮。有效导入明确主题和任务，有的放矢。

活动准备：

（1）学生对于动词词组有一定的基础，例如“play football”“sing a song”等

（2）学生对于句型“What will you do this weekend?”“Will you…?”“Yes, I will./ No, I won’t.”有一定的基础。

活动过程：

（1）Say a chant（见图 5-41）.

图 5-41

（2）Free talk and pair work.

T: Boys and girls, weekend is coming. Look, they will do many things at the weekend. What will you do this weekend?

En. I think I will play football this weekend. Will you play football this weekend?

S1: Yes, I will.

T: Great !

T: Hello, girl. How about you ? Will you play football this weekend ?

S1: No, I won't.

T: What will you do this weekend ?

S1: I will read a book..

T: Sounds great !

T: OK, boys and girls, can you ask your partner like this ?

S1: Hello, XXX. I will play football this weekend. Will you... ?

S2: Yes, I will. / No, I won't.

S1: What will you do this weekend ?

S2:... .

T: Can you ? OK . Work in pair. Go!

T: Time is up ! Who will try ?

S1:..

S2:...

T: Oh, you will fly a kite this weekend . That's a good idea.! And will you take something?（你是不是应该带点什么呀？）water? kite?

S：Yes.

T: Of course. You should take something. We should make a preparation for our weekend activities.

活动意义：通过自编 chant，不仅热身激趣，也帮助学生巩固复习部分动词词组以及“Will you…? ”、“Yes, I will./No, I won’t. ” 的句型。师生自由交谈，为新知学习做铺垫，引导学生之间两两自由交谈，有意识地引导学生形成话轮。进而过渡搭配主题和任务的引入。

2. 基于语言运用的口语巩固活动

【活动 2】

活动名称：Guessing game

适用年级：三年级

活动目标：

（1）能熟练运用 Will you take... tomorrow? Will you take your… tomorrow? 来进行询问。

（2）能对掌握的词汇进行一定的归纳：例如 apple、orange（fruit）

活动准备：

（1）学生对新知的学习：“Will you take… tomorrow? Will you take your... tomorrow? Yes, I will./No, I won’t.” 有了初步的感知和操练。

（2）学生有一定的词汇积累量，但还没有形成一定的归类。

活动过程：

（1）创设老师周末野餐的情境，让学生猜测老师将要携带的物品。

（2）引导学生对所猜测的物品进行归类（见图 5-42）。

Eg.

T: Boys and girls, Sam and Amy will have a picnic this weekend . Miss Liu will have a picnic this weekend, too. What will I take? Can you guess ?

S1: Will you take your...

T: Yes, I will. I like apple.（贴苹果）

S2: Will you take your ..

T: No, I won’t. I don’t like orange.

T: Children, apple and orange, they are...

Ss: Fruit.

T: Yes, I will. Fruit is not enough. I will take…

S: Will you take your...

T: Yes, I will take two hamburgers?

S1: Will you take your…?

T: Yes, I will. So hamburger and sweet, they are...

Ss: Food.

图 5-42

活动意义：

通过创设情景，自然引出重点句型的操练和巩固。其次有意识地引导学生进行物品的分类，形成思维导图，为学生在最后大任务的完成提供较为丰富的语料。

3. 基于语言运用的口语拓展活动

【活动 3】

活动名称：Talk about your weekend plan and the preparation of the weekend activities.

适用年级：三年级

活动目标：运用 Will you take…? Yes, I will. Will you take…? No, I won't. 来了解同伴的周末活动计划和准备。

活动准备：

（1）两人一组，共用一份语料较为丰富的物品清单。

（2）该活动前对句型 Will you take…? Yes, I will. Will you take…? No, I won't. 有一定的操练和积淀（见图 5-43）.

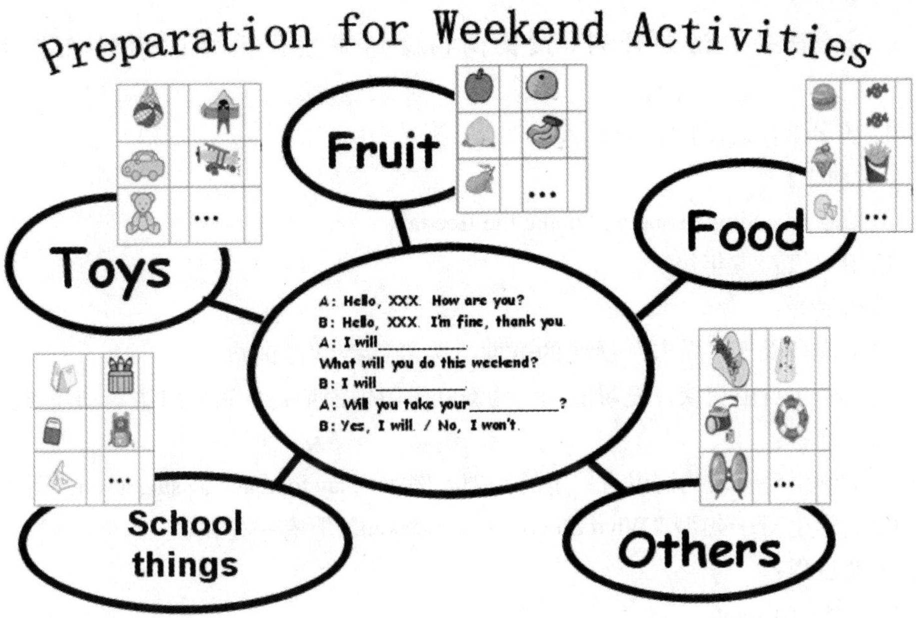

图 5-43

活动规则：

（1）Using "Will you take…? Yes, I will. Will you take…? No, I won't" to ask your partner to know his/her weekend plan an d the preparation of the weekend activities.

（2）Using "I will…. I will take …" to share with other groups.

Eg.

A：Hello! XXX .

B：Hello! XXX. How are you ?

A: I am fine. Thank you . I will _____.

What will you do this weekend ?

B: I will_______.

A: Great/Good/Nice. Will you take your___?

B: Yes, I will. /No, I won't .

A: Why? / Why not?

B: I like… / I don't like…

活动意义：该活动通过让学生运用思维导图进行交流和表达，了解同伴的周末活动计划和准备，不仅任务真实，也让学生运用所学的语言进行了真实的语言交际。同时也让学生通过不断的话轮转换和滚动，丰富了学生的语言承载量。

（二）话题：活动计划（该案例由厦门市演武第二小学刘莹老师提供）

1. 基于语言运用的口语导入活动

【活动 1】

活动名称：Sing a song and make the free talk

适用年级：三年级

活动目标：

（1）准备关于“周末”话题的歌曲，为新知教学做铺垫。

（2）师生自由交谈，复习旧知，为新知学习做铺垫，自然导出主题和任务。

活动准备：

（1）学生对于动词词组有一定的基础，例如“play football”、“sing a song”等。

（2）学生对于句型“What do you do at weekend?”有一定的基础。

活动过程：

（1）Sing a song.

T: What's the song about ?

Ss: It's about weekend.

T: What's the meaning of weekend?

S1: 周末。

T：Yes, weekend means Saturday and Sunday.（出示日历）

（2）Free talk

T: What do you do at weekend?

S1: play football.

T: Great!

S1: I go to the zoo.

T: And what will you do at this weekend?（出示日历）

S: … .

活动意义：歌曲不仅热身激趣，而且为新知的学习做好铺垫。歌曲的吟唱不只是单纯地仅为热身，学生是有目的地让学生去吟唱并发现歌曲所吟唱的主题，从而自然地过渡到主题“周末”，再通过师生间的自由交谈，从学生已有的旧知中类比地引出今天将所学的新知，过渡自然，符合学生语言学习的规律。

2. 基于语言运用的口语巩固活动

【活动 2】

活动名称：Guessing game

适用年级：三年级

活动目标：能熟练运用“Will you go to…”“Yes, I will. No, I won’t.”来进行询问和回答。

活动准备：

（1）学生对新知的学习：“Will you go to…”“Yes, I will. No, I won’t.”有了初步的感知和一定的操练。

（2）学生对地点的词汇有一定的积累。例如 zoo，park 等。

活动过程：

（1）同伴之间相互用“Will you go to…”“Yes, I will. No, I won’t.”来猜测对方的周末活动。

S1: Will you go to...

S2: Yes, I will. Will you go to...

S1: No,I won’t. I will go to...

活动意义：该活动通过让学生之间相互猜测的方式，来操练和巩固重点句型。学生之间存在信息差，活动真实有效，既巩固和操练了主要句型，也激发了学生间的学习积极性。

3. 基于语言运用的口语拓展活动

【活动 3】

活动名称：Know your friends’ weekend plans.

适用年级：三年级

活动目标：运用“What will you do this weekend?”“Will you go to... ? Yes, I will. /No, I won’t.”“What will you see? I’ll see…”来了解同伴的周末活动。

活动准备：（1）两人一组，相互了解对方的周末计划。（2）该活动前对句型“What will you do this weekend?”“Will you go to... ? Yes, I will. /No, I won’t.”“What will you see? I’ll see…”有一定的操练和积淀 .

活动过程：

（1）同伴之间相互运用提供的模板进行了解周末活动。

Eg.

A：Hello！ XXX . What will you do this weekend? Will you go to... ?

B: Yes, I will.

A: What will you see ?

B: I’ll see…

A: What will you do ?

B: I'll...

活动意义：该活动通过提供语言模板让学生相互了解同伴的周末活动，不仅任务真实，也让学生运用所学的语言进行了真实的语言交际。同时也有意识地注重学生话轮的转换和滚动。

七、话题“经历”：基于语言运用的小学英语口语活动案例

（一）话题：体育赛事（该案例由厦门市演武第二小学刘莹老师提供）

1. 基于语言运用的口语导入活动

【活动 1】

活动名称：Talk about Lingling's abilities.

适用年级：五年级

活动目标：师生自由交谈，复习旧知，为新知学习做铺垫，自然导出主题和任务。

活动过程：

Eg.

T: What can you do?

S1: I can..

S2: I can..

T: Great. You can sing well. He can play football well. How about our friend Lingling? What can she do well?

Ss: She can play basketball

S1: She can run fast. She can jump high.

T: Yes. And how many points did she got?

S1:20 points. She got twenty points .

T: That's right. She can run fast. She can jump high. So she can play basketball very well.

活动意义：通过师生自由交谈，既巩固了旧知，又为新知学习做铺垫。进而过渡到主题和任务的引入。

2. 基于语言运用的口语巩固活动

【活动 2】

活动名称：Lucky Dog

适用年级：五年级

活动目标：

（1）能熟练运用 He/She got…points. 来描述得分。

（2）对数字有一定的基础，能正确表达出数字的英文说法。

活动准备：

（1）学生对于句型 He/She got…points. 有一定的基础。

（2）学生能用英文正确表达数字。

活动过程：

Eg.

T: Wow, you can do it very well. Let's play the game. Know the other children's points.

Ss: Ok.

T: How many points did the girl get?

S1: She got fourteen points.

T: Yes .

T: How many points did the girl get?

S2:...

He /She got ______ points.

图 5-44

活动意义：通过游戏的方式，既巩固、操练了句型，又复习了数字。同时游戏有助于激发学生的兴趣，调节课堂的气氛，为接下来学生大任务的完成做好了铺垫。

3. 基于语言运用的口语拓展活动

【活动 3】

名称：Make a report for a match

适用年级：五年级

活动目标：运用“XX got... points.”来介绍比赛者的得分。

活动准备：（1）为每位同学准备一张体育比赛（足球、篮球、排球等）的照片。（照片里包含比赛时间、地点、双方得分和队员得分）（2）该活动前能仿照课文介绍课文的篮球赛，同时对“XX got... points.”有一定的操练（见图5-45）。

图 5-45

活动规则：根据图片内容，进行赛事报到。

Eg.

A—Hi, I'm XXX from School TV. Yesterday, XXX,XXX and XXX… in the… They got… . points. The other team got… points. XX got… points. XX got… points. XX team won. They were very happy.

活动意义：该活动中，学生通过所学的语言来介绍一场赛事情况，对学生的要求较高，但在学生熟练掌握课文内容的情况下，难度并不大。扮演小记者进行报道，一方面增强学生表达的积极性，另一方面又能提升学生的综合语言运用能力。此外，教师可鼓励学生跳出课文的框架，对比赛做更丰富的介绍，这样既丰富了学生语言的承载量，又让学生有所创造。

（二）话题：点餐（该案例由厦门市人民小学阮纯纯老师提供）

1. 基于语言运用的口语导入活动

【活动 1】

活动名称：Free talk

适用年级：六年级

活动准备：

（1）学生已学过大量食物词汇。

（2）学生能用“I want…”描述自己想要的食物和饮料。

活动目标：（1）热身复习，活跃气氛。

（2）使用句型“I want…”描述自己想要的食物和饮料。

活动过程：

（1）教师看表，表示吃饭时间接近了，有些饿了，同学们饿了吗？那午饭想吃什么？

（2）学生回答，同桌对话。

Eg:

T—It's 11 o'clock. I want something to eat. A hamburger is very nice. Are you hungry? What do you want to have for lunch?

Ss—I want...

T— What do you want?

Ss—I want...

（3）观看视频，进入课文。

T— Oh, you want a hamburger. How about Simon? Let's see.

活动意义：通过 Free talk 在自然情境下复习了食物词汇，开放讨论，让学生通过交流唤醒旧知，且巩固了目标语言，也为新知的教学做铺垫。之后点出本课主题，自然过渡到课文的学习。

2. 基于语言运用的口语巩固活动

【活动 2】

活动名称：小小餐馆

适用年级：六年级

活动准备：

（1）通过 PPT 的图片和板书创设在餐馆点餐的情境，学生准备好食物（可以是图片）和钱。

（2）该活动前对句型 What do you want? I want… How much is it? It's… . 有一定的操练。

活动目标：运用 What do you want? I want… . How much is it? It's… . 的句型点餐。

活动过程：

（1）Work in groups, decide the roles and have some preparation.

（2）Order the food in the restaurant（见图 100）.

Eg.

TA: Can I help you?

B: Yes, please.

A: What do you want?

B: I want...

How much is it?

A: It's… dollar(s) and… cents.

B: Here's your food.

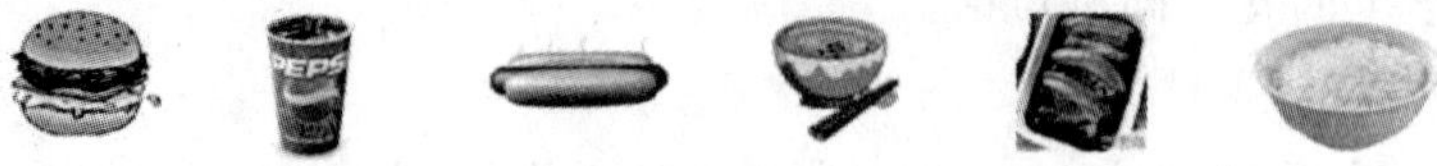

$3.75　$1.25　$2.00　$1.10　$3.80　$0.85

图 5-46

活动意义：该活动要求学生以四人小组为单位，分别扮演服务员、点餐的顾客、点餐的孩子，只要听清楚服务员的问题，模仿范例，就可以较为轻松地完成点餐的任务。而服务员听说任务的难度要相对大些，该活动的设计意图一是让孩子在真实情景中开口说英语，二则是通过语言输入量和输出量的多少调节任务的难度，将不同能力要求的听说任务布置给小组中具有相应能力水平的学生去完成，这样可以让所有的学生根据自己的水平选择适合自己的角色进行扮演，在他们得到成功体验的同时激发他们参与听说活动的积极性，让优生吃得饱，学困生有得吃。

3. 基于语言运用的口语拓展活动

【活动 3】

活动名称：电话订餐 Order the meal

适用年级：六年级

活动准备：

（1）引导学生复习与食物、饮料有关的名词，并构建食物、饮料名词的词汇图示。

（2）将食物、饮料图片及价格呈现在 PPT 上，提供关键词供学生参考。

（3）该活动前学生已掌握了 Hot dog, cola 等食物饮料词汇。能用句型“How much is it?”“It's… dollar(s) and… cent(s).”讨论食物价格，以及能描述家庭住址。

活动目标：学生能运用“How much is it?”“It's… dollar(s) and… cent(s).”来询问并说明食物和饮料及其价格。

活动过程：

（1）学生 A 扮演接线员，学生 B 扮演顾客，学生 C 扮演送餐人员。学生 B 根据饭店菜单进行点餐。

（2）学生 A 根据 B 的点餐情况计算出价格，学生 C 送餐。

（3）学生 B 付钱。

Eg.

（1）A—Hello. Can I help you? /What can I do for you?

B— I want a hot dog. How much is the hot dog?

A— It's three dollars.

B— How much is the cola?

A— It's one dollar and fifty cents.

B— I want one hot dog and two cola, please. How much is it?

A— It's 6 dollars.

B— OK. Your address?

A— I live in...

（2）C— Here's your food. 6 dollars, please.

B— Here you are. Thank you.

C— Enjoy your meal. Bye.

B— Bye bye.

活动意义：随着信息时代到来，叫餐已经是人们解决吃饭问题的一种普遍形式。因此，该活动在课文文本以外，结合实际，拓展了电话叫餐的活动。每一个学生都可以扮演顾客、接线员和收银员，在真实的语言环境中既学会了新单词，又操练了句型。在操练中根据真实情境拓展了话轮，将 Can I help you? /What can I do for you? Here's your food. Enjoy your meal. 还有地址描述等内容融入对话，丰富了对话的完整性，增强体验感。角色扮演的活动增强了学生学习英语的自信心，同时也激发了学生运用英语进行表达的兴趣。

（三）话题：意外事故（该案例由厦门外国语学校附属小学谢一新老师提供）

1. 基于语言运用的口语导入活动

【活动 1】

活动名称：Brainstorm

适用年级：四年级

活动准备：学生对活动类单词有一定的储备和积累。

活动目标：

（1）复习学过的活动类单词，为接下来的活动做知识储备。

（2）引导学生通过常见地点梳理相应的活动类词组。

活动过程：

（1）学生根据老师在 PPT 中提供的地点，两人一组交流与该地点相关的活动类词组。（见图 5-47）

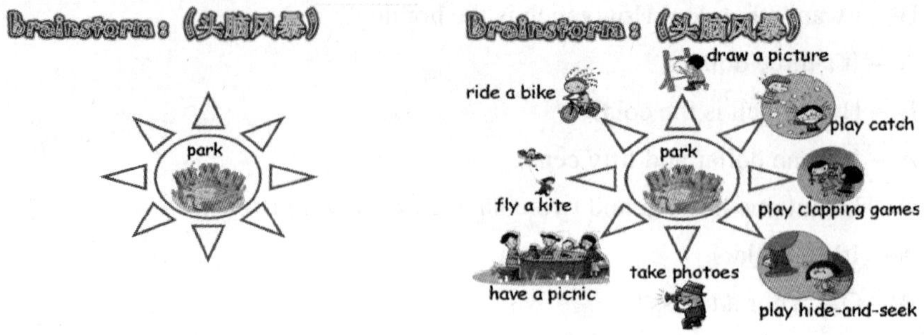

图 5-47

T: What do you do in the park/school/... ?

S1: I... .

（2）全班交流

活动意义：通过本活动，教师先让学生交流自己根据地址图片所能联想到的活动类单词，不仅能充分激发学生已学的活动类词组旧知，还能利用这种方式引导学生先梳理清楚 place 和活动类词组之间的关系，为接下来的意外事故表达做准备。

2. 基于语言运用的口语巩固活动

【活动 2】

活动名称：Lingling's and Amy's accidents

适用年级：四年级

活动准备：

（1）学生每人一张活动单（见图 5-48）。

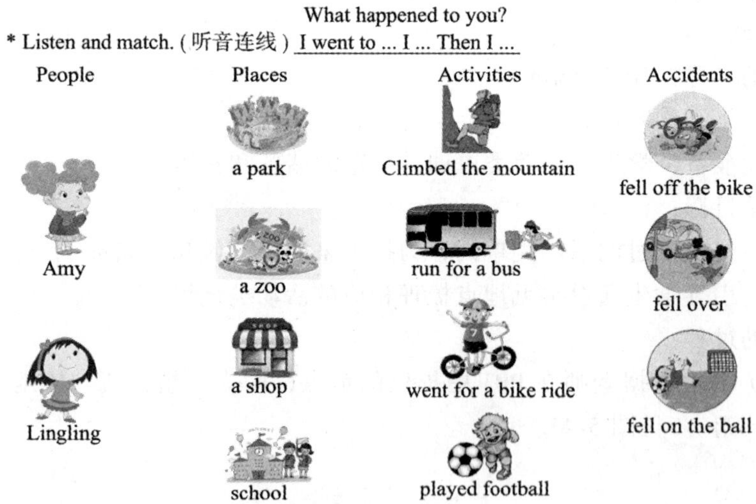

图 5-48

（2）准备录音听力

活动目标：通过听力引导学生从 people，places，activities，accidents 四方面梳理意外事故发生的逻辑顺序。

活动过程：

（1）Listen and match

T: Yesterday, Amy and Lingling had accidents, too. What happened?

T: Please take out this sheet. Pencils and rules, please. Look at page 1. Now listen and match.

（2）Check up

T: Who will be Amy/Lingling?...

Where did you go yesterday?

S1: I went to a zoo / park.

T: What did you do?

S1: I ran for a bus / went for a bike ride.

T: What happened to you?

S1: I fell over/fell off.

（3）Talk in pairs

T: Now I will be Amy. You are Lingling.

T: I went to a zoo. I ran for a bus. Then I fell over.

T: It's your turn. Lingling!

S1: I went to a park. I went for a bike ride. Then I fell off.

活动意义：学生通过听音连线，初步了解描述一件事故时 people，places，activities，accidents 的逻辑顺序，注重学生逻辑思维的培养，并为接下来结合生活实际谈论自己的经历做语言准备。

3. 基于语言运用的口语拓展活动

【活动 3】

活动名称：Talk about an accident in your life

适用年级：四年级

活动准备：

（1）两个学生一组，每人一张表格。

（2）该活动前学生对场所类单词、活动类单词、意外类单词和 What happened to you? I... . 的句式有一定的操练和知识储备。

活动目标：理清描述一件事故时 people, places, activities, accident 的逻辑顺序，使用语言 What happened to you? I went to... I... Then I... 谈论发生在自己身上

的一次事故（见图 5-49）。

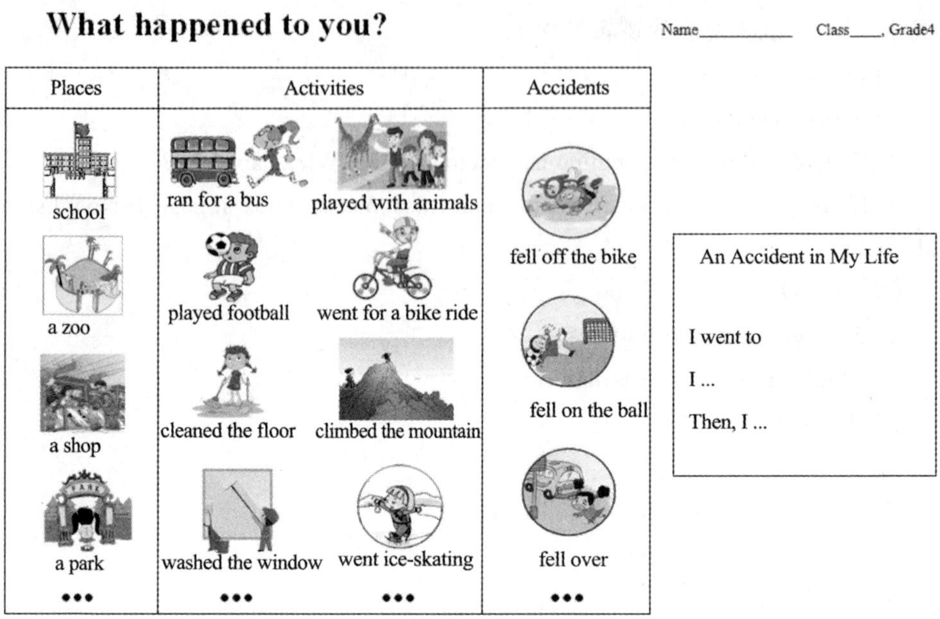

图 5-49

活动过程：

（1）Read and think the accident about yourself, then tick the pictures.

（2）Talk about the accident with your partners.

Eg.

A—What happened to you?

B—I went to... I... Then, I...

A—I'm sorry to hear that.

Tips:（1）Say as more as you can.

（2）Add sth. to make your dialogues more nature.

Eg. I'm sorry to hear that.

活动意义：每位学生先思考过去发生在自己身上的一次小事故，再根据 place, activity, accident 这三个逻辑维度运用目标语句描述。为获知发生在同学身上的小事故，学生需运用目标语句“What happened to you? I went to... I... Then I fell...”来询问和交流。该活动引导学生从 Places, Activities, Accident 三个方面的逻辑维度思考如何描述发生在自己身上的一次小事故，内容贴近学生生活实际。既让学生学会运用目标语句，又要注重培养学生描述一件事的逻辑思维。

（四）话题：旅游经历（该案例由厦门市观音山音乐学校蔡王莹琪老师提供）

1. 基于语言运用的口语导入活动

【活动 1】

活动名称：Share Ms Cai's travel experience

适用年级：六年级

活动准备：

（1）教师一次旅行经历的微视频。

（2）学生对特殊疑问词的掌握情况较好。

活动目标：学会应从哪些方面讨论自己的一次旅行经历。

活动过程：

（1）教师通过微课展示自己的一段旅行经历。

（2）学生两人一组，交流自己的一次旅行经历。

（3）师生反馈，教师适时引导学生进行更多的话轮，并且由此教师归纳总结出谈论一次旅行经历的思维导图。（Where，When，How，Who…）

Eg. A:Where did you go？

B: I went to Disney Land.

A: When did you go there?

B: I went there last summer.

A: How did you go there?

B: By plane.

A: How did you feel？

B: I was happy.

…

（4）教师引出本课话题 Travel experience，并导入文本学习：如何谈论自己的一次旅行经历并会描述自己的感受。

活动意义：该活动利用微课进行导入，展示教师的一段旅行经历，引起孩子共鸣，也想参与其中进行讨论。虽然学生已经学过过去式，会用基本的句型来描述自己过去的经历，但对如何有逻辑性地描述一次旅行及感受尚缺乏条理性，因此教师导入文本的学习。这样的微课及问答的导入方式很大程度激起孩子参与课堂的主动性，更积极地进入课堂的学习。

2. 基于语言运用的口语巩固活动

【活动 2】

活动名称：Gap information about Ted and Sally's travel

适用年级：六年级

活动准备：

（1）学生已经掌握询问旅行经历的特殊疑问句。

（2）学生两人一组，分别有活动单 A 与活动单 B。

活动目标：通过使用特殊疑问句获取对方信息，使用一般过去时回答告知对方自己所拥有的信息，来了解 Ted 与 Sally 的旅行经历。

活动过程：

（1）学生两人一组，A 学生有活动单 A，是关于 Ted 的旅行经历。B 学生有活动单 B，是关于 Sally 的旅行经历。学生阅读自己手中的活动单。

（2）通过使用特殊疑问句进行询问，了解对方活动单中的信息，并进行填空。学生通过问答，收集信息。

Eg.

Student A: Where did Sally go?

Student B: She went to the Great Wall.

Student A: When did he go?

Student B: Last summer.

Student A: How did she go there?

Student B: By plane.

Student A: What did she eat?

Student B: She ate biscuits and oranges.

…

（3）组内分享，利用完成的表格反馈，使用一般过去时来描述 Ted/Sally 的一次旅行经历。

活动意义：教师在该环节运用信息差活动，让学生通过阅读掌握人物的旅行经历的信息，阅读后还要了解对方活动单中人物的旅行经历的信息来填表，为了完成表格，学生要进行至少四次的问答。这样的动机使他们积极主动参与到活动中来，为了传递信息和获取信息，在较为真实的语境中使用目标语句，兴趣得到激发与培养，语言运用能力得到提升。老师设置这样的“信息沟”任务活动，学生就会积极参与，大胆交流，避免了机械无意义的表达，使对话更有意义。

3. 基于语言运用的口语拓展活动

【活动 3】

活动名称：Write a postcard about your travel experience and share

适用年级：六年级

活动准备：

（1）学生已经通过导图归纳，了解应从哪些方面谈论自己的一次旅行经历，并谈论自己的感受。

（2）学生已掌握常用的一般过去时。

（3）学生已经在课前手绘一张自己旅游过的一个景点 / 地点的明信片。

活动目标：能结合实际，灵活运用复习的句子，正确运用一般过去时描述自己的一次旅行经历。

活动过程：

（1）学生根据自己的实际情况，根据教师提供的句型 I went to... I saw... I ate... 在手绘明信片上写自己的一次旅行经历。

（2）教师进一步引导学生，在描写自己旅行经历的基础上，可以增加对景点特征的描述，并邀请同伴来此地旅游（运用 Do you want to visit...? 的句型）。

（3）学生完成后在小组内分享自己的明信片。

（4）每个小组选择一张明信片，在班级进行分享。

活动意义：本活动通过让学生写下旅行经历，并在组内分享，这需要学生很多的知识储备，不仅包括一般过去时，还包括景点的名称，描述景点的词汇等。这样的活动旨在让学生把本节复习课的知识运用到实际当中，提高学生的综合语言运用能力，同时也为学生的探究性学习提供合理有效的任务驱动。教师为在此环节进行适当分层，学生既可以只写自己的旅行经历，也可以加上景点的描述，满足不同程度的学生需要，让每个学生都能做到有话可说。

九、话题“方位”：基于语言运用的小学英语口语活动案例

（一）话题：指路（该案例由厦门市演武小学刘颖老师提供）

1. 基于语言运用的口语导入活动

【活动 1】

活动名称：Role play

适用年级：二年级

活动准备：

（1）学生已学过“Turn right.”“Turn left.”“Go straight on.”

（2）学生对地图和路线有一定的认知基础。

活动目标：

（1）热身复习，活跃气氛。

（2）复习重点句型“Turn right.” “Turn left.” “Go straight on.”

活动过程：

（1）Listen, do the actions and repeat.

Eg.

T—I say. You do and say. Turn left. Turn right. Go straight on.

Ss—Listen, do the actions and repeat.

（2）Show the map and show the way.

T—Let's do role play. One is Sam. The other is policeman.

Sam—Excuse me. Where is Huxi Road?

Policeman—Go straight on. Then turn right. Then... .

图 5-50

活动意义：通过“Listen, do the actions and repeat.”复习动作指令“Turn right/left. Go straight on”。设计简单路线图，开放讨论，让学生互帮互助，将动作指令简单组合，尝试指路，既有效复习旧知，同时也为新知的教学做铺垫。

2. 基于语言运用的口语巩固活动

【活动 2】

活动名称：Retell the route.

适用年级：二年级

活动准备：

（1）学生已学过“Turn right.” “Turn left.” “Go straight on.” “Go past...” “Go out of the... .”

（2）学生对地图和路线有一定的认知基础。

活动目标：熟练运用“Turn right”“Turn left”“Go straight on”“Go past...”“Go out of the... .”描述课本上的路线。

活动过程：

（1）根据地图，同桌互练

Eg:

T: Can you help Sam find Apple Street?

S1: Where is Apple Street?

S2: Go out of the school. Then turn left. Then go straight on. Go past the factory. Then turn right. That is Apple Street.

（2）上台展示。

图 5-51

活动意义：通过地图，让学生一目了然，有效巩固所学，同时学生边复述，教师在黑板上边移动路线，非常直观。同时教师不满足重点句型的操练，把 Where is Apple Street? That is Apple Street. 加了进来，使话轮更具体和完善，有利于学生的真实交际。

3. 基于语言运用的口语拓展活动

【活动 3】

活动名称：Talk about the route from your school to your home.

适用年级：二年级

活动准备：学生已学完该课的内容，能掌握“Turn right”“Turn left”“Go straight on”“Go past...”“Go out of the... .”的用法。

活动目标：

（1）能应用“Where do you live?”“I live in...”询问并回答居住地点。

（2）能熟练运用“Turn right”“Turn left”“Go straight on”“go past...”“go out of”等介绍自己画的从学校到居住地点的路线。

活动过程：

（1）同桌互谈从学校到家的路线。

T: Talk about the route from your school to your home.

S1: Hi, … Where do you live?

S2: I live in…

S1: Where is... ?

S2: Go out of the school…

（2）上台展示(见图 5-52)。

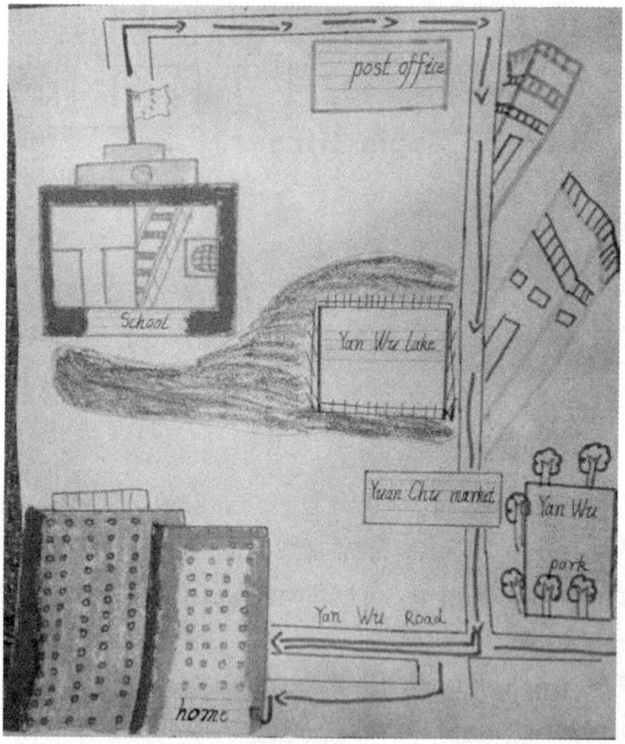

图 5-52

活动意义：学生已在美术课中学会画从学校到家的路线，包括画出出发点、目的地、途经重要标志物。教师合理利用教学资源，通过创设较为真实的情景，让学生在较为真实的情境下，通过体验、参与，巩固和拓展语言。学生的地图里涉及很多真实的路标，真实的建筑物等，教师能引导学生根据真实的地图，适时拓展学生所学，达到真正地学以致用。

（二）话题：描述方位（该案例由厦门市演武小学刘颖老师提供）

1. 基于语言运用的口语导入活动

【活动 1】

活动名称：Guessing game.

适用年级：一年级

活动准备：学生已经积累了小部分词汇：pen, pencil, eraser, ruler, pencil case, bag, hat, book, dog, cat, bird。

活动目标：热身复习 pen, pencil, eraser, ruler, pencil case, bag, hat, book, dog, cat, bird，活跃气氛。

活动过程：

T: I take some presents for you. Look, here's a box. Take a guess about the things in the box.

Ss: Guess.

活动意义：作为教学对象的一年级学生，好奇心强、注意力易分散、喜欢玩游戏，但空间想象力和逻辑分析能力未发展。根据学生的这些特点和认知水平，教师采用实物教学，让学生猜测箱子里的物品，在激发学生的学习兴趣和活跃课堂气氛的基础上，复习已学的文具等名词，唤醒学生的旧知，为新知的学习做好铺垫。将学生过去所学词汇加以运用，经过训练，语言的学习才能得到巩固和提升。

2. 基于语言运用的口语巩固活动

【活动 2】

活动名称：Make a chant

适用年级：一年级

活动准备：

（1）学生已经理解“Where's the bird?”“It's in/on/under the hat.”的含义

（2）学生已经学习“Where's the…?”询问物品的位置，运用“It's in/on/under…”表达物品的位置。

（3）学生已经在新知学习过程中两次练习 chant 的句式结构。

活动目标：

（1）学生熟练运用 in、on、under 表达物品位置。

（2）学生熟练 where is the… 的口语表达。

活动过程：

（1）Make a chant with your partners.

T: Now can you make a chant by yourselves. Like this:

Where? Where? Where is the bird?

In the hat. In the hat. It's in the hat.

（2）Feedback.

活动意义：Chant 的改编不应该是一蹴而就的，学生无法一次性掌握，而应当如滚雪球般逐步推进，不断地在巩固已学的基础上容纳新知。学习语言如滚雪球般逐步推进，从四人小组到两人合作，再到最后一人独立完成，编歌也从一句扩展到六句话。难度逐层叠加，不断地在巩固已学的基础上容纳新知。让学生从简单的重复语句到自如应用需要一个教的过程，尤其面对一年级学生，教师更应当细化步骤，一砖一瓦地打好铺垫，最终孩子才能真正掌握语言，自如运用在真实情景中。

3. 基于语言运用的口语拓展活动

【活动 3】

活动名称：Be a Magician

适用年级：一年级

活动准备：

（1）利用自己的文具做现成道具。

（2）学生已经能运用“Where's the…?”询问物品的位置，运用“It's in/on/under…”表达物品的位置。

活动目标：运用句型：Where is the... ? It's in/on/under… 来模仿课文表演魔术表演。

活动过程：

（1）Make a magic show like the text.

（2）有说到问句的表演者可以被评为五星级魔术师。

3 starts：“Look, a pencil. It's on my book…”

5starts: “Hello, where's the pencil? Look! It's on my book…”

（3）How many starts can you get? Please practice in pairs.

活动意义：让学生在模拟课文表演魔术的过程中运用本课所学用英语对方位提问和回答，要求大部分同学能够掌握方位表述句，到第二节课再巩固问句句式。小部分优秀的学生掌握问句，第二节课融会贯通、熟练运用。对于低段的孩子，模仿课文情景表演是一种比较合适的方法。但要在熟读课文的基础上，进一步做到生动的表演还需要教师的引导、调动。

十、话题“劝告与规则”：基于语言运用的小学英语口语活动案例

（一）话题：劝告（该案例由厦门市演武小学刘颖老师提供）

1. 基于语言运用的口语导入活动

【活动 1】

活动名称：Watch the video and talk about your living habit.

适用年级：五年级

活动准备：在前四年的学习中，学生已经积累了大量的日常生活中进行的动作短语。

活动目标：（1）发散思维，复习旧知。

（2）对生活习惯的好坏形成初步的判断。

活动过程：

（1）Play the video about teacher’s living habits.

（2）Talk about Students’ living habits.

T: These are my living habits. What about yours? Please talk about your living habits with your partners.

活动意义：在四年级上册书本中，学生已经学习过如何养成健康的生活习惯，包括短语：eat.../drink.../do exercise/wash your hands...。在前四年的学习中也陆陆续续学到许多关于日常生活的短语，如：help my mum.../get up/ go to bed 等。教师设计以谈论自己的生活习惯为导入，激活学生的思维，唤醒旧知，顺理成章的过渡到对生活行为的劝告。这样设计为新知学习做好复习与铺垫。

2. 基于语言运用的口语巩固活动

【活动 2】

活动名称：Help Tom to be a good boy.

适用年级：五年级

活动目标：运用 should/shouldn’t 句型针对 Tom 的行为进行劝导。

活动准备：（1）复习生活中行为习惯的英语表达。

（2）学习课文中 should/ shouldn’t 的表达，并理解课文中 Tom 做错事被妈妈劝导的情景。

（3）处理图片，有针对性的展现 Tom 不良的生活习惯。

活动过程：

（1）Talk about Tom’s living habits with pictures.

T: You’ve know Ms. Smart’s advices. But Tom has some other living habits. Can you give advice to him? Let’s talk with your partner and help Tom to be a good boy.

（2）Feedback（见图 5-53）.

图 5-53

活动意义：在前四年的学习中，学生已经积累了大量的日常生活中进行的动作短语。所以设计在理解 should/shouldn't 功能句的基础上，大量运用已学知识，创设具体的生活场景，让学生有针对性地提出劝告，而不是漫无目的地造句，达到巩固语言知识的目的，同时在劝告他人时潜移默化地形成对行为好坏的判断。

3. 基于语言运用的口语拓展活动

【活动 3】

活动名称：Help Tim to be a good boy.

适用年级：五年级

活动目标：运用 should/shouldn't 句型针对 Tom 的行为进行劝导。

活动准备：

（1）复习生活中行为习惯的英语表达。

（2）学习课文中 should/shouldn't 的表达，并理解课文中 Tom 做错事被妈妈劝导的情景。

（3）教师手绘画本，综合展现 Tim 的生活习惯。

活动过程：

（1）Talk about Tim's living habits with pictures（见图 5-54）.

T: Tim is a naughty boy. Look at this book. It's Tim's weekend. Can you give advice to him? Let's read the book with your partner. And discuss with your partner about your advice to Tim.

（4）Feedback.

图 5-54

活动意义：绘本阅读，信息量丰富，难易度由学生自主把控。教师利用电脑制图、改图和画简笔画，为学生创设大量的素材，让学生在扎实学习之后综合运用所学。教师精心手绘 Kim’s Story，让学生通过阅读绘本，对 Kim 的生活坏习惯提出有针对性的劝告。语言的学习应该如滚雪球一样，在不断复习、巩固中增加一点新知，才能为学生构建一个较为完整、系统的知识框架，而不是零散的知识点。

（二）话题：健康贴士（该案例由厦门市瑞景小学黄芸老师提供）

1. 基于语言运用的口语导入活动

【活动 1】

活动名称：发散问答

适用年级：四年级

活动准备：学生已学过许多食物词汇。

活动目标：活跃气氛，激活旧知，导入新课。

活动过程：

诵读儿歌并回答问题。

T: Let’s say a chant .

I like fruit. It’s good for me. Good for me. Good for me. I am a healthy child.

I like jucie. It’s good for me. Good for me. Good for me. I am a healthy child.

T: Good. Is he a healthy boy ?

Ss：Yes.

T：What does he like?

Ss: He likes fruit and juice.

T: Right. But just only fruit and juice can make him healthy?

Ss: No.

（1）Free talk.

T: He likes fruit and juice.What about you? Do you like fruit? What fruit do you like?

Ss: I like apples too. Because an apple a day keeps a doctor away.

T:You like fruit. What about juice ? Do you like juice ?

Ss:...

（2）Lead in.

T: You want to be healthy. How to be healthy? Our friends give us some suggestions.

活动意义：该活动先由一儿歌入手，既活跃氛围，又引出了 healthy 这个主题。根据儿歌中男孩的喜好着手，让学生自主问答，既复习了大量的食物名称，由复习了有关健康饮食的若干句型的复习爱，为新知的学习做铺垫。

2. 基于语言运用的口语巩固活动

【活动 1】

活动名称：Give more suggestions.

适用年级：四年级

活动准备：学生已学过提建议的句式表达。

活动目标：巩固课堂所学。

活动过程：

（1）同伴合作，健康饮食方面让学生提更多的建议（见图 5-55）。

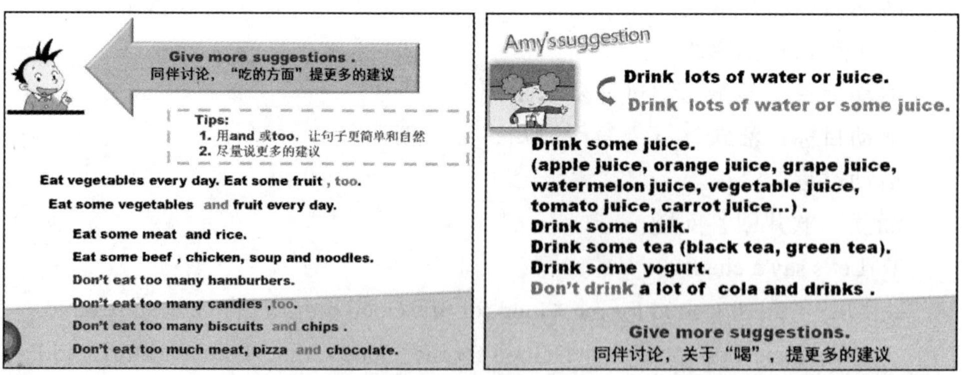

图 5-55

（2）从这些建议中悟到了什么？——健康饮食，合理饮食，不暴饮暴食。

（3）同伴合作，在运动方面让学生提更多的建议。

（4）从运动的建议中悟到了什么？

（5）同伴合作，在生活习惯方面让学生提更多的建议。

（6）从生活习惯的建议中悟到了什么？（图 5-56）

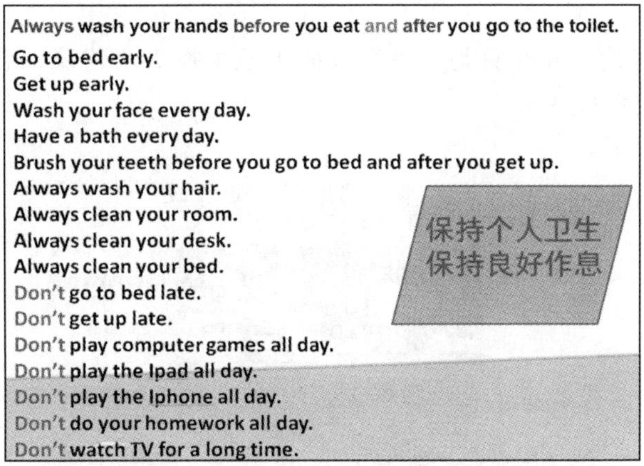

图 5-56

活动意义：该课分别从吃的方面、喝的方面、运动的方面、生活习惯的方面教授新知，教师因此也由这四个方面让学生提建议，不仅提课文中的建议（新授知识），还可以综合运用自己所学听更多更多的建议，极大扩大了巩固活动的语言承载量，也让语言得到综合地灵活地运用。此外，每个方面教师还适时进行了人文素养的渗透，学生自主悟出其中的道理，实现了德育渗透无痕的效果。

3. 基于语言运用的口语拓展活动

【活动 1 】

活动名称：Give more suggestions for being healthy.

适用年级：四年级

活动准备：学生已学过提建议的句式表达。

活动目标：综合运用语言，为保持健康提合理的建议。

活动过程：

（1）引导学生自主归纳出课文中的建议分别关于哪些方面。（见图 5-57）

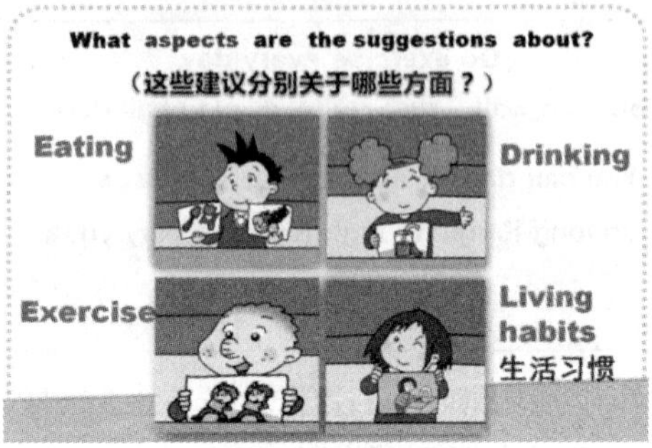

图 5-57

（2）同伴讨论，每个话题（每个方面）至少提 2 个建议，看谁提的建议又多又合理。（见图 5-58）

图 5-58

（2）观看微视频，进一步渗透德育。

T: Every one wants to be healthy. Now let's share a movie.

What do you know from this movie?

Ss: Keeping healthy is very cool and important.

T: These suggestions on 4 aspects can make us healthy, happy, strong, cool, nice.

They will give us a healthy and wonderful life.

活动意义：在吃的方面、喝的方面、运动的方面、生活习惯的方面逐一突破的基础上，教师设计该活动，让学生每个方面至少提 2 个建议，使语言的综合性、整合性、运用性、灵活性更强。学生输出的不是只言片语，而是一整段较长的语段，至少8句话，而且必须是有逻辑的、有次序地输出，提高了语言输出的难度。最后的视频，再次将人文素养的渗透与英语教学紧密结合，为学生的“学”与“悟”，“学”与“用”之间搭建了桥梁。

（三）话题：班规（该案例由厦门市演武小学陈岚老师提供）

1. 基于语言运用的口语导入活动。

活动名称：Talk about family rules.

适用年级：五年级

活动准备：学生已学用 You should... . You shouldn’t... . 劝告家庭中的不良现象或制订家庭规则。

活动目标：

（1）韵律诗热身，营造轻松氛围。

（2）师生通过问答形式和小组讨论形式复习 You should/ shouldn’t… 句型。

活动过程：

（1）教师通过说 chant 引导学生开口大声说，活跃课堂气氛。

（2）教师提问韵律诗说到的信息。

T: Should Tom do like this?

（3）播放 PPT，图片内容为 Tom 在家里的一些行为图片。（见图 5-59）

教师提问学生：What can you say to him?

图 5-59

学生两人一组进行讨论，使用祈使句进行回答。

如：You shouldn’t jump on the bed.　You should eat some fruit.

（4）鼓励学生根据提示说更多在家该做或不该做的事。（见图 5-60）

T: You talked about some family rules just now, and what else? I’ll give you 1 minute to discuss in pairs. And then speak more family rules. OK?

S1/2/3: You should get up early/ go to bed early...

You shouldn't make a mess/ go to bed late...

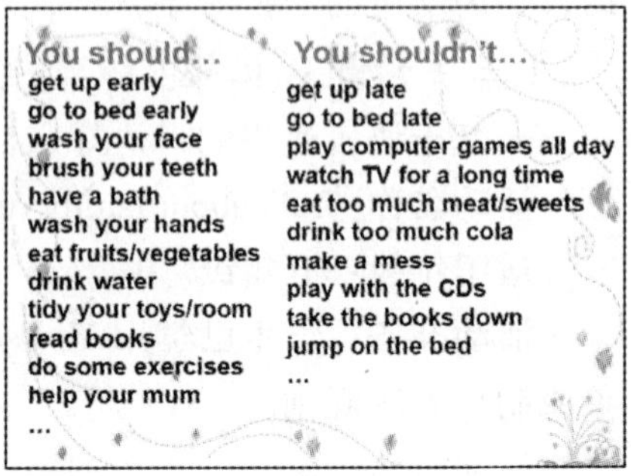

图 5-60

活动意义：让学生在课堂伊始唱诵韵律诗，激发学生的学习兴趣，活跃课堂气氛。并就 Chant 中小 Tom 的行为提问，导入复习环节，通过问答和小组讨论形式复习用 You should/ shouldn't... 对他人的行为进行劝导。再通过问题Can you tell me more things you should or shouldn't do at home? 引起学生的思考，从而积极地参与到在家庭行为规范的讨论，这与学生的实际生活息息相关，学生的参与度较高。

2. 基于语言运用的口语巩固活动。

活动名称：Talk about your class rules.

适用年级：五年级

活动准备：

（1）学生已学会用"You should... You shouldn't... ."谈论该怎么做或不该做什么

（2）学生对制定班级规则的句型和短语有了一定的掌握。

活动目标：熟练运用"You should... You shouldn't... ."制定自己的班级规则。

活动过程：

（1）教师播放光盘导入本课新知。根据图片提示，同桌互练、正音。(见图 5-61)

S1/2/3: You shouldn't be late. You should listen in class/ be kind...

图 5-61

（3）根据图片提示，引导学生说出更多的班级规则。（见图 5-62）

T: Can you talk more about the Class Rules?

S1/2/3: You should be polite. You shouldn't sleep in class...

图 5-62

（3）四人小组合作讨论制定自己班级的班规，并展示。

T: Now let's make our own class rules. You can discuss in 4 a group.

S1/2/3: You should listen in class/try hard/ clean the classroom...

You shouldn't be late/run in the classroom/eat in class...

学生们结合班级实际，四人小组讨论制订班规，并将小组讨论的结果提交展示。

活动意义：通过图片的提示引导学生学会如何制订班级规则，并创设情境：讨论、制订自己的班级规则，引导学生在真实环境下运用所学知识，既检验了他们对本课所学的重点词句的理解和使用，又通过这个任务，培养了学生对英语的实际运用能力。

3. 基于语言运用的口语拓展活动。

活动名称：Make rules for our school or library

适用年级：五年级

活动准备：学生已学完该课的内容，已掌握用“You should… You shouldn’t... .”制订自己的班级规则。

活动目标：学会用“You should… You shouldn’t... .”根据不同场合制订规则。

活动过程：

（1）根据图片提示，两人小组选择一个主题，制订学校或图书馆规则。（见图 5-63）

T: As we know, different situations require different rules. Now let’s make rules for our school or library.

S1/2/3: School Rules

You should be kind to your classmates... You shouldn’t play in class...

Library Rules

You should show your library card… You shouldn’t smoke in the library...

（2）上台展示。

图 5-63

活动意义：通过完成帮助学校或图书馆制订规则这个任务，让学生在较为真实的情景下，拓展运用语言，使学生体验到运用语言的乐趣，从而提高学生的综合语言运用能力。

（四）话题：图书馆规则（该案例由厦门市故宫小学黄莹老师提供）

1. 基于语言运用的口语导入活动

活动名称：Talk about why the teacher doesn't like to go to the library

适用年级：五年级

活动目标：让学生明白并表达图书馆的一些不文明行为

活动准备：

（1）准备视频：学生在图书馆里的不文明现象。

（2）学生对动词词组有一定的掌握。

活动过程：

（1）教师自我介绍，告诉学生自己的业余爱好：reading books.

（2）老师很喜欢去图书馆看书，但是最近老师却不爱去图书馆了，让学生猜一猜老师不爱去图书馆的原因。

（3）播放视频，视频内容为部分学生在图书馆的不文明行为。

（4）教师提问学生：Do you know why I don't like to go to the library?

What can we do and what can't we do in the library?

（5）学生两人一组进行讨论，使用祈使句进行回答。

如：Work quietly.

No eating. / Do eat in the library.

（6）教师导入本课主题 How to be a good child in the library?

活动意义：通过老师自己爱到图书馆的看书的导入，利用反例—最近我却不爱去图书馆了，为什么呢？引起学生的思考，再通过微课的导入，让学生明白一些图书馆的不文明行为，引起孩子们的共鸣，有效复习该话题相关知识，从而积极地参与到在图书馆里如何做个行为规范的好孩子的讨论，这与学生的实际生活息息相关，学生的参与度会比较高。然后顺势导入新知，激起学生进一步学习规则，制订图书馆规则的欲望和责任感。

2. 基于语言运用的口语巩固活动

活动名称：Talk about what we should do and what we shouldn't do in the library.

适用年级：五年级

活动目标：学生能够运用所学表达图书馆应遵守的规则

活动准备：

（1）学生已学过“No... .”“...quietly”等表达。

（2）学生对图书馆里可以做的事情和不可以做的事情有一定的认知基础。

活动目标：熟练运用“No... .”“...quietly”等表达图书馆规则

活动过程：

（1）老师提问：What should we do in the library? 学生根据所学复习巩固。

（2）老师再次提问：And what we should do in the library? 学生抢答。

（3）根据 PPT，同桌互练。（见图 5-64）

（4）上台展示。

图 5-64

活动意义：在学习了“No... .”“…quietly”的基础上，通过一个同桌活动让学生运用所学知识点进行口语交际，PPT 上呈现的只是句子框架，学生可以充分发挥想象力进行口语操练。

3. 基于语言运用的口语拓展活动

活动名称：Talk about how to be a good child in the library

适用年级：五年级

活动目标：学生能够运用所学表达在图书馆里如何做一个遵守规章制度的好孩子

活动准备：

学生已学完该课的内容，能掌握“No… .”“…quietly”等句子的用法。

活动目标：

（1）能应用“Please…”“No...”表达如何遵守图书馆的规则。

（2）能对图书馆出现的不文明行为进行劝导。

活动过程：

（1）观看关于 Tom 在图书馆里不良表现的视频，思考如何劝导他。

（2）同桌讨论如何劝导图书馆出现的不文明行为。

（3）上台展示。

活动意义：在学生学习完课文中所涉及的图书馆规则后，通过微课的呈现让学生感受更多图书馆的不文明行为，让学生从自己的角度想想如何对这些不文明行为进行劝导，在劝导的同时也让学生明白如何成为一个遵守图书馆规则的孩子，他们感同身受，当他们到图书馆看书的时候，他们就会努力让自己成为一个遵守规章制度的好孩子。

十一、话题“故事”：基于语言运用的小学英语口语活动案例

（该案例由厦门市瑞景小学黄芸老师提供）

1. 基于语言运用的口语导入活动

【活动 1】

活动名称：Retell the Chinese story *Wolf*！ *Wolf*！

适用年级：四年级

活动准备：学生对《神笔马良》《三只小猪》《孔融让梨》等英语小故事很熟悉。

活动目标：复述故事

活动过程：

（1）教师展示若干童话故事的图片，引导学生说出自己熟悉的故事名称，并简单介绍其故事内容。（最好用英语介绍，个别词可用中文）

Eg.

T: Boys and girls. Do you like stories? What stories do you know? Can you tell us something about them? If you can't speak in English, you can speak in Chinese.

S1: Ma Liang. He has a magic paintbrush. He likes to help people. There is a bad man. He wants the magic paintbrush… .

S2: Three little pigs.

S3: Kong Rong. He is a nice boy. He gave the big pear to his grandpa… .

S4: 灰姑娘。从前有个灰姑娘，她有 two sisters and a new mother… .

（2）引出“狼来了”这一故事题目，引导学生用已知的英语说说这个故事。

T: Wow, good job. You like stories. Do you want to learn a new story? Let's learn Wolf! Wolf !

Who knows it?

Ss: 狼来了，是讲一个放羊的小男孩，他爱撒谎，害得羊被狼吃了……

T: Right. You know the Chinese story. Do you want to know the English story about it?

活动意义：本课主要新授内容是英语故事《狼来了》。英语故事对四年级的学生而言难度比较大，毕竟学生的知识积累还不多。教师先让学生谈谈他

们所知道的故事，可以是已学的英语故事，也可以谈谈中文故事，学生们畅所欲言，简单地介绍了几个故事内容。这些故事的介绍，一方面让孩子重温了童话故事的魅力，另一方面也让他们对进行简单复述故事内容，调动了他们学习的主动性和积极性。接着引出了“狼来了”这个故事题目，笔者并没有马上进入教学，而是依然让学生用中文谈谈对该故事的了解，对学生新故事的学习做了适度地铺垫，降低了学习的难度，同时也激发他们进一步探求故事的强烈的渴望。

2. 基于语言运用的口语巩固活动

【活动 2】

活动名称：Retell the story *Wolf*！*Wolf*！

适用年级：四年级

活动准备：学生通过观看课文视频，已经对《狼来了》的英语故事有基本的了解。

活动目标：能看图，通过关键词提示，较为完整地用英语描述《狼来了》的故事。

活动过程：

（1）观看课文视频，给八幅图片排序。

T: What happened？ Let's watch and order the pictures.

Ss: Watch the video and order the pictures.

Then feedback.

（2）四人小组看图描述图片内容。（教师注意引导学生使用提供的关键词，见图 5-65）

图 5-65

T: Let's talk about the pictures in groups.

（3）请小组起来共同复述狼来了的故事。

活动意义：教师先通过排序让学生了解故事发生的顺序，之后通过四人小组的合作来描述每幅图发生的内容。实际上学生对中文的《狼来了》的故事已经非常了解，但是孩子在英文表达上还有所欠缺。由于之前孩子已经学会了英文的马良故事，也有一定的故事表达基础，在教师提供关键词的基础上，基本可以较为完整地描述该故事。并且教师有意引导孩子在四人小组中来活动，旨在让孩子相互补充故事细节，也能让学生在此过程中互帮互助。

3．基于语言运用的口语拓展活动

【活动 3】

活动名称：Make a story

适用年级：四年级

活动准备：学生通过之前的课文学习已经能够完整地复述《狼来了》的故事。

活动目标：学生能够运用所学句型谈论其他故事。

活动过程：

（1）教师呈现四幅图并提供故事背景（见图 5-66）：One day, Ben didn't go to school. He went to the park. There was a small lake in the park. Ben was bored. He jumped in the lake and shouted…

图 5-66[①]

① 陈琳，鲁子问．英语（新标准）（一年级起点）义务教育教科书 [M]. 北京：外语教学与研究出版社．2013.

（2）四人小组续编故事（教师引导学生使用提供的关键词）

（3）在班级里分享故事，并且鼓励学生补充更多的细节或者续编更长的故事，并将故事编成连环画。

活动意义：在学生学习了《狼来了》的故事后，教师提供了类似的故事及关键词，引导学生进行故事的创编，实际上是将《狼来了》的主要句型在新的故事中进行运用。在四人小组中创编并且续编故事，有利于孩子相互学习，互帮互助弥补知识缺漏。最后将学习延伸至课外，让学生在课后制作连环画。

十二、话题“物品”：基于语言运用的小学英语活动案例

（一）话题：乐器（该案例由厦门市人民小学阮纯纯老师提供）

1. 基于语言运用的口语导入活动

【活动 1】

活动名称：Listen and find

适用年级：二年级

活动准备：

（1）学生已学过一些乐器单词。

（2）找到音乐会视频。

活动目标：

（1）热身复习，活跃气氛。

（2）复习乐器词汇 erhu、pipa、piano、drums、flute 等。

活动过程：

（1）学生欣赏《天空之城》演奏会，通过听声音和观察记住出现的乐器。

（2）学生分组讨论，回忆乐器。

（3）学生汇报。

（4）对比中西方乐器。

活动意义：

热身复习，活跃气氛。教师运用音乐会开场，给孩子们一场听觉上的洗礼，培养学生欣赏音乐的能力，让孩子们沉浸在美妙的音乐中，调动学生的学习积极性。借由音乐会，复习已学乐器单词，并对比中西方乐器的不同。通过音乐会创设情境，为下面的新知学习做好铺垫。

2. 基于语言运用的口语巩固活动

（该案例由厦门市瑞景小学黄芸老师提供）

【活动 2】

活动名称：Describing and drawing

适用年级：二年级

活动准备：学生两人一组，S1 发左图，S2 发右图，两人不能看对方的图片（见图 5-67）

图 5-67[①]

活动目标：通过信息差活动，运用现在过去式时补全信息差

活动过程：教师提供学生两张不同的图片，利用图片之间的差异点，进行描述和问答，然后画画将图片补全。例如 S1 拿到左图，S2 拿到右图，因为每幅图上部分动物演奏的乐器被挖空，所以学生要画出这些乐器，必须通过真实的交际，满足他们真实的需求。S1 运用 What did the elephant play? What did the panda play? What did the dog play? Did the cat play the guitar? Did the cat playing the erhu?... 进行提问，获取信息，然后画画，将图片补充完整。同样 S2 要 运 用 Did the tiger dance? Did the tiger play the flute? What did the tiger play?... 获取其需要的信息，完成图片。

活动意义：该活动有鲜明的信息差，学生有了对话交流的主动性，使对话指向学生的真实需要和真实交际，而不是机械操练句型，而且学生为了获得足够的信息，他们必须要尽量运用更多的语言去询问，这样极大刺激他们整合语言，融会贯通语言的能力，同时锻炼了眼力和绘画能力。

3. 基于语言运用的口语拓展活动

（该案例由厦门市人民小学—阮纯纯老师提供）

【活动 3】

活动名称：The Class Concert

适用年级：四年级

活动准备：

（1）学生已掌握了“What did he/ she play? ”“He/She played... ”和“Did he/ she play?”的句型和乐器名称。

① 陈琳，鲁子问 . 英语（新标准）（一年级起点）义务教育教科书 [M]. 北京：外语教学与研究出版社 . 2013.

（2）提前拍摄班级同学音乐会，有条件的话可以直接借用音乐室现场表演。

活动目标：使用“What did he/ she play?”和“Did he/ she play?”句型进行关于班上同学演奏了什么乐器的问答。并用“XXX played the...”句式写下班级音乐会通讯稿。

活动过程：

（1）播放视频，欣赏班级音乐会。

（2）分组讨论，进行汇报。

（3）制作班级音乐会通讯稿。

活动意义：

通过班级音乐会，让学生沉浸在被音乐熏陶的良好气氛中，培养学生艺术情操。通过问答，了解班级同学才艺。在完成这个活动的过程中，给学生创造了一个充分展示自己才华的机会，有利于学生自信心的增强。分组制作班级音乐会通讯稿，除了巩固了所学知识之外，还锻炼了学生的动手实践能力，符合了学生“愿学、乐学”的原则。且能在真实的语境中使用目标句，提升学生综合语言运用能力。引入合作学习的理念，充分发挥学生的学习潜能，培养团队精神，发挥优化组合的整体功能。

（二）话题：挑选物品

（该案例由厦门外国语学校附属小学谢一新老师提供）

1. 基于语言运用的口语导入活动

【活动1】

活动名称：Talk about the magic bags.

适用年级：五年级

活动准备：

（1）准备微视频“The magic bag shop”.

（2）该活动前学生对描述包的特征的词有一定了解。

活动目标：复习学过的颜色、尺寸等描述书包的形容词。

活动过程：

（1）播放微视频。

（2）学生四人小组分享看到的包 S1: The blue bag is... .

（3）教师引导学生从 color, size, weight, other 几方面分类梳理形容词汇（见图 5-68）

图 5-68

活动意义：该活动利用微视频，趣味拓展，复习所学的形容词，拓展与本课相关的新词汇。四人小组讨论，给学生更多说的机会，对比归类，为后续的主题学习做好铺垫。

2. 基于语言运用的口语巩固活动

【活动 2】

活动名称：Choose The Suitable Bag for Teacher

适用年级：五年级

活动准备：

（1）学生已经学过对价格和物品的描述等形容词。

（2）学生对提建议有一定的经验。

活动目标：巩固使用已学形容词和描述物品的句型，以及正确用英语描述价格。

活动过程：

（1）Look and judge

T: I will go for a trip. But my bag is broken. I'll buy a new one. Which one is good for me? Can you help me?

图 5-69

（2）同伴讨论三个包的优劣（见图 5-69）。

S1: This... is good. Because… It’s…yuan... .

（3）Share your ideas.

活动意义：本活动引导学生运用 This... is good. Because… It’s…yuan. 帮老师选择一个包，并谈论选择的理由，需包含价格的表达、包的特征等描述。该活动中，学生通过所学语言来描述并对比背包，通过帮老师挑选背包的任务设定，提高语言表达的真实性，充分巩固了之前的所学，将旧知与新知紧密联系在一起。同时也培养了孩子的语言运用意识。

3. 基于语言运用的口语拓展活动

【活动 3】

活动名称：Choose a bag for Romi

适用年级：五年级

活动准备：

（1）该活动前学生已学习并巩固本课主要句型：It’s... But it’s... It has got...

（2）板书及课堂活动单上呈现本课语言支架（见图 5-70）。

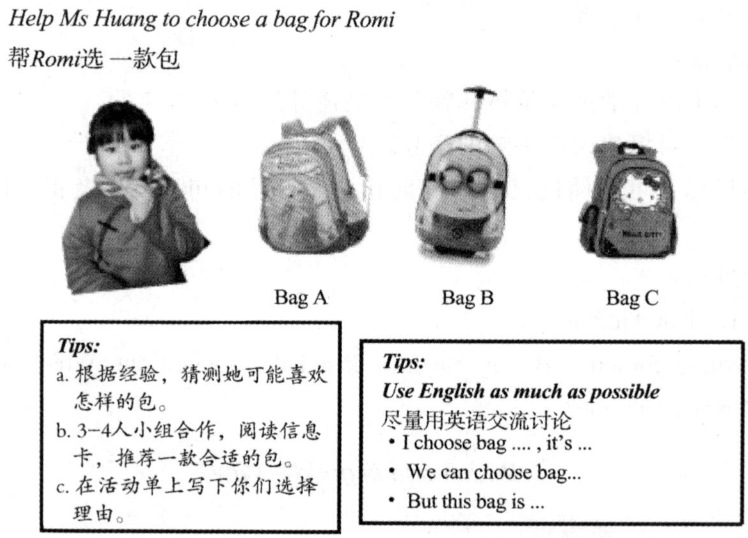

图 5-70

（3）活动单上呈现三款书包的信息（见图 5-71）。

课堂活动单设计

Can you help me to choose a bag for Romi? 帮我为 Romi 挑款包吧！小组成员一起阅读信息，选择你们认为合适的书包推荐给我，并在下方写上推荐理由。

Bag A　　Bag B　　Bag C
(　　)　　(　　)　　(　　)

Colour 颜色	pink	yellow	red
Size 大小	big	big	small
Weight 重量	heavy	heavy	light
Price 价格	70yuan	80yuan	50yuan
Wheels 轮子		has got wheels/ will be easy to carry	
Picture 图案	has got a picture of Barbie	has got a picture of Minion	has got a picture of Hello Kitty
Pockets 口袋	has got 8 pockets	has got 10 pockets	has got 8 pockets

Tell me your reasons 选择理由：

Bag ______ is ________. It's __________. But it's _________. ☹

Bag ______ is ________. It's __________. But it's _________. ☹

Ms Huang can choose Bag _______ for Romi.

Bag ______ is ________. It's __________. It's ___________. ☺

其他可用词：
beautiful
useful/ cute
cheap
expensive
...

图 5-71

活动规则：

（1）学生阅读三款包的信息并选择。

（2）四人小组分享自己的选择及理由。

（3）请单个学生上台分享。

活动意义：以“帮一年级新生 Romi 选包”这一目标驱动，贴近生活的任务增加趣味性和情境感，也更能发挥学生的生活经验和语言储备。利用活动单呈现三款包，借助语言支架及背包关键信息词的提供，为语言有条理的成段输出提供帮助，达到语言综合运用的目的。

（三）话题：归属物

1. 基于语言运用的口语导入活动

活动名称：Talk about the statonaries you've got.

适用年级：四年级

活动目标：通过活动，复习关于文具的词汇，并能用 This is my... . 的句型介绍自己的东西。

活动准备：

（1）准备韵律诗 Pen and pencil.

（2）学生对表示文具的词汇有一定的掌握。

活动规则：

（1）学生表演唱韵律诗 Pen and pencil.（见图 5-72）

（2）教师根据韵律诗内容引导孩子总结：Pen and pencil are stationaries.

（3）Brainstorm: Talk about stationaries you know.

（4）Game: Sharp eyes 通过游戏帮助学生复习 Is this a...? 和 This is a... . 的句型。

（5）创编韵律诗，让学生边唱韵律诗边出示自己的文具，巩固 This is my... . 的句型。

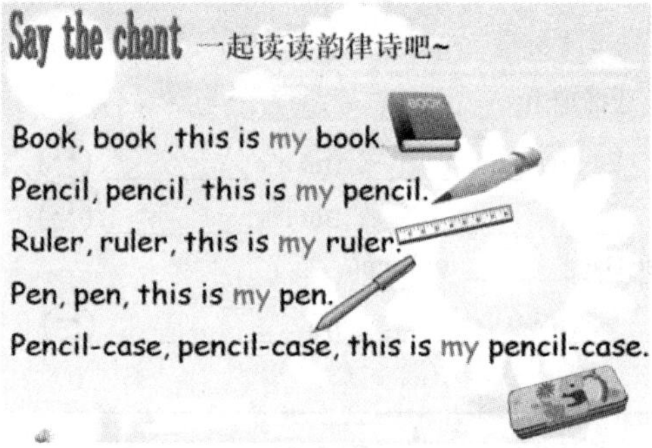

图 5-72

活动意义：该活动从韵律诗引入，利用歌曲中出现的 pen 和 pencil，引出文具的名称，这是 PEP 四年级下学期的教材，孩子在三年级上学期的教材中学习过文具的表达，通过头脑风暴回顾一些文具的名称，然后运用“火眼金睛”的游戏激发孩子学习的兴趣，同时巩固 This is a... . 的句型，引导孩子在自创的韵律诗中表达自己的拥有物，为孩子最后表达更多属于自己的东西打好基础。

2. 基于语言运用的口语巩固活动

活动名称：Find the owners of the things lost on the playground

适用年级：四年级

活动目标：运用所学找到操场上被遗失物品的主人。

活动准备：

（1）学生已学过复数物品的表达 These are... . 物品归属的表达 They're...'s。

（2）学生能够询问物品的归属 Are these... 's?

活动目标：熟练运用 Are these...'s? 找到操场上被遗失物品的主人。

活动过程：

（1）找找操场上还有哪些东西被他们的主人落下了。

（2）来帮他们找找主人

A: They are books.

Are they Chen Jie's?

B: No, they aren't.

A: Are they John's?

B: No, they aren't.

A: Are they Yifan's?

B: Yes, they are.

活动意义：这个活动创设的情境延续了课文的情境，都是上体育课后有孩子落下了一些东西，让班级的孩子运用所学的语言知识点帮助这些东西找到主人。在提供的语言框架基础上，学生可以用 They are... . 的句型描述这些物品的特征，使口语表达更真实。

3. 基于语言运用的口语拓展活动

活动名称：Find the owners of the things after the spring outing

适用年级：四年级

活动目标：结合"秋游"这个主题，让孩子们运用所学找到遗留在秋游场所的东西的主人。

活动准备：

（1）学生已学过复数物品的表达 These are... . 物品归属的表达 They're...'s.

（2）学生能够询问物品的归属 Are these...'s?

（3）制作信息差的材料

活动目标：

（1）学生能正确区分并表达物品的单复数形式。

（2）学生能运用所学表达物品的归属。

活动过程：

（1）呈现孩子们去秋游的微课。

（2）呈现秋游地点上孩子们落下的东西。

（3）同桌分发不同颜色的纸张，纸张上关于物品的归属采用信息差的形式，同桌拿到的信息不一样，同桌进行对话。（见图 5-73）

（4）上台展示。

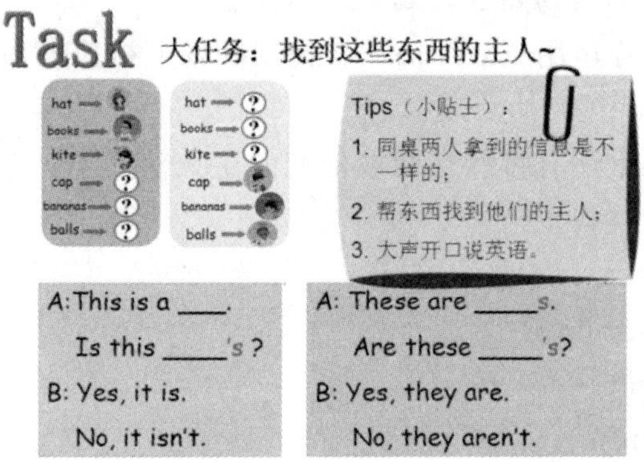

图 5-73

活动意义：如果同桌之间拿着对方的东西询问这个物品的归属，这样的情景显得不太真实，也不能体现本课的一个主题 Talk about the possessions. 因此在思考口语扩展练习时，创设了一个跟课文内容相仿又比较真实的情景——秋游后孩子们落下了一些东西，让我们来帮助他们找到主人，让孩子们充分地运用所学的关于谈论归属物的句型、描述物品特征的句型以及描述自己拥有物的句型进行对话，使得话轮得以丰富，也够真实。

十三、话题“学校”：基于语言运用的小学英语口语活动案例

（该案例由厦门市人民小学黄晓燕老师提供）

（一）话题：评价他人

1. 基于语言运用的口语导入活动

【活动 1】

活动名称：Talk about what subjects you like

适用年级：三年级

活动准备：学生学过的 7 个学科单词“Maths,English, Science, PE, Art, Chinese, Music”和句型“I like... .”

活动目标：

（1）热身复习，活跃气氛。

（2）复习学过的7个学科单词“Maths,English, Science, PE, Art, Chinese, Music”.

活动过程：

（1）Say a chant：What do you like?

（2）Free talk.

Eg.

T: Hello, boys and girls. In this chant, the girl likes the bike and the boy likes the kite. And what about you? What do you like? Do you like flying a kite? Do you like riding a bike? Do you like…?

Ss: Yes, I do. / No, I don’t.

（3）Talk about what subjects students like.

T: You like so many things. But can you guess what does Ms Huang like?

Ss: Do you like... .?

T: No. I don’t. I’m an English teacher. So I really like English. And what about you? What subjects do you like? Do you know subject? Look at this time table. Besides English, we have Maths, Science and so on. So we have so many subjects. So what subjects do you like?

Ss: I like…

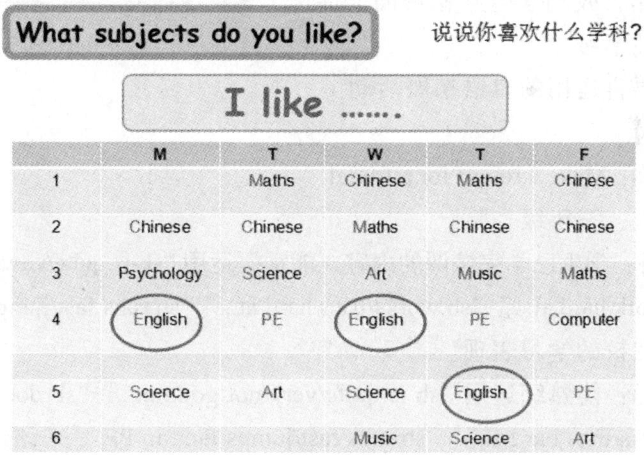

	M	T	W	T	F
1		Maths	Chinese	Maths	Chinese
2	Chinese	Chinese	Maths	Chinese	Chinese
3	Psychology	Science	Art	Music	Maths
4	English	PE	English	PE	Computer
5	Science	Art	Science	English	PE
6			Music	Science	Art

图 5-74

活动意义：该活动通过诗歌热身，接着由诗歌提供的语境开始谈论 what do you like? 接着通过谈论喜好引到学科（subject）上，从而复习学过的 7 个学科单词“Maths,English, Science, PE, Art, Chinese, Music”，既有效复习旧知，同时也为新知的教学做铺垫。

2. 基于语言运用的口语巩固活动

【活动 2】

活动名称：Talk about Sam’s report.

适用年级：三年级

活动准备：

（1）学生已学过 7 个学科单词“Maths,English, Science, PE, Art, Chinese, Music”.

（2）学生已学会如何评价他人在学校的学习表现。

活动目标：熟练运用“sb is quite/very/not good at... .”“sb doesn’t work hard at.”“sb works/tries hard at... .”“sb runs fast/jumps far...in PE.”评价他人在校学习表现。

活动过程：

（1）根据 Sam’s report，同桌互练

Eg.

S1: Sam is quite good at Maths.

S2: And he is very good at English... .

（2）上台展示（见图 5-75）。

活动意义：通过让学生运用所学的句型谈论 Sam 的学习表现，有效巩固所学，同时同桌合作，鼓励学生互相帮助，促进学生的合作性学习。

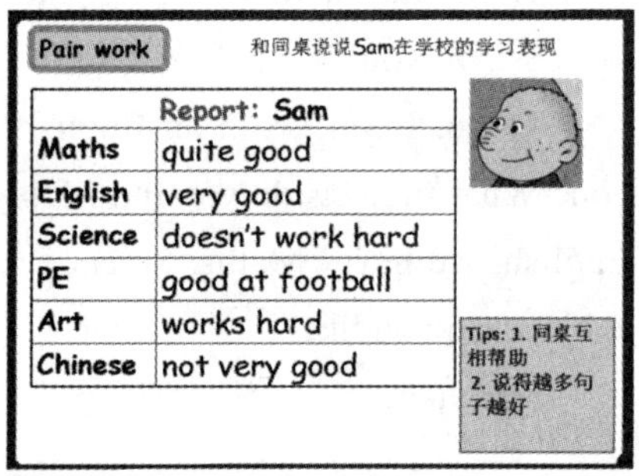

图 5-75

3. 基于语言运用的口语拓展活动

【活动 3】

活动名称：Make a report for a friend

适用年级：三年级

活动准备：学生已学完该课的内容，能掌握运用“sb is quite/very/not good at...”“sb doesn’t work hard at...”“sb works/tries hard at...”“sb runs fast/jumps far... in PE.”来评价他人在校的学习表现。

活动目标：能熟练运用“sb is quite/very/not good at...”“sb doesn’t work hard at...”“sb works/tries hard at...”“sb runs fast/jumps far... in PE.”来评价他人在校的学习表现。

活动过程：

（1）Talk about your friend’s performance at school with the partners.

（2）Make a report for your friend.

Eg.

A：Xiao qiang is very good at English. He can speak English very well. But he’s not very good at PE. He can’t run fast.

B：Xiao Qiang works hard at Chinese. But he doesn’t work hard at Maths… .

Fulfill the task　谈论同学在学校的学习表现

Report:_______	
Maths	
English	
Science	
PE	
Art	
Chinese	
Music	

Tips: 1. 公正客观的评价他人
2. 完成后与同桌一起谈论report

图 5-76

活动意义：该活动通过先让同桌互相客观、公正地评价一个同学，然后再根据评价结果，完成这位同学的成绩报告册，这样的评价是来自同学的他评。而课文情境是 Lingling 的父母亲收到来自老师的成绩报告册，是属于师评。如果继续延续课文情景中的师评，学生说的显然会很少，老师的评价会很多。所以任务换成来自同学的他评，同学们评价让自己身边的同学会有话可说，并且有话想说，从而促进学生语言的综合运用。

（二）学校生活

1. 基于语言运用的口语导入环节

【活动 1】

活动名称：Talk about the middle school which you are going.

适用年级：六年级

活动准备：

（1）六年级学生临近毕业，知道自己将要去的中学。

（2）学生观看短动画，了解 Sam 和 Daming 将要去的学校。

活动目标：学生理解并模仿课文中主人公的对话，与同伴交流自己将要去的学校。

活动过程：

（1）T: Which middle school is Sam going to go? Which middle school is Daming going to go?

S: Sam is going to… Daming is going to...

（2）T: Which middle school are you going to ?

S: I'm going to...

T: Can you tell your partner which middle school are you going to? Tell them more about the middle school. Is it big or small? Where is it?

（3）学生交流关于中学的信息

（4）教师询问一对表现较好的学生，通过他们的回答，归纳、完善介绍学校信息，如地点、大小、学生数、学习内容等，在黑板上画出思维导图，以便学生在导图的辅助下学习课文内容。

活动意义：从学生对中学了解程度不一造成的信息差入手，利用学生已会的 I'm going to... It's… 句型，创设有真实交际意义的对话活动，让学生所知的与本课学习内容相关的信息资源集聚生成，通过教师的引导、归纳，为更好地理解课文内容奠定基础。

2. 基于语言运用的口语巩固环节

【活动 2】

活动名称：The Information Gap

适用年级：五年级

活动目标：

（1）能够综合运用当天和以往所学句型描述学校某一部分的场景。

（2）能够根据他人的描述猜测相应的场所名称。

活动准备：学生学习了课文，能够根据图片上的学校场所，运用当天所学句型，用 2-3 句进行描述。

活动过程：

（1）四人小组每人抽取学校一角的图片，观察图片上有什么物品，思考 1 分钟，组织语言。注意不让别人看到。

（2）四人轮流描述，其他同学来猜测。

S1: In my picture, I can see a...

S2: In my picture, I can see… There is…

S3: In my picture, there are…

S4: I like flowers. In my picture, children…

活动意义：选取的图片是学生熟悉的校园，使得学生在活动过程中不会有太大的心理负担，尤其是对学习成绩一般的孩子。在猜测的过程中，由于每人选取的图片不一致，产生的信息差和希望猜中的内驱力使得学生能综合使用所学的英语句型，赋予这个活动实际意义。

3. 基于语言运用的口语拓展环节

【活动 3】

活动名称：Introduce the school in your country.

适用年级：五年级

活动准备：

（1）学生学完了课文，懂得用 This is an... school / There is… / There are… 等句型描述教室的特征。用简单的句型描述学生在校的日常活动。

（2）每 4 人一套卡片，有包含 Brazil, Russia, India, China, South Africa 在内“金砖”五国的学校照片，并有关于学校生活的简介。学生也可以使用在家中查找的相应图片或简介。

活动目标：学生能够运用本节课所学内容，描述自己在图片中所见到的物品，介绍不同国家学生在校的主要日常活动。

活动过程：

（1）学生每人从信封中抽出一张照片和相应简介。

（2）每人观察图片，阅读简介 3 分钟，做相应准备。

（3）轮流介绍手上的图片。

活动意义：借着金砖五国峰会召开的契机，让学生查找、观察和介绍不同国家的学校特点，学生的日常生活。学生通过对比学校生活的异同，可以加深对异域文化的理解。学生在真实性的语言任务驱动下，提升了语言的综合运用能力。

十三、话题“景点 ”：基于语言运用的小学英语口语活动案例

（该案例由厦门市人民小学袁慧玲老师提供）

1. 基于语言运用的口语导入活动

活动名称：Talk about the famous places

适用年级：六年级

活动目标：简要谈论自己喜欢的一个景点

活动准备：

（1）准备歌曲 The Great Wall of China.

（2）学生对特殊疑问句有一定的掌握。

活动规则：

（1）学生演唱歌曲 The Great Wall of China.

（2）老师提问：What’s the song about? 引出 the Great Wall.

（3）Let’s talk about the Great Wall. 学生分小组讨论关于长城的内容，老师

在黑板上完成思

维导图，让学生明确可以从哪几个方面介绍景点。（见图 5-77）

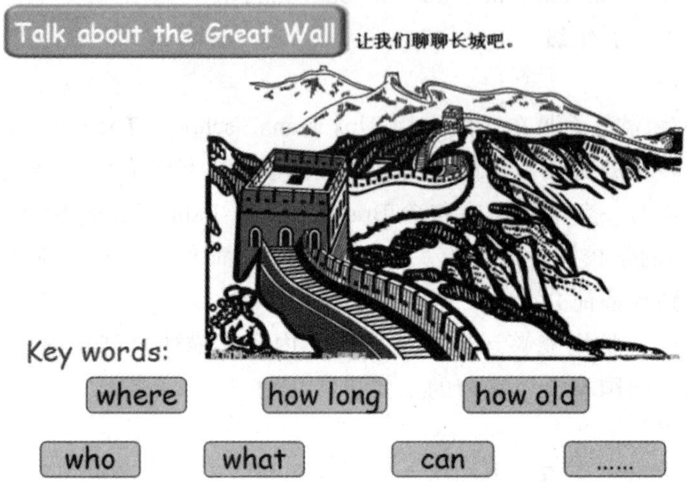

图 5-77

（4）学生在小组内讨论自己喜欢的一个小景点。

（5）老师：I like the place. It’s in New York. 播放关于联合国及联合国大厦的微课，学生整体了解 the UN 和 the UN building.

（6）引入课文的学习。

活动意义：联合国和联合国大厦是一个离学生比较遥远的景点，也是一个学生不太熟悉的知识点。设计的这个导入活动从学生已知的 the Great Wall 入手，在学生介绍 the Great Wall 的同事老师在黑板上完成思维导图，让学生明确可以从哪几个方面入手介绍景点，并让学生利用语言框架尝试介绍自己喜欢的景点，学生自然会带着这些问题进入对 the UN 和 the UN building 的学习，语言的支架也为学生最后的语言输入提供了帮助。利用学生已知的储备导入，可以让教师明白哪些是学生已经懂得的，哪些是学生还不懂的，或者不甚了解的，哪些是学生感兴趣的，这有利于教师更有针对性地教学。而且利用学生已知的知识储备导入，学生搜索到更多的是中文的内容，学生要用英语输出，有效锻炼了他们的语言组织能力和综合运用语言的能力。

2. 基于语言运用的口语巩固活动

活动名称：Ask and answer about the UN and the UN building

适用年级：六年级

活动目标：通过课外扩展阅读以及学生间问答，让学生了解更多关于 the

UN and the UN building 的知识。

活动准备：

（1）学生掌握一些关于 the UN and the UN building 的知识。

（2）学生能用英语描述 the UN and the UN building 的相关内容。

活动目标：通过课外扩展阅读掌握更多关于 the UN and the UN building 的相关知识。

活动过程：

（1）学生阅读关于 the UN and the UN building 的课外阅读，了解更多知识（见图 5-78）。

（2）同桌合作，俩俩问答。

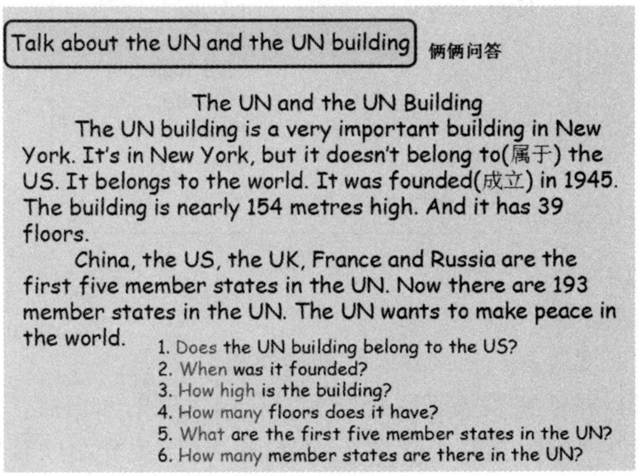

图 5-78

（3）上台展示。

活动意义：在学生掌握了 the UN and the UN building 的相关知识点后，通过课外扩展阅读让学生了解更多关于 the UN and the UN building 的相关知识，并运用学生间问答的形式进行对话，丰富学生的语言承载量，也为最后学生作为小导游介绍 the UN and the UN building 做好铺垫。

3. 基于语言运用的口语拓展活动

活动名称：Introduce the UN and the UN building

适用年级：六年级

活动目标：让学生以小导游的身份介绍联合国和联合国大厦

活动准备：

（1）学生能用英语描述 the UN and the UN building 的相关内容。

（2）联合国和联合国大厦的相关图片。

活动目标：

（1）让学生学以致用，能介绍联合国和联合国大厦的相关知识。

活动过程：

（1）同桌合作，在 PPT 语言框架的帮助下谈论联合国和联合国大厦。（见图 5-79）

图 5-79

（2）上台展示。

（3）情感态度教育：全世界人民都热爱和平。

活动意义：在学完了关于联合国和联合国大厦的知识后，让学生能学以致用，赋予学生“国际友好小导游”的身份，让学生介绍联合国和联合国大厦，让学生语言的学习有一个输出点，也使学生能综合运用所学语言进行表达，达到语言运用的目的。

十四、话题“季节”：基于语言运用的小学英语口语活动案例

1. 基于语言运用的口语导入活动

【活动 1】

活动名称：Brainstorm

适用年级：五年级

活动准备：

（1）Amy 描述自己在不同季节可做的运动的视频。

（2）学生已学过的常用的动作词组。

活动目标：复习不同季节可做的运动、可穿的服装、可看的景致

活动过程：

（1）教师播放 Amy 描述自己在不同季节可做的运动的视频，请学生回答分别在哪个季节可做什么活动。

Ss：She can go swimming in summer. She can go skiing in winter.

（2）教师让学生小组内分享不同季节自己能做的事。

T: Summer is a good time for swimming. Winter is the best time for skiing. We can do many different things in different seasons. Please share your opinions with your group members.

Ss：I can... in...

（3）教师请一两组分享，并在黑板上形成表格，记录关键词（见图 5-80）

	1	2	3
spring	see flowers...	fly kites have a picnic...	wear shirts wear trousers ...
summer		go swimming eat ice-cream eat watemelon drink ice water have summer holiday open air conditioners ...	wear sunglasses wear shorts wear skirts wear dresses wear sandles ...
autumn	see red leaves...	eat many fruits have a picnic...	wear shirts wear trousers wear sweaters ...
winter	seen snow ...	eat hot-pot play with snow make snow men ...	wear coat wear gloves wear hats ...

图 5-80

（4）教师引导学生观察表格，总结 1、2、3 列的信息类别（scenery，activity，clothes）

活动意义：有向开放，激活已知的生成。教师运用 Brainstorm 活动，通过小组讨论的形式，充分调动每个学生的思维，激活学生的已学知识并分类归纳，复习与四季有关的活动，复习有关服装词汇和景物词，调动学生已有的知识储备，为后续的话题学习做好铺垫。

2. 基于语言运用的口语巩固活动

【活动 2】

活动名称：Introduce John's favourite season

适用年级：五年级

活动准备：

（1）学生已学重点词句 My favourite season is... / I like... /It's... / I can...

（2）学生已掌握拓展句 There are flowers/ red leaves on the trees. The leaves fall from the trees.

（3）学生已初步了解可从季节名称、气候、景致、活动、服装这五方面介绍喜爱的季节。

活动目标：

（1）进一步巩固句型结构。

（2）进一步巩固难句“The leaves fall from the trees.”

活动过程：教师出示图片（见图 5-81），让学生在句型结构的提示下，帮 John 介绍他最喜欢的季节——秋天。

图 5-81

活动意义：

这一环节起到巩固运用的作用，在新授环节的基础上适当放手，减少文字辅助，逐步达到口语训练的目的。教师以“John 描述自己最喜欢的季节——秋天”为情景，通过看图说话的形式，进一步巩固如何描述最喜欢的季节，帮助学生形成有条理的、成段的口语输出，巩固描述季节特色的句型 There are... / The leaves fall from the trees. 为后续的口语拓展输出活动打好基础。

3. 基于语言运用的口语拓展活动

【活动 3】

活动名称：Introduce your favourite season

适用年级：五年级

活动准备：

（1）板书呈现四季的信息梳理

（2）课件呈现句型结构

活动目标：

根据需要，自如地运用句型 My favourite season is... / I like... /It's... / I can... / There are... / The leaves fall from the trees. 介绍自己最喜欢的季节。

活动过程：

（1）教师做示范，介绍自己最喜欢的季节。

（2）让学生在板书及课件的提示下，四人小组内分享自己最喜欢的季节。（见图 5-82）

板书呈现

Season	Weather	Scenery（景致）	Activity（活动）	Clothes（着装）
spring	warm	see flowers/ flowers on the trees ...	fly kites have a picnic...	wear shirts wear trousers ...
summer	hot		go swimming eat ice-cream eat watemelon drink ice water have summer holiday open air conditioners ...	wear sunglasses wear shorts wear skirts wear dresses wear sandles ...
autumn	cool	see red leaves/ The leaves fall from the trees. ...	eat many fruits have a picnic...	wear shirts wear trousers wear sweaters ...
winter	cold	seen snow ...	eat hot-pot play with snow make snow men ...	wear coat wear gloves wear hats ...

图 5-82

课件呈现：My favourite season is... / I like...

It's...

*There are...

*The leaves...

I can...

（3）作业：完成“My Favourite Season”海报

活动意义：

以“分享自己最喜欢的季节”这一目标驱动，赋予学生参与会话的目的。通过板书信息梳理和前期的信息拓展，为学生提供了可供参考的比较丰富的语料。利用会话支架为成段的、条理化的语言输出提供帮助。采用四人小组分享的形式，利用学生个人喜好的信息差，达成分享交流的真实目标，达到语言综合运用的目的。

十五、话题“挑选礼物”：基于语言运用的小学英语口语活动案例

（该案例由厦门市人民小学黄晓燕老师提供）

1. 基于语言运用的口语导入活动

【活动 1】

活动名称：Give some advice

适用年级：四年级

活动准备：学生已经积累了很多形容物品的形容词及物品名词，如“small, cute, beautiful, blue,big，bag, doll, pencil, toy car”等。

活动目标：

（1）热身复习，活跃气氛。

（2）复习物品名词如 toy bear, doll, schoolbag, pencil case 等。

活动过程：

T: This weekend is my daughter’s birthday. I want to give her a present. Can you give me some advice.

Ss: You can buy the doll. This doll is beautiful. It’s red.

活动意义：

让学生帮老师挑选礼物送给女儿，在激发学生的学习兴趣和活跃课堂气氛的基础上，复习了大量的物品名词和形容词，唤醒学生的旧知，为新知的学习做好铺垫。

2. 基于语言运用的口语巩固活动

【活动 2 】

活动名称：How much money have you got?

适用年级：四年级

活动准备：

（1）学生已经掌握如何表达物品的价格。

（2）学生已经掌握数字十几、几十、百的表达。

活动目标：学生能熟练运用数字的表达法

活动过程：

（1）学生算下小组四人在这节课中通过回答问题，赚到了多少“钱”

（2）Feedback.

T：How much money have you got?

Ss: We’ve got one hundred and thirty yuan.

活动意义：

通过与评价相结合，让学生在每次回答问题后，都奖励一定的“钱”。让小组四人一起数数看大家一起“赚”了多少钱，既让学生再次复习数字的表达法，又为后面的大任务做铺垫，因为最后他们需要用“赚”到的“钱”来买东西。

3. 基于语言运用的口语拓展活动

【活动 3】

活动名称：We can buy.

适用年级：四年级

活动准备：

（1）学生已经能熟练运用形容词和物品名词。

（2）学生已经能运用“It costs... . yuan.”来阐述物品的价格。

活动目标：运用句型“It costs... . yuan.”“This... . is... ”来阐述挑选物品的原因。

活动过程：

（1）小组四人根据赢得的金额讨论要买的物品。

（2）介绍小组要买的物品，并说出挑选的原因。（见图 5-83）

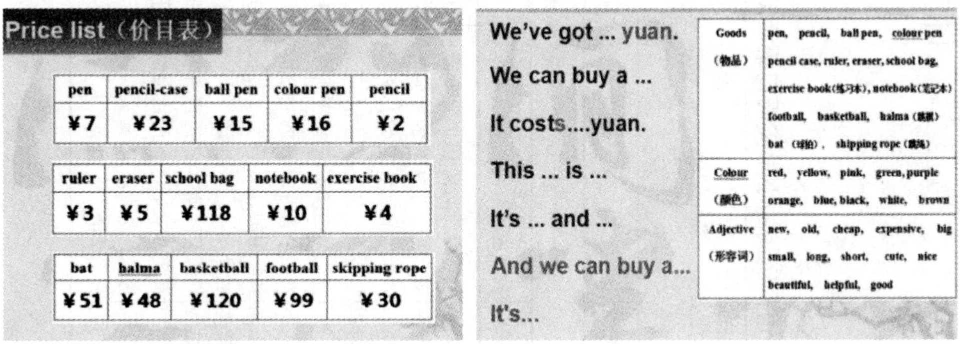

图 5-83

活动意义：

通过为班级的文体用品柜添砖加瓦的大任务，让学生在相对真实的情景中综合运用语言，并鼓励学生尽量全面地说出购买物品的理由，促进学生语料的丰富性。

第二节　课堂观察表

“基于语言运用的小学英语口语活动”课堂观察量表（教师部分）

<table>
<tr><td colspan="3">开课时间</td><td colspan="2"></td><td>地点</td><td colspan="2"></td><td>课题</td><td colspan="4"></td></tr>
<tr><td colspan="3">执教者姓名</td><td colspan="2"></td><td>教龄</td><td colspan="2"></td><td>单位</td><td colspan="4"></td></tr>
<tr><td colspan="3">观察者姓名</td><td colspan="2"></td><td>教龄</td><td colspan="2"></td><td>单位</td><td colspan="4"></td></tr>
<tr><td rowspan="2">环节</td><td rowspan="2">时间</td><td rowspan="2">语言运用的听说活动</td><td rowspan="2">意义性</td><td colspan="3">真实性</td><td rowspan="2">运用性</td><td rowspan="2">差距性</td><td colspan="4">操作性</td></tr>
<tr><td>语用真实</td><td>语义真实</td><td>语境真实</td><td>水平性</td><td>层次性</td><td>操作性</td><td>灵活性</td></tr>
<tr><td>1</td><td></td><td></td><td>□活动具有工具性和人文性的特征
□活动只具有工具性</td><td>□语言输入真实，充分考虑到学生的学习困难和学习积淀
□语言输入不够真实，未充分考虑到学生的学习困难和学习积淀</td><td>□练习活动真实，充分考虑到学生的真实学情
□练习活动不真实，有考虑到学生的真实学情
□练习活动不真实，未充分考虑到学生的真实学情</td><td>□语言所需再现的社会情景真实，紧密联系生活
□语言所需再现的社会情景真实，有联系生活
□语言所需再现的社会情景不真实，脱离生活</td><td>□围绕主题，紧扣目标，让学生综合运用语言完成任务
□围绕主题，紧扣目标，让学生适当运用语言完成任务
□围绕主题，紧扣目标，让学生在学习任务中操练语言
□偏离主题，偏离目标，机械操练语言</td><td>□活动充分体现学生现有知识能力的差距
□活动适当体现学生现有知识能力的差距
□活动不能体现学生现有知识能力的差距</td><td>□难易适中，符合学生认知水平
□难度太难，超出学生认知水平
□难度太低，低于学生认知水平</td><td>□有一定梯度和层次，适应不同能力的学生
□有一定梯度，但没有考虑不同能力的学生
□无梯度，无层次
□层次梯度下降</td><td>□可操作，可完成
□操作性差，完成不了</td><td>□活动不断变化和调整，符合学生兴趣和实际困难
□活动枯燥单一</td></tr>
</table>

续表

环节	时间	语言运用的听说活动	意义性	真实性			运用性	差距性	操作性			
				语用真实	语义真实	语境真实			水平性	层次性	操作性	灵活性
2			□活动具有工具性和人文性的特征 □活动只具有工具性	□语言输入真实，充分考虑到学生的学习困难和学习积淀 □语言输入不够真实，未充分考虑到学生的学习困难和学习积淀	□练习活动真实，充分考虑到学生的真实学情 □练习活动不真实，有考虑到学生的真实学情 □练习活动不真实，未充分考虑到学生的真实学情	□语言所需再现的社会情景真实，紧密联系生活 □语言所需再现的社会情景真实，有联系生活 □语言所需再现的社会情景不真实，脱离生活	□围绕主题，紧扣重难点，让学生综合运用语言完成任务 □围绕主题，紧扣重难点，让学生适当运用语言完成任务 □围绕主题，紧扣重难点，让学生在学习任务中操练语言 □偏离主题，偏离目标，机械操练语言	□活动充分体现学生现有知识能力的差距 □活动适当体现学生现有知识能力的差距 □活动不能体现学生现有知识能力的差距	□难易适中，符合学生认知水平 □难度太难，超出学生认知水平 □难度太低，低于学生认知水平	□有一定梯度和层次，适应不同能力的学生 □有一定梯度，但没有考虑不同能力的学生 □无梯度，无层次 □层次梯度下降	□可操作，可完成 □操作性差，完成不了	□活动不断变化和调整，符合学生兴趣和实际困难 □活动枯燥单一

总体评价______

本量表的理论依据为：鲁子问教授的《小学英语活动设计与教学》—小学英语语言运用任务活动设计与教学

鲁子问教授提出语言运用任务活动设计的原则是“具有一定的意义和价值”“具有一定的操作性”“具有一定的差距”“时刻考虑运用性”“注重真实性”“不断变化”。本工作室成员将该理论改进，具体如下：

1. 意义性：活动设计指向有意义的和正确的情感态度价值观的渗透，体现人文性和工具性的结合。
2. 真实性：是指语言输入的真实性、练习活动的真实性、所需再现的社会情境的真实性，即语用、语义、语境的真实性。
3. 运用性：活动设计围绕主题，紧扣教学目标和教学重难点，让学生综合运用语言完成任务。
4. 差距性：活动体现学生现有知识能力的差距，如知识差距、能力差距、技能差距、信息差距、文化差距等，促使学生伸一伸手去“摘桃子”。
5. 操作性：活动应与所学内容相关，难度适中，符合该年龄阶段学生的认识水平和学习积淀，有一定的梯度和层次，以适应不同能力的学生，并具有灵活性，不断调整，符合学生课堂中不断变化的学情特点，兴趣特点，克服困难的需要和课堂生成。

“基于语言运用的小学英语口语活动”课堂观察量表（学生部分）

开课时间		地点		课题	
执教者姓名		教龄		单位	
观察者姓名		教龄		单位	

<table>
<tr><th rowspan="2">环节</th><th rowspan="2">时间</th><th rowspan="2">语言运用的听说活动</th><th rowspan="2">意义性</th><th colspan="3">真实性</th><th rowspan="2">运用性</th><th rowspan="2">差距性</th><th colspan="4">操作性</th></tr>
<tr><th>语用真实</th><th>语义真实</th><th>语境真实</th><th>水平性</th><th>层次性</th><th>操作性</th><th>灵活性</th></tr>
<tr><td>1</td><td></td><td></td><td>□活动具有工具性和人文性的特征
□活动只具有工具性</td><td>□练习活动真实，充分考虑到学生的真实学情
□练习活动不真实，由考虑到学生的真实学情
□练习活动不真实，未充分考虑到学生的真实学情</td><td>□练习活动真实，充分考虑到学生的真实学情
□练习活动不真实，由考虑到学生的真实学情
□练习活动不真实，未充分考虑到学生的真实学情</td><td>□语言所需再现的社会情境真实，紧密联系生活
□语言所需再现的社会情境真实，有联系生活
□语言所需再现的社会情境不真实，脱离生活</td><td>□围绕主题，紧扣目标，让学生综合运用语言完成任务
□围绕主题，紧扣目标，让学生适当运用语言完成任务
□围绕主题，紧扣目标，让学生在学习任务中操练语言
□偏离主题，偏离目标，机械操练语言</td><td>□活动充分体现学生现有知识能力的差距
□活动适当体现学生现有知识能力的差距
□活动不能体现学生现有知识能力的差距</td><td>□难易适中，符合学生认知水平
□难度太难，超出学生认知水平
□难度太低，低于学生认知水平</td><td>□有一定梯度和层次，适应不同能力的学生
□有一定梯度，但没有考虑不同能力的学生
□无梯度，无层次
□层次梯度下降</td><td>□可操作，可完成
□操作性差，完成不了</td><td>□活动不断变化和调整，符合学生兴趣和实际困难
□活动枯燥单一</td></tr>
</table>

续表

环节	时间	语言运用的听说活动	意义性	真实性			运用性	差距性	操作性			
				语用真实	语义真实	语境真实			水平性	层次性	操作性	灵活性
2			□活动具有工具性和人文性的特征 □活动只具有工具性	□语言输入真实，充分考虑到学生的真实学习困难和真实学习积淀 □语言输入不够真实，未充分考虑到学生的真实学习困难和真实学习积淀	□练习活动真实，充分考虑到学生的真实学情 □练习活动不真实，由考虑到学生的真实学情 □练习活动不真实，未充分考虑到学生的真实学情	□语言所需再现的社会情境真实，紧密联系生活 □语言所需再现的社会情境真实，有联系生活 □语言所需再现的社会情境不真实，脱离生活	□围绕主题，紧扣重难点，让学生综合运用语言完成任务 □围绕主题，紧扣重难点，让学生适当运用语言完成任务 □围绕主题，紧扣重难点，让学生在学习任务中操练语言 □偏离主题，偏离目标，机械操练语言	□活动充分体现学生现有知识能力的差距 □活动适当体现学生现有知识能力的差距 □活动不能体现学生现有知识能力的差距	□难易适中，符合学生认知水平 □难度太难，超出学生认知水平 □难度太低，低于学生认知水平	□有一定梯度和层次，适应不同能力的学生 □有一定梯度，但没有考虑不同能力的学生 □无梯度，无层次 □层次梯度下降	□可操作，可完成 □操作性差，完成不了	□活动不断变化和调整，符合学生兴趣和实际困难 □活动枯燥单一

总体评价＿＿＿＿＿＿＿＿＿＿＿＿＿＿＿＿＿＿＿＿＿＿＿＿＿＿＿＿＿＿

本量表的理论依据为：鲁子问教授的《小学英语活动设计与教学》—小学英语语言运用任务活动设计与教学

鲁子问教授提出语言运用任务活动设计的原则是“具有一定的意义和价值”“具有一定的操作性”“具有一定的差距”“时刻考虑运用性”“注重真实性”“不断变化”。本工作室成员将该理论改进，具体如下：

1. 意义性：活动设计呀指向有意义的和正确的情感态度价值观的渗透，体现人文性和工具性的结合。
2. 真实性：是指语言输入的真实性、练习活动的真实性、所需再现的社会情境的真实性，即语用、语义、语境的真实性。
3. 运用性：活动设计围绕主题，紧扣教学目标和教学重难点，让学生综合运用语言完成任务。
4. 差距性：活动体现学生现有知识能力的差距，如知识差距、能力差距、技能差距、信息差距、文化差距等，促使学生伸一伸手去“摘桃子”。
5. 操作性：活动应与所学内容相关，难度适中，符合该年龄阶段学生的认识水平和学习积淀，有一定的梯度和层次，以适应不同能力的学生，并具有灵活性，不断调整，符合学生课堂中不断变化的学情特点，兴趣特点，克服困难的需要和课堂生成。

参考文献

一、著作

[1] 中华人民共和国教育部 . 义务教育英语课程标准 [M]. 北京：北京师范大学出版社 . 2011.

[2] 舒白梅，向宗平 . 英语课程与教学论 [M]. 上海：华中师范大学出版社 . 2010.

[3] Temple, C & J. W. Gillet. Language Arts: Learning Process and Teaching Practices[M]. London: Scott, Foresman and Company. 1989.

[4] 崔刚，罗立胜 . 英语教学理论与实践 [M]. 北京：对外经济大学出版社 . 2006.

[5] Chomsky, N. Aspects of the Theory of Syntax[M]. Cambridge, Mass: MIT Press, 1965.

[6] Barlett. F. C. Remembering: A Study in Experimental and Social Psychology[M]. Cambridge University Press, 1932.

[7] 邵瑞珍 . 教育心理学 [M]. 上海：上海教育出版社 . 1997.

[8] 鲁子问 . 小学英语游戏教学理论与实践 [M]. 北京：中国电力出版社 . 2004.

[9] 王初明 . 应用心理语言学 [M]. 长沙：湖南教育出版社 . 1990.

[10] 徐子亮 . 汉语作为外语教学的认知理论研究 [M]. 北京：华语教学出版社 . 2000.

[11] 李如密 . 教学艺术论 [M]. 济南：山东教育出版社 .1995.

[12] 东尼·博赞 . 思维导图——大脑使用说明书 [M]. 北京：外语教学与研究出版社. 2005.

[13] Buzan B. The Mind Map Book[M]. BBC Books. 1995.

[14] 鲁子问 . 英语教学论 [M]. 北京：华东师范大学出版社 .2012.

[15] 施良方 . 学习论 [M]. 北京：人民教育出版社 . 1994.

[16] 福禄贝尔 . 人的教育 [M]. 孙祖复译 . 北京：人民教育出版社 . 1991.

[17] 贾冠杰，马寅初，姜宁 . 中学英语教学心理研究 [M]. 长沙：湖南师范大学出版社 . 1999.

[18] 王才仁 . 英语教学交际论 [M]. 南宁：广西教育出版社 . 1999.

二、硕博论文

[1] 闫永佳．小学生英语口语输出障碍成因及对策研究—基于河北省邢台市的调查分析 [D]. 西华师范大学，2016.

[2] 冯颖妍．小学英语口语教学有效性研究 [D]. 广州大学．2012.

[3] 黄庶．初中英语口语研究 [D]. 上海：华东师范大学．2011

[4] 杨瑞．维果茨基心理语言学观研究 [D]. 哈尔滨师范大学．2016.

[5] 李海平．论意义的语境基础 [D]. 吉林大学．2005.

[6] 张校银．基于核心素养的高中地理教学评价研究 [D]. 河北：河北师范大学. 2016.

[7] 袁丽娟. 建构主义视野下幼师英语课堂教学改革探索 [D]. 山东：山东师范大学．2013.

三、期刊

[1] 李军．初中英语语言能力培养的有效途径 [J]. 中学生英语．2017(6):87-87.

[2] 崔刚，顾巍．合作式教学在多媒体教学中的运用 [J]. 清华大学教育研究，2003(01):67-68.

[3] 曹伟华．例谈小学英语活动设计的有效性 [J]. 小学教学设计．2006(Z3):36-38.

[4] 李洪波，詹作琼．论英语口语教材编写和口语活动设计的真实性 [J]. 教学研究．2006(06):78-82.

[5] 李晓平．提高英语运用能力的对策 [J]. 职业技术教育 .2007(20):95-98.

[6] [6] 陈达．新课标下中学英语课堂互动现状调查与分析 [J]. 长江师范学院学报，2010(06):101-108.

[7] 李兴勇．英语读后教学活动的现状及优化策略 [J]. 山东师范大学外国语学院学报（基础英语教育），2012(06):124-126.

[8] 陈艳玲，2003. 浅谈交际法与我国中学英语教学 [J]. 黑龙江教育学院学报，2003(1):107-110.

[9] 胡莹，朱小平．语用学理论与外语教学 [J]. 南昌大学学报（人文社会科学版），2005(1):143-147.

[10] 中国语用学研究课题组．语用学和中国语用学思想 [J]. 浙江社会科学，1996(06):62-66.

[11] 沈琳．浅谈英语语言运用能力的培养 [J]. 福建医科大学学报（社会科学版），2002(01):95-98.

[12] 刘凤杰．从语言真实性谈语言测试及其对教学的反拨作用 [J]. 长春工业大学学报（高教研究版），2006(3):79-81.

[13] Ausubel D P. The Use of Advance Organizers in the Learning and Retention of Meaningful Verbal Learning[J]. Journal of Educational Psychology, 1960(51): 267-272.

[14] 黄芸 . 先行组织者视角下的小学英语课堂导入 [J]. 基础英语教育，2016(18): 59-63.

[15] 黄芸 . 思维导图在提升“小学英语口语活动的语言承载量”中的运用 [J]. 科技资讯，2014(36):142-145.

[16] 冯胜利 . 论汉语的“韵律词”[J]. 中国社会科学，1996(01):28-30.

[17] 黄芸 . 小学英语课堂游戏探析 [J]. 厦门广播电视大学学报，2012(02):83-91.

[18] 皮连生 . 奥苏伯尔的教学论思想 [J]. 外国教育资料，1991(01):35-43.

[19] 尚卫平，赵国庆 . 关于“概念图”与“思维导图”的调查研究 [J]. 信息技术教育，2005(10).

[20] 黄芸 . 思维导图在提升“小学英语口语活动的语言承载量”中的运用 [J]. 科技资讯，2014(36):143-145.

[21] 胡春雨 . 浅谈“信息沟”在外语教学中的地位和应用 [J]. 现代教育科学，2006(01):67-68.

[22] 黄芸 . 小学英语“信息沟”活动的设计与思考 [J]. 现代中小学教育，2015 (08):35-48.

[23] 陈绮梅 .“信息沟”在中学外语教学中的地位和应用 [J]. 佳木斯教育学院学报，2010(1):138-139.

[24] 黄芸 . 去伪存真：小学英语合作学习活动改良设计 [J]. 厦门广播电视大学学报，2013(01):89-92.

[25] 黄均凤，程乐乐 . 论课堂教学中的教学留白 [J]. 海外华文教育，2006(03). 9-14.

[26] 黄芸 . 先行组织者视角下的小学英语课堂导入 [J]. 基础外语教育，2016(02): 59-65.

[27] 时雁行 . 启发式教学方法的浅探和初试 [J]. 北京师范大学学报，1981(01): 87-91.

[28] 吴禹春，丁日杰 . 论板书的意义、作用及原则 [J]. 教育探索，1996(02).

[29] 黄芸 . 小学英语课堂评价仅仅为了激发兴趣吗?[J]. 中小学英语教学与研究，2016(11):6-8.

[30] 张本旭 . 小空白蕴藏大空间 [J]. 新课程，2011(10):163-165.

[31] 谢建民 .“任务驱动”下的英语课堂教学评价策略 [J]. 英语教师，2015(17): 17-19.

[32] 卢彦杰 . 让有效评价成为小学英语课堂教学的助推器 [J]. 教师，2011(22): 92-92.

[33] 吴晓威，黄薇 . 培养学生用英语做事情的能力——2011 版英语课程标准提出

的新建议 [J]. 现代中小学教育, 2012 (10):15-18.

[34] 杨连瑞 . 话轮转换机制与英语会话能力 [J]. 山东外语教学, 2002(02):22-24.

[35] 周建忠 . 我对设问式英语教学的几点思考 [J]. 文理导航(下旬), 2012(10): 42-45.

[36] 李明 . 小学英语课堂话轮的分配 [J]. 语文学刊 · 外语教育教学, 2011(12): 166-172.

[37] 史航 . 英语课堂教师分配话轮的技巧 [J]. 教学与管理, 2009(09):131-133.

[38] 常宏 . 建构主义英语教学观的解读 [J]. 黑龙江高教研究, 2011(07):182-184.

[39] 肖玲 . 大学英语拓展课程理论与实践 [J]. 高教探索, 2012(04):84-86.

[40] 尚卫平, 赵国庆 . 关于“概念图”与“思维导图”的调查研究 [J]. 信息技术教育, 2005(10):48-50.

后 记

义务教育阶段英语课程的总目标是通过英语学习使学生形成初步的综合语言运用能力，促进学生的心智发展，提高综合人文素养。教师应坚持以学生为本，优化课堂教学，提高教学效率，采用循序渐进的语言实践活动，培养学生用英语做事情的能力。因此以黄芸名师发展工作室的课题研究为平台，进行“基于语言运用的小学英语口语活动设计的实践研究”的课题研究，以课题为依托，对小学英语口语活动进行优化设计，旨在寻求设计基于语言运用的小学英语口语活动的方法和策略。该书的第一章“定位”，主要阐述该课题研究的基本情况和研究设计。第二章“激活—多样导入，激活语言，前移后续善用语言”，主要阐述基于语言运用的导入活动设计。第三章“融通—各式巩固，整合语言，有机梳理活用语言”主要阐述基于语言运用的巩固活动设计。第四章“延展—多方拓展，丰富语言，聚焦主题巧用语言”主要阐述基于语言运用的拓展活动设计。以上四章主要阐述课题实验的若干结论和总结设计“基于语言运用的小学英语口语活动”的方法、策略和案例。第五章“硕果—基于语言运用的小学英语口语活动设计的成果”则阐述该课题实验点滴收获的成果。

全书由黄芸设计并独立撰写。其中绪论，第一章至第四章均由黄芸独立撰写。第五章的口语活动库和课堂观察量表由黄芸名师发展工作室的所有成员（厦门市瑞景小学的黄芸老师，厦门市何厝小学的连滔老师，厦门市开禾小学的吴艳虹老师，厦门市观音山音乐学校的蔡王莹琪老师，厦门市演武第二小学的刘莹老师，厦门市演武小学的刘颖老师、陈岚老师、赵惠兰老师，厦门市人民小学的袁慧玲老师、阮纯纯老师、黄晓燕老师，厦门市故宫小学的黄莹老师）一起构思，黄芸汇总、统稿、文字修改和规范修正。

本书的研究写作是笔者不断自我成长的过程，是笔者与黄芸名师发展工作室所有成员不断合作与提升的过程。感谢厦门市思明区教育局，思明区教师进修学校，厦门市演武小学（笔者之前任教学校），厦门市瑞景小学（笔者现任教学校）的鼎力支持，感谢工作室成员们所在学校：厦门市何厝小学，厦门市开禾小学，厦门市观音山音乐学校，厦门市演武第二小学，厦门市演武小学，厦门市人民小学，厦门市故宫小学校级领导的倾心相助，以及所有成员们的同学合作。感谢国家义务教育英语课程标准编制组成员，兴义民族师范学院中国民族师范教育研究中心主任鲁子问教授为本书撰序。感谢思明区教师进修学校的魏登尖老师、康彩虹老师，翔安区教师进修学校杨延从老师，给予本书的指点。

黄 芸

2019 年 2 月 24 日

图书在版编目(CIP)数据

建构童言稚语的生命性:基于语言运用的小学英语口语活动的设计/黄芸著. —福州:海峡文艺出版社,2019.3
(思明区名师(发展)工作室研究成果丛书)
ISBN 978-7-5550-1840-7

Ⅰ.①建… Ⅱ.①黄… Ⅲ.①英语—口语—教学研究—小学 Ⅳ.①G623.312

中国版本图书馆 CIP 数据核字(2019)第 053470 号

建构童言稚语的生命性

——基于语言运用的小学英语口语活动的设计

黄 芸 著
责任编辑 李永远
出版发行 海峡文艺出版社
经 销 福建新华发行(集团)有限责任公司
社 址 福州市东水路 76 号 14 层 **邮编** 350001
发 行 部 0591—87536797
印 刷 福州万紫千红印刷有限公司 **邮编** 350013
地 址 福建省福州市闽侯县南屿镇高岐村安里 6 号
开 本 787 毫米×1092 毫米 1/16
字 数 300 千字
印 张 15.75
版 次 2019 年 3 月第 1 版
印 次 2019 年 3 月第 1 次印刷
书 号 ISBN 978-7-5550-1840-7
定 价 38.00 元

如发现印装质量问题,请寄承印厂调换